Karl Brunnengräber

MENÜFOLGEN
von Januar bis Dezember

Karl Brunnengräber
Küchenmeister

Menüfolgen

von Januar bis Dezember

Fünfte, überarbeitete Auflage

HUGO MATTHAES DRUCKEREI UND
VERLAG GMBH & CO. KG

ISBN 3-87516-624-8

Mit 12 Zeichnungen
von Wilhelm Busch

VORWORT

Mit diesem Menü-Kalender, der den verantwortlichen Küchenleitern von unterschiedlichst gelagerten Betrieben gewidmet sein soll, glauben wir eine Lücke zu füllen. Wir wollen damit Helfer sein bei der Zusammenstellung von Menüs und Speisefolgen, die sowohl dem Rang eines Hauses als auch dem Anlaß, zu welchem sie angeboten werden, entsprechen sollen.

Die Komposition kleinerer oder größerer Menüs, für welche Gelegenheit sie auch immer aufgestellt werden, bedürfen einer reichlichen fachlichen Überlegung und erfordern neben der Berücksichtigung von Gästewünschen auch eine gewisse Routine und vor allem einen Aufwand an Zeit. Hier muß unterschieden werden zwischen täglichen Mittag- oder Abendmenüs und zwischen Speisefolgen mit einer mehr oder weniger großen Reichhaltigkeit, wie sie von seiten unserer Gäste gelegentlich zu besonderen Anlässen wie Familienfeiern, Jubiläen, Empfängen, Herrenessen und dergleichen gewünscht werden.

Was der einzelne Fachmann und Restaurateur selbst komponiert, ist seinem persönlichen Ermessen und den betrieblichen Gepflogenheiten anheimgestellt. Jeder Koch und Küchenchef, der mit dem Schreiben von Menüs vertraut ist, hat sicher seine Erfahrungen und ist versucht, diese im Sinne seiner Gäste anzuwenden. Da dabei der amtierende Küchenchef durch die Wandlungen im Angebot und der Saison sowie auch durch den Wechsel der Gästewünsche immer wieder zu neuen Zusammenstellungen gezwungen ist, versteht es sich, daß er selbst in seinen während Jahren gesammelten „Menüs aus der Praxis" Mühe hat, das gerade Richtige zu finden.

Mit unserem Menü-Kalender wollen wir den geübten Kollegen Ratgeber sein und ihnen die Arbeit erleichtern. Unsere 331 in diesem Buch aufgeführten, nach Monaten geordneten Menüvorschläge sowie die über 600 dazugehörenden Rezepturen und Anweisungen sind dem Geschmack der Zeit angepaßt. Je nach Haus und seinen Gästen können sie mehr oder weniger umfangreich verändert werden. Sie beinhalten das Angebot einer geschlossenen Mahlzeit von der Suppe bis zur Süßspeise, reine Fischmenüs, kalte Teller, sommerliche Speisefolgen sowie Vorschläge für größere Menüs und Festtagsspeisefolgen.

Dabei haben wir weitestgehend klassische Menübezeichnungen vermieden, die den Gast und zuweilen auch den Fachmann nur verwirren. Die Bezeichnung eines Gerichtes „nach Art des Hauses" zum Beispiel ohne eine nähere Bezeichnung der dazu gereichten Garnituren sagt dem Gast so gut wie gar nichts. Unsere Interpretationen stützen sich auf die allgemein gegebene Richtung, dem Gast nur solche Vorschläge zu unterbreiten, die er ohne Dolmetscher und Küchenlexikon versteht und ihm Enttäuschungen ersparen, welche oft genug hinter pompösen Bezeichnungen lauern. Unsere Menüs sollen dabei nach eigenem Sinne und nach Belieben als Unterlage sowie letztlich auch als Anregung dienen.

Ein solch umfassendes Gebiet wie die Speisefolgen kann natürlich nicht erschöpfend behandelt werden, wir glauben jedoch, daß diese Ausgabe einem interessierten Kollegenkreis ein wertvoller Helfer und eine Unterstützung sein wird in seinem täglichen Dienst am Gast.

VORWORT ZUR VIERTEN AUFLAGE

Die Kompositionen kleinerer oder größerer Speisefolgen, mit denen ich, für welche Gelegenheiten auch immer, diese Menüfolgen erweitert habe, erfordern neben der Berücksichtigung von Gästewünschen, bei denen der eine oder andere Gang ausgetauscht oder die Reihenfolge geändert werden kann, eine fachliche Routine und sicher auch einen gewissen Zeitaufwand.

Es liegt mir sehr daran, daß bei den im nunmehrigen Anhang der „Menüfolgen" vorgestellten Menüs unterschieden wird zwischen Speisefolgen mit einer großen und solchen mit einer weniger großen Reichhaltigkeit. Von seiten unserer Gäste werden sie gelegentlich zu besonderen Anlässen, zu Familien- oder Geburtstagsfeiern, zu anspruchsvollen Geschäftsessen, festlichen Jubiläumsfeiern, Hochzeiten und vielen anderen Gelegenheiten gewünscht.

Was der einzelne Küchenchef oder Restaurateur dabei komponiert, entspringt, wie ich schon an anderer Stelle erwähnte, seiner Phantasie, dem persönlichen Ermessen der Besteller und nicht zuletzt den betrieblichen Gepflogenheiten. Jeder für den Küchenablauf Verantwortliche hat mit Sicherheit seine Erfahrungen und ist bestrebt, sie auch positiv im Sinne seiner Gäste anzuwenden. Daß dabei der Küchenchef durch die Wandlungen im Marktangebot und mehr noch durch den Wechsel der Gästewünsche immer wieder zu neuen und nicht selten auch zu nicht immer korrekten Zusammenstellungen gezwungen ist, versteht sich am Rande.

Deshalb will ich Helfer sein und habe auf Grund mir zugegangener Wünsche aus dem Leserkreis die nun vorliegende vierte Auflage neben der neuen Rubrik für Suppen- und Eintöpfe um längere und anspruchsvollere Speisefolgen wie auch um die dazugehörigen Herstellungserklärungen erweitert. Ich hoffe, daß das Buch ein Helfer ist und dem Benützer zur Unterstützung dient.

Ruhpolding, im August 1986   Karl Brunnengräber

INHALTSÜBERSICHT

Nach dem Tode des Autors Karl Brunnengräber wurde die fünfte Auflage nur geringfügig aktualisiert. Damit möchte der Verlag dieses Buch als ein Dokument aus der Zeit des verdienstvollen Küchenmeisters und Trägers hoher nationaler und internationaler Auszeichnungen verstanden wissen.

Stuttgart, im Dezember 1991

DIE SAISONANGEBOTE IM JAHRESABLAUF

Die Leistungsfähigkeit eines Hauses kommt nicht nur in einer guten Zusammenstellung der Speiseangebote zum Ausdruck, sondern schlägt sich auch im wesentlichen im kaufmännischen Bereich nieder. Es genügt nicht, daß der verantwortliche Küchenchef die täglichen Speisefolgen oder die angebotenen Menüzusammenstellungen in ihrer geschmacklichen Zubereitungsart sowie im Nährwert mit der zeitgemäßen Ernährungslehre in Einklang bringt, sondern es gehört auch die eingehende Beobachtung der Marktlage dazu.

Dieses Wissen um die mannigfachsten Saisonangebote ist gegenüber früher leider etwas ins Hintertreffen geraten. Moderne Transportmittel schaffen zu jeder Jahreszeit und aus allen erreichbaren Anbaugründen der Welt Lebensmittel heran, die imstande sind, unseren Saisonkalender auf den Kopf zu stellen. Hinzu kommt, dank der Entwicklung in der Tiefkühl- und Konservenindustrie, daß wir zum großen Teil auch im eigenen Lande von dem Jahreszeitangebot unabhängiger geworden sind. Wenn auch die meisten dieser außerhalb der Saison stehenden Waren vom frischen Angebot kaum zu unterscheiden sind, so verhindern diese nicht mehr fortzudenkenden Errungenschaften nicht, daß trotzdem jede Saison, sei sie von Fischen, Krustentieren, Schlachtfleisch, Wild und Wildgeflügel, Gemüsen sowie von diversen Früchten, unserer Gastronomie ihr spezielles Gepräge verleiht und jede Jahreszeit für unsere Gäste ein abwechslungsreich zu gestaltendes Angebot bereit hat.

Aus dieser Überlegung heraus wurde den monatlichen Menüvorschlägen ordnungshalber eine Übersicht des Saisonangebotes vorausgesetzt.

→ → → → → → → → → → → → → → → → → →

Ist in den Monatszusammenstellungen der Speisefolgen ein Gericht mit einem Hinweispfeil → gekennzeichnet, so ist die entsprechende Rezeptur in dem jeweilig folgenden Monatsrezeptteil zu finden!

→ → → → → → → → → → → → → → → → → →

JANUAR

Fische und Krustentiere
Lachs, Seezungen, Stör, Steinbutt, alle Konsumseefische, Karpfen,
Forellen, Aal, Austern, alle Krevettenarten, Kaviar, Muscheln

Gemüse
Artischocken, Blumenkohl, Chicorée, Karotten, Lauch, Rosenkohl,
Schwarzwurzeln, Spargelkohl, Maronen, Sellerie, rote Rüben,
Rot- und Weißkraut, Wirsing, Zwiebeln, Kopfsalat, Eskariol,
Champignons, Grünkohl

Geflügel
Gänse, Truthahn, Enten, Poularden, Suppenhühner, Hähnchen

Wild und Wildgeflügel
Reh, Hase, Hirsch, Fasan, Wildente

Schlachtfleisch
Außer dem üblichen Schlachtfleisch auch Hammel

Obst
Äpfel, Birnen, Trauben, Orangen, Mandarinen, Zitronen, Bananen,
Ananas, Melonen

Rahmsuppe St. Germain

*

→ Gekochter Steinbutt
Venezianische Sauce
Dampfkartoffeln

*

Gemischtes Kompott

———————

→ Cremesuppe
Caroline

*

→ Gefüllte Kalbsbrust
nach Wiener Art
Rahmpüree
Kleine Salatplatte

*

Apfelkrapfen
mit Vanillesauce

———————

Tomatenrahmsuppe

*

→ Gedünstete
Lammschulter in Südwein
Brokkoli mit Eibutter
→ Semmelknödel

*

→ Creme Nesselrode

———————

→ Klare
Kalbfleischsuppe
mit Gemüsen

*

Gespickte Hasenkeule
in Rotwein
Eierspätzle
Apfelmus
mit Preiselbeeren

*

Mandarinencreme

Wildrahmsuppe St. Georg

*

Poulardenkeule
in Butter gebraten
→ Blumenkohl
nach Mailänder Art
Kartoffelkrusteln

*

Grießflammeri
mit Fruchtsauce

———————

Erbsencremesuppe

*

→ Überkrustete
Goldbarschschnitte
Butterkartoffeln
Kopf- und Selleriesalat

*

Birnen in Rotwein

———————

→ Grießnockerlsuppe

*

Gekochter Tafelspitz
nach Tiroler Art
→ Meerrettichsauce
→ Geschmolzene
Tomaten
Bohnenbündchen

*

→ Warmer Apfelstrudel

———————

Sizilianische Tomaten-
creme mit Reis

*

Jungschweinssteak
vom Grill
Zerlassene Kräuterbutter
→ Rosenkohl
mit glacierten Maronen
Macairekartoffeln

*

→ Eisprofiterole
Suchard

Rahmsuppe Leopold

*

Wiener Beinfleisch
gesotten
→ Schnittlauchsauce
Flämische Gemüse
Brühkartoffeln

*

Ananasbeignets

———————

Florentiner Rahmsuppe

*

→ Seezungenröllchen
Nantua
Blätterteighalbmonde
Butterreis, Salat Mimosa

*

Orangenschaum

———————

Rahmsuppe Parmentier

*

Gesottene Lammkeule
nach englischer Art
Kapernsauce
Butterbohnen
Annakartoffeln

*

Kleiner Apfelpfannkuchen

———————

Gebundene
Ochsenschwanzsuppe

*

→ Kalbsbries vom Rost
mit gebratenen
Magerspeckscheiben
Grillierte Tomate und
Schwarzwurzeln
Dampfkartoffeln

*

Brandteigkrapfen
mit Vanilleeis
und Schokoladensauce

→ Geflügelcremesuppe
Mikado

*

→ Kaukasisches
Lammspießchen
mit Joghurtsauce
Grillierte Tomate
→ Gemüsereis

*

Krokantcreme

———————

Mulligatawnysuppe

*

Geräuchertes
Schweinerückensteak
Marksauce
Gedünsteter Sellerie
Macairekartoffeln

*

Mandelcreme

———————

Selleriecremesuppe

*

Pikantes Rehragout
mit Pfifferlingen
Semmelknödel
Rahm-Preiselbeeren

*

Wiener Cremespeise
mit Karamelsauce

———————

Hirncremesuppe

*

→ Kalbsniere
nach Feinschmeckerart
Tomatenreis
Kopf- und Chicoréesalat

*

Schwedenfrüchte
mit Vanilleeis

Rahmsuppe Margot
*
Gemischtes vom Rost
Zerlassene Kräuterbutter
Tomate
Butterbohnen
Strohkartoffeln
*
Exotische Früchte
mit Passionsfruchtsorbet

Kraftbrühe Celestine
*
Kalbsröllchen
in Paprikarahm
→ Gedünsteter Fenchel
mit Parmesan überbacken
Bernykartoffeln
*
Zitronencreme

Legierte
Kräuterrahmsuppe
*
Truthahnschnitzel
in Ei gebraten
Morchelsauce
Brokkoli mit Mandelbutter
Dauphinekartoffeln
*
Backpflaumen mit
flüssiger Sahne

Serbische Bohnensuppe
*
Omelette Florentine
mit Parmesan überbacken
Pariser Kartoffeln
*
Orangengratin

Doppelte Kraftbrühe mit
→ Markklößchen
*
Saftschinken in Burgunder
Ananaskraut
Mousselinekartoffeln
*
Reis Trauttmansdorff
mit Erdbeermark

Rahmsuppe Hortensia
*
Rostbraten Esterházy
Kartoffelbällchen
Kopf- und Radicchiosalat
*
Weinschaumcreme

→ Brüsseler
Rahmsuppe
*
→ Kalbsleber
Lord Beaconsfield
Gedünsteter
Staudensellerie
Kartoffelpüree
*
Schokoladencreme

Champignonrahmsuppe
*
→ Kalbsniere
nach Großmutterart
mit Gemüsen und
Würfelkartoffeln
Madeirajus
*
→ Pfirsich
im Cremetöpfchen

→ Kraftbrühe
Pompadour

*

→ Steinbuttmedaillon
Romain

*

→ Stubenküken
nach Prinzenart
→ Geschmolzene
Tomaten
Grüne Nudeln
Kopfsalatherzen

*

Ananascreme

→ Hühnerbrühe
Alexandra

*

→ Makrelenfilet
in Stachelbeersauce

*

Kalbsrückensteak
in Morchelrahm
Brokkoli mit
Haselnußbutter
Kartoffelkroketten

*

Karamelcreme

→ Kerbelrahmsuppe
Brillat-Savarin

*

Lendenschnitte Siciliana
in Tokayercreme
mit Rosinen und
Mandelsplittern
Gedünsteter
Staudensellerie
Fondantkartoffeln

*

Creme Royale

→ Wildkraftbrühe
Diana

*

Kalbskotelett nach
badischer Art
mit Kräuterrührei
Grüne Bohnen mit
Tomatenwürfeln
Gebackene Zwiebelringe
Liardkartoffeln

*

→ Apfelcreme
mit Calvados

→ Kraftbrühe Floreal

*

→ Schweinelendchen
in Sauerampfercreme
mit Sardellen und Kapern
Safranreis
→ Gedünstete Gurken
auf römische Art

*

Schwedische Rumfrüchte
mit flüssiger Sahne

→ Grünkernsuppe
mit Markklößchen

*

Haff-Zander vom Grill
Braune Nußbutter mit
gehacktem Estragon
→ Vichykarotten
Dampfkartoffeln

*

Birne auf Zitroneneis
Heiße Hagebuttensauce

Klare Kalbfleischsuppe mit Gemüseeinlage

Zwiebeln, Karotten, Sellerie sowie das Weiße vom Lauch sind in feine Streifen zu schneiden und in Butter zu dünsten, ohne daß das Gemüse Farbe nimmt. Das Ganze wird nun mit hellem Kalbsfond aufgefüllt und zum Kochen gebracht. Während dieser Zeit schneidet man von einem Wirsingkopf ebenfalls Julienne und gibt auch diese in die Suppe, die nur schwach kochen und ab und zu abgeschäumt werden soll. Kurz vor dem Servieren ist die Suppe nochmals mit etwas Kalbsfond aufzufüllen und erhält noch eine Einlage von in Butter gedünsteten Salatstreifen sowie kleine grüne Erbsen und zierliche Würfel von gekochtem Kalbfleisch.

Klarer Kalbsfond

In eine entsprechende Kasserolle gibt man in grobe Scheiben geschnittene Zwiebeln, Karotten und Lauch sowie eine reichliche Menge kleingehackter Kalbsknochen und einige Geflügelabfälle. Dieses läßt man eine kurze Zeit zugedeckt anschwitzen, füllt etwas mit Wasser auf und läßt diesen Fond auf flottem Feuer einreduzieren. Alsdann füllt man mit kaltem Wasser auf und bringt das Ganze zum Kochen. Die Kochzeit beträgt etwa drei Stunden; während dieser Zeit ist des öfteren abzuschäumen. Um die Klarheit und Güte der Kalbsbrühe zu gewährleisten, muß das Kochen recht langsam geschehen. Zum Schluß wird die nun gebrauchsfertige Brühe durch ein Tuch passiert.

Grießnocken als Suppeneinlage

Einen halben Liter Milch oder Fleischbrühe läßt man mit 80 Gramm Butter und einer Prise Salz kochen, gibt 150 Gramm feinen Weizengrieß hinzu und läßt an nicht zu heißer Herdstelle gut durchkochen. Wenn die Grießmasse etwas abgekühlt ist, gibt man vier ganze Eier sowie zwei Eigelbe und etwas Muskatblüte hinzu und rührt das Ganze recht glatt. Mit einem Teelöffel sticht man schön geformte Nocken ab, die man in siedender Fleischbrühe oder in Salzwasser gar ziehen läßt.

Markklößchen

Durch ein feines Sieb streicht man 150 Gramm Ochsenmark und stellt es einige Augenblicke im Wasserbad warm. Unter Beifügung von 50 Gramm Butter rührt man das Ganze schaumig und gibt dann nach und nach fünf Eigelbe, ein ganzes Ei sowie 150 Gramm geriebenes Kastenweißbrot (Mie de pain) dazu. Die mit Salz, Pfeffer, Muskatblüte nebst feingehackter Petersilie abgeschmeckte Masse stellt man einige Minuten zum Anziehen zur Seite und formt dann im Anschluß hieran kleine Klößchen, die man im Salzwasser gar ziehen läßt.

Cremesuppe Caroline

Die Cremesuppe Caroline ist eine weiße Geflügelcremesuppe, die mit feinpassiertem Karottenmus und frischer Sahne aufgezogen wird. Sie erhält eine Einlage von in Butter gedünsteten kleinen Karottenwürfeln.

Brüsseler Rahmsuppe

Eine mit Eigelb und Sahne legierte Rahmsuppe, die mit unterzogenem Mus von feinpassiertem Rosenkohl vollendet wird.

Geflügelcremesuppe Mikado

Die wie üblich zubereitete Geflügelcremesuppe wird mit Eigelb, Sahne sowie einem Spritzer Weißwein legiert und erhält eine Einlage von in kurze Streifen geschnittenem pochiertem Hühnerfleisch, Spargel, Tomatenwürfeln, Morchelstreifen sowie kleinen Röschen von nicht zu weich gekochtem Brokkoli.

Kraftbrühe Pompadour

Die geklärte Kraftbrühe erhält eine Einlage von kleinen Blumenkohlröschen, Eierstich sowie Tapioka und wird mit kleinen Käsestangen zu Tisch gegeben.

Kerbelrahmsuppe Brillat-Savarin

Die in der üblichen Weise angesetzte Cremesuppe wird nach dem Auskochen durch ein Tuch passiert und mit einer Liaison von Sahne und Eigelb vollendet. Zur Vervollständigung erhält die Suppe eine Einlage von pochierten Kalbsbrieswürfeln sowie Schinkenklößchen und wird beim Service mit gehacktem Kerbel bestreut.

Hühnerbrühe Alexandra

Die mit Muskatblüte abgeschmeckte Suppe erhält eine Einlage von Geflügelklößchen, Hühnerfleisch, Tapioka und feiner Julienne von Kopfsalat.

Wildkraftbrühe Diana

Die Brühe wird mit angebratenen Wildknochen und -abgängen angesetzt. Sie wird nach dem Klären und Passieren mit Madeira abgeschmeckt und mit Klößchen von Wildfarce und feinen Streifen von Steinpilzen vollendet.

Kraftbrühe Floreal

ist eine kräftig abgeschmeckte, geklärte Brühe, die mit einer Einlage von Spargelspitzen, gehackten Pistazien sowie kleinen Fleischklößchen zu versehen ist.

Grünkernsuppe mit Markklößchen

Die fertig abgeschmeckte Grünkernsuppe erhält zum Service eine Einlage von Markklößchen, die wie folgt herzustellen sind: 50 Gramm Rindermark werden durch ein feines Sieb passiert und unter Beigabe von 3 Eigelben schaumig gerührt. 50 Gramm entrindetes und in Milch eingeweichtes Weißbrot wird gut ausgedrückt, mit der Masse glattgerührt und eventuell noch mit etwas Panierbrot gebunden. Von dieser Masse, die mit Salz, Pfeffer, Muskatblüte sowie gehackter Petersilie abzuschmecken ist, werden Klößchen geformt, die man in schwach kochendem Salzwasser gar ziehen läßt.

Steinbuttmedaillon Romain

Steinbuttförmige Tarteletts aus Blätterteig werden mit einem pochierten Steinbuttmedaillon, zwei Champignonköpfen sowie zwei kleinen Fischklößchen belegt und mit einer leicht deckenden Krebssauce überzogen.

Makrelenfilet in Stachelbeersauce

Die ausgelösten Makrelenfilets werden in einem kurzen Fond aus Weißwein, Wasser, einer Prise Zucker, Salz, zerdrückten Pfefferkörnern und Zwiebelscheiben bei geringer Hitze gegart und zum Service mit einer Sauce überzogen, die wie folgt zubereitet wird:
Noch nicht allzu reife Stachelbeeren werden geputzt und gewaschen. (Außerhalb der Saison können Konserven oder Gefrierware Verwendung finden.) Die Beeren werden mit Weißwein, Zitronensaft, etwas Zucker und Salz weich gedünstet und im Anschluß daran durch ein Sieb passiert.

Dieses Fruchtmus montiert man mit einer Beigabe von Crème double auf und vollendet es mit einer Prise Cayennepfeffer, Piment und einigen Spritzern Sojasauce.

Steinbutt mit venezianischer Sauce

Der zur Verwendung kommende vollfleischige Steinbutt wird in die entsprechenden Portionen geschnitten, mit Salz gewürzt, mit Zitronensaft beträufelt und bis zum Gebrauch zur Seite gestellt. Bei der Zubereitung bedeckt man die Tranchen mit Salzwasser (pro Liter 15 Gramm) sowie einigen entkernten Zitronenscheiben und bringt das Wasser zum Kochen. Ist dies erreicht, zieht man das Geschirr zur Seite und läßt den Fisch gar ziehen. Der Fisch wird auf einer warmen Serviette oder mit etwas Fond auf einem Plat russe angerichtet und mit etwas flüssiger Butter abgeglänzt. Die venezianische Sauce, die man gesondert dazu serviert, wird wie folgt hergestellt:

Venezianische Sauce

Ein Teil Weißwein und zwei Teile Estragonessig sowie einige zerdrückte Pfefferkörner sind auf ein Drittel einzukochen. Dieser Reduktion gibt man etwas Fischvelouté bei und läßt sie am Herdrand einige Minuten verkochen. Die Sauce wird durch ein feines Siebchen passiert und außerhalb des Feuers mit frischer Butter, feingehacktem Kerbel und Estragon sowie mit etwas feinpassiertem Spinat vollendet. Sie sollte eine blaßgrüne Farbe haben.

Seezungenröllchen Nantua

Die ausgelösten Seezungenfilets werden leicht plattiert, auf einem mit Salz bestreuten Brett ausgebreitet und mit einer Fischfarce, die man aus Fischparüren und Semmelpanade hergestellt hat, bestrichen. Dann sind die Filets, am Schwanzteil beginnend, zusammenzurollen und in ein gebuttertes, flaches Geschirr, aufrecht stehend, einzusetzen. Zum Pochieren bedeckt man die Röllchen mit Fisch- und etwas Champignonfond, bedeckt sie mit einem gebutterten Papier und gart sie im nicht zu heißen Rohr. Beim Anrichten setzt man die gut abgetropften Röllchen in das Serviergeschirr, überzieht sie mit der Nantuasauce, beträufelt sie mit etwas Krebsbutter und gibt sie für einen Augenblick unter den Salamander zum Überglänzen.

Nantuasauce

Hierfür werden zwei Teile einer fertigen Béchamelsauce mit einem Teil frischer Sahne bis zur erforderlichen Konsistenz eingekocht und durch ein Tuch passiert. Nach dem Passieren ist die Sauce nochmals mit Rahm und Krebsbutter aufzuziehen und mit längs halbierten Krebs- oder Krevettenschwänzen zu vollenden.

Überkrustete Goldbarschschnitte

Auf einem gut gebutterten, feuerfesten Geschirr wird das pochierte Goldbarschfilet angerichtet und erhält eine Auflage von grobgeschnittenen Champignons oder Steinpilzen, die zuvor mit feinen Zwiebelwürfeln in Butter ansautiert wurden. Drei viertel Liter einer fertigen Béchamelsauce verkocht man mit einem viertel Liter kräftigem Fischfond und rührt darunter etwa 60 Gramm geriebenen Käse und etwa 40 Gramm frische Butter. Mit dieser Sauce wird der angerichtete Goldbarsch nappiert und, mit geriebenem Käse bestreut, unter dem Salamander gratiniert.

Stubenküken nach Prinzenart

Das mit Gänseleber und geschnittenen Champignons gefüllte Stubenküken wird in der herkömmlichen Weise in Butter gebraten. Man gibt es beim Service mit einer Geflügelrahmsauce, die mit Zungen- und Salzgurkenstreifen angereichert ist, zu Tisch.

Schweinelendchen mit Sauerampfercreme

Die parierten und geschnittenen Schweinelendchen, man rechnet 2 Stück à 75 Gramm pro Gast, werden mit Pfeffersalz gewürzt, gemehlt und beiderseitig in steigender Butter noch rosig gebraten. Die angerichteten Medaillons werden mit einer Sauerampfercreme überzogen, die mit feingeschnittenem Schnittlauch vollendet ist. Ein Sardellenkreuz und einige Kapern vollenden das Gericht.

Sauerampfercreme: Eine leichte Velouté wird mit feinpassiertem Sauerampfer versehen und mit der gleichen Menge Sauce hollandaise aufgezogen.

Geschmolzene Tomaten

In feine Würfel geschnittene Zwiebeln werden in Butter weich gedünstet und mit etwas Weißwein benetzt, bevor man die abgezogenen, von den Kernen befreiten und geschnittenen Tomaten dazugibt. Mit Salz, frisch gemahlenem schwarzem Pfeffer, gehackter, frischer Petersilie sowie mit Knoblauch schmeckt man ab, läßt die Tomaten am Herdrand schmelzen und den entstandenen Saft ein wenig einkochen.

Glacierte Maronen

Die Maronen werden geschält und in kochendem Wasser gebrüht, um die braune Haut entfernen zu können. Das Abschälen der äußeren Schale erleichtert man dadurch, daß man die gewölbte Seite kreuzartig einschneidet und die Maronen auf einem Blech, mit etwas Wasser besprengt, zehn Minuten in das heiße Rohr gibt.

Mit einem Stückchen frischer Butter läßt man etwas Zucker hellgelb schmelzen, füllt mit Fleischbrühe, etwas Kalbsjus sowie wenig Demiglace auf, gibt in diesen Fond die vorbereiteten Maronen und schmort sie weich. Ist dies erreicht, werden sie aus dem Fond genommen und warm gestellt. Der Fond wird hierauf bis zu einer gut deckenden Konsistenz eingekocht, unter den man dann wieder die Maronen schwenkt, die dann, mit einem Ölpapier bedeckt, bis zum Gebrauch aufgehoben werden. Die so vorbereiteten Maronen sollen schön braun und glänzend sein.

Meerrettichsauce

Hierfür läßt man 80 Gramm Mehl in 40 Gramm Butter anschwitzen und achtet darauf, daß der Roux keine Farbe nimmt. Man gibt einen halben Liter Milch dazu und läßt die Sauce gut auskochen. Nach dem Passieren und kurz vor dem Servieren vollendet man die Sauce mit der notwendigen Menge von frisch geriebenem Meerrettich und schmeckt die Sauce mit Salz, Zucker sowie etwas Essig ab.

Kalte Schnittlauchsauce

Von sechs hartgekochten Eiern werden die Dotter mit drei alten, abgerindeten und in Milch eingeweichten Semmeln durch ein Sieb passiert. Dann rührt man diese erhaltene Masse mit drei rohen Eigelben sowie etwas Essig ein wenig schaumig und gießt dann langsam so viel Öl dazu, bis eine mayonnaiseartige Sauce entstanden ist. Letztere ist mit Salz, Zucker, weißem Pfeffer und reichlich feingeschnittenem Schnittlauch zu vollenden.

Gefüllte Kalbsbrust nach Wiener Art

Die von Rippen und Knorpeln befreite Kalbsbrust wird, wie üblich, untergriffen oder mit einem langen Messer zur Brustspitze hin eingeschnitten. Die Brust wird dann mit nachstehender Füllung gefüllt: Feingeschnittene Zwiebeln, ebensolche Champignons sowie gehackte Petersilie läßt man glasig schwitzen und gibt eine Handvoll frische oder gefrorene Erbsen, Salz, Pfeffer sowie eine Prise Muskat hinzu und stellt die Mischung zum Abkühlen zur Seite. Zwischenzeitlich wird rindenfreies Weißbrot in Würfel geschnitten und mit handwarmer Fleischbrühe benetzt. Das Champignon-Zwiebel-Gemisch wird nun, unter Beigabe von einigen Eiern, mit den angefeuchteten Weißbrotwürfeln zu einer bindenden Masse verwirkt und nicht zu stramm in die Brust gefüllt. Die Brust wird dann mit Gewürzen und Röstgemüsen, je nach Größe, in zwei bis drei Stunden unter öfterem Begießen fertiggemacht und glaciert. Der Schmorfond wird zu einer transparenten Sauce verkocht, mit der die angerichteten Kalbsbrusttranchen untergossen werden.

Lammschulter in Südwein

Die hohl ausgelöste und sauber parierte Lammschulter wird in der üblichen Art gewürzt, gebunden und in einer Bratkasserolle mit dem notwendigen Röstgemüse und unter gelegentlichem Begießen rundum braun gebraten. Von Zeit zu Zeit gibt man etwas Madeira daran und glaciert die Schulter im letzten Bratdrittel im offenen Rohr. Nach Beendigung des Bratprozesses nimmt man das Fleisch heraus, gibt zu dem Röstgemüse einige zerdrückte Wacholderbeeren, staubt mit etwas Mehl und füllt das Ganze mit braunem Fond sowie mit etwas Madeira auf. Man verkocht gut, passiert die Sauce durch ein Tuch, schmeckt sie ab und vollendet sie zum Schluß mit etwas Weinbrand.

Kaukasisches Lammspießchen

Aus dem Lammrücken oder der Lammnuß schneidet man kleine Schnitzelchen, etwa im Gewicht von je 30 Gramm. Leicht geklopft werden die Schnitzelchen in dünn geschnittenen Magerspeck gewickelt und abwechslungsweise mit Zwiebelscheiben und Pfefferschotenwürfeln auf Holzspieße gesteckt. Diese Spießchen würzt man mit Salz, Pfeffer, Thymian, Rosmarin sowie mit zerdrücktem Knoblauch und Lorbeerblatt, beträufelt sie mit etwas Öl und läßt sie, mit einem Papier bedeckt, einige Stunden marinieren. Für die Joghurtsauce schwitzt man zunächst in etwas Butter einen guten Eßlöffel Currypaste, gibt ein wenig Mehl dazu und füllt nach kurzem Dünsten mit der nötigen Menge Champignon- und hellem Kalbsfond auf. Das Ganze wird nun gut durchgekocht, eventuell noch mit etwas Mehlbutter gebunden, mit Salz, Pfeffer sowie etwas Ketchup abgeschmeckt und zuletzt mit Joghurt vollendet. Die fertiggestellte Sauce wird passiert und darf nun nicht mehr zum Kochen kommen. Zum Servieren nimmt man die Spießchen aus der Marinade und brät sie auf dem Grill oder in der Pfanne noch leicht rosa. Die angerichteten Spießchen werden mit etwas Sauce nappiert und mit Gemüsereis zu Tisch gegeben.

Gemüsereis

Einen gut trocken gekochten Reis würzt man mit Salz, Pfeffer, einigen Safranfäden sowie etwas Ketchup und mischt ihn mit kleinen Würfeln von Lauch, Karotten und Sellerie, die zuvor in wenig Öl und Hühnerbrühe nicht zu weich gedünstet wurden. Dieser Reismischung gibt man außerdem noch eine kleine Menge gebrühte Rosinen sowie eine Prise Zimt bei, beträufelt mit flüssiger Butter und läßt sie, mit einem Butterpapier bedeckt, im Rohr heiß werden.

Kalbsbries vom Rost

Gut gewässerte Kalbsbriese werden pochiert und leicht gepreßt. Sind sie erkaltet, schneidet man sie der Länge nach auf, ohne sie völlig voneinander zu trennen. Um sie aufzuspreizen, steckt man sie an Spießchen, salzt sie, beträufelt sie mit Öl und brät sie auf dem Rost. Die fertigen Spießchen werden mit Kräuterbutter und mit geräuchertem, ebenfalls gegrilltem Speck garniert.

Kalbsnieren nach Feinschmeckerart

Eine rundum von etwas Fett befreite Kalbsniere wird in einen halben Zentimeter dicke Scheiben geschnitten, gewürzt, in

Mehl gewendet und in Butter gebraten. Man hebt die gebratenen Nieren aus und gibt in die Bratbutter feingeschnittene Zwiebeln, ebensolche Champignons sowie Tomatenconcassé. Dies alles muß einige Minuten angehen, ehe man mit etwas Weißwein ablöscht und mit brauner Grundsauce auffüllt. Diese Sauce wird dann mit einer Prise Knoblauch sowie mit Zitronensaft abgeschmeckt und über die angerichteten Nierenscheiben gegeben.

Kalbsnieren nach Großmutterart

Eine ganze Niere, eventuell etwas vom Fett befreit, wird gesalzen, gepfeffert und in Butter halb fertiggebraten. Inzwischen hat man Karotten und Sellerie in Würfel geschnitten und blanchiert, desgleichen einige Champignons, Magerspeckwürfel und einige kleine Zwiebelchen. Nun gibt man das Ganze zu der angebratenen Niere und läßt alles unter häufigem Begießen fertigbraten. Zum Servieren wird die Niere in Scheiben geschnitten und in einem entsprechenden Serviergeschirr mit den Gemüsen angerichtet. Der Bratensaft ist mit einem Spritzer Weißwein und etwas gebundener Kalbsjus abzulöschen und über das Gericht zu geben, das gut heiß serviert werden muß.

Kalbsleber Lord Beaconsfield

Die rosa gebratenen Kalbslebertranchen werden abwechselnd mit gebratenen Magerspeckscheiben angerichtet und erhalten einen Überzug von einer gut abgeschmeckten Madeira- oder Portweinsauce.

Blumenkohl nach Mailänder Art

Der gekochte und gut abgetropfte Blumenkohl wird in entsprechenden Portionen angerichtet und mit einer dicken Tomatenrahmsauce überzogen. Man bestreut ihn dann mit Schinkenstreifen, geriebenem Parmesan und Reibbrot, gibt einige Butterflocken darauf und läßt ihn im Salamander überbacken.

Semmelknödel

Blättrig geschnittene Semmel vom Vortage weicht man in Milch ein und drückt sie im Anschluß daran gut aus. Unter der Beigabe von in Schweinefett angeschwitzten Zwiebeln und auch gehackter Petersilie, einigen Eiern sowie etwas Mehl bereitet man hiervon einen Teig, aus dem man Knödel formt, die man dann für etwa 15 Minuten in kochendes Wasser gibt.

Gedünsteter Fenchel, mit Parmesan überbacken

Die nur mit Zitronensaft und wenig heller Kalbsbrühe gedünsteten Fenchelhälften richtet man in einer gut gebutterten Backplatte an, übergießt sie dünn mit einer feinen weißen Rahmsauce, bestreut sie reichlich mit geriebenem Parmesan und läßt das Gemüse im heißen Rohr überbacken.

Gedünstete Gurken auf römische Art

Die Gurken werden geschält, halbiert und entkernt. Im Anschluß daran werden sie in Würfel geschnitten und in Butter und Sahne sowie unter Beigabe von ein wenig Sardellenpaste fertiggedünstet.

Vichykarotten

Die in Scheiben geschnittenen Karotten werden mit feingeschnittenen Zwiebeln in Butter und Mineralwasser gedünstet. Man würzt sie mit etwas Zucker und Salz und läßt den entstandenen Fond so weit einkochen, daß die Karotten leicht glasieren.

Eisprofiterole Suchard

Kleine, in Dessertgröße gebackene Windbeutel werden abgedeckelt und mit einer Kugel Schokoladeneis gefüllt, wieder mit dem Deckel versehen, richtet man die Profiteroles an, überzieht sie mit einer kalten Schokoladensauce und garniert sie mit einem Sahnetupfer und gestoßenem Krokant.

Pfirsich im Cremetöpfchen

Feuerfeste Kokotten in der entsprechenden Größe werden bis fast zur Hälfte mit gesüßter, vanillierter Eiermilch gefüllt, in ein Wasserbad gesetzt und zugedeckt in mäßig heißem Rohr zum Stocken gebracht. Nach dem völligen Auskühlen gibt man auf die pochierte Creme einen kleinen Löffel abgezogener Sauerkirschen, legt einen halben, gut abgetropften Pfirsich darauf und überglänzt ihn mit einer Aprikosensauce, die mit ein wenig Grand Marnier abgeschmeckt ist.

Creme Nesselrode

Unter eine Vanillecreme gibt man einen Teil passierte Maronen, die zuvor in gezuckerter Milch gut weich gekocht wurden. Die Creme wird in entsprechende Förmchen gefüllt und gut kalt gestellt. Zum Servieren wird die gestürzte Creme mit halb aufgeschlagener Sahne überzogen und mit geschabter Kuvertüre bestreut.

Apfelstrudel

Von etwa 800 Gramm Mehl, etwas Öl, Salz, zwei Eiern und lauwarmem Wasser macht man einen mittelfesten Teig, den man so lange abarbeitet, bis er sich von Hand und Tisch löst. Hierauf gibt man ihm eine runde Form, schneidet ihn kreuzweise ein, bedeckt ihn mit einem warmen Tuch und läßt ihn eine Stunde ruhen. Während dieser Zeit schält und schneidet man feste, säuerliche Äpfel in feine Scheiben, bestreut diese mit Zucker, Zimt sowie Rosinen und röstet nebenbei in Butter weiße Brösel und einen Teil feingehackte Mandeln hellgelb.

Auf einem bemehlten Tuch zieht man den etwas vorgerollten Teig gleichmäßig dünn nach allen Seiten aus, so daß er schließlich papierdünn eine große Fläche bedeckt. Mit flüssiger Butter bestreichen, die Fläche mit den gerösteten Bröseln bestreuen und gleichmäßig darüber die Äpfel verteilen. Mit Hilfe des Tuches wird der Strudel zusammengerollt und in Stücke von der Länge des Backgeschirrs geschnitten, in das man ihn nun einsetzt. Die Oberfläche wird nun gut gebuttert und der Strudel knusprig braun gebacken. Zum Service bestreut man den Strudel leicht mit Zimtzucker und übersiebt ihn noch mit etwas Puderzucker. Er ist mäßig warm zu servieren.

Apfelcreme mit Calvados

Aus einem Kilo Äpfel, 150 Gramm Zucker und der geriebenen Schale von einer Zitrone wird ein Apfelmus bereitet, dem man eine Messerspitze gemahlene Nelken, einen $1/2$ Teelöffel Zimt, 100 Gramm gehackte Mandeln, 125 Gramm Rosinen, 6 cl Calvados, drei Blatt rote und drei Blatt weiße Gelatine, die zuvor aufzulösen ist, unterrührt. Das Ganze, das nun nicht mehr allzu heiß ist, wird mit vier fest geschlagenen Eiweiß unterzogen und anschließend in entsprechende Gläser oder Schälchen gefüllt. Nach dem Erkalten garniert man die Speise mit ausgestochenen und pochierten Apfelscheiben und gibt in deren Mitte ein Löffelchen Preiselbeeren.

FEBRUAR

Fische und Krustentiere
Lachs, Seezungen, Steinbutt, Heilbutt, Kabeljau, Goldbarsch, Makrelen, Aal, Hering, Hummer, Langusten, Krabben, Karpfen, Forellen, Schleie, Austern, Muscheln

Gemüse
Blumenkohl, Treibhausbohnen, alle Kohlsorten, Gurken, Chicorée, Kresse, Champignons, Kopfsalat, Feldsalat, Winterspinat, Zwiebeln, Rosenkohl, Schwarzwurzeln, Sellerie, Grünkohl

Geflügel
Ente, Gans, Poularde, Suppenhuhn, Truthahn

Wild und Wildgeflügel
Rotwild, Fasan, Wildente

Schlachtfleisch
Außer dem üblichen Schlachtfleisch auch Hammel

Obst
Äpfel, Birnen, Bananen, Orangen, Mandarinen, Melonen, Trauben, Grapefruit

→ Rehrahmsuppe
*
Schweinelendchen
in Ei gebraten
Gedünsteter Chicorée
Mirettikartoffeln
*
Apfeltörtchen

Entenkraftbrühe
*
→ Gegrillte Rehfilets mit
frischen Champignons
und Maronen
Rosenkohl in Rahm
Kartoffelbällchen
*
Grand-Marnier-Auflauf
mit Rieslingsabayon

Kraftbrühe
Weiße Dame
*
Schweinelendchen
mit frischem Blattspinat
mit Haselnußbutter
überbacken
Lorettekartoffeln
*
→ Gebackene Grießkrusteln
mit Bischofssauce

Rahmsuppe Königin
*
→ Kalbsrückensteak
mit Nierchen
→ Italienische
Kartoffeln
Spinatpudding
*
Krokantcreme

Rahmsuppe Dora
*
→ Kalbfleischschnitten
in Curryrahm
Gebackene Banane
Butterreis, Tomatensalat
*
→ Kleiner Pfannkuchen
Margot

Kraftbrühe Célestine
*
Mastlammrücken
englisch gebraten
→ Auberginen in Speck
Grillierte Tomate
Rissoléekartoffeln
*
→ Pfirsich Bristol

→ Kraftbrühe Grimaldi
*
Paprikafleisch
vom Lamm
Butternudeln
Kopf- und Gurkensalat
in Rahm
*
→ Überbackener Apfel
mit Preiselbeeren

→ Schwedische
Würzbissen
*
→ Hirschrouladen
in Pfifferlingsrahm
Hausgemachte Spätzle
→ Überkrustetes
Apfelmus
*
Warme Käsetörtchen

→ Rahmsuppe Romeo
*
→ Kalbsmedaillons
Metternich
Prinzeßbohnen
Grillierte Tomate
Nußkartoffeln
*
→ Sauerkirschen nach
Schwarzwälder Art

Kraftbrühe Royal
*
Schweinelendchen
mit Backpflaumen
und Magerspeckstreifen
Macairekartoffeln
Brokkoli
*
Blätterteig-Cremeschnitte

Kraftbrühe mit Tapioka
und Gemüsestreifen
*
Gepökelte Ochsenzunge
mit Sauerkirschen
in Portwein
→ Spinat Viroflay
Dauphinekartoffeln
*
Bayerische Creme

Champignonsuppe
*
Kalbsleber nach
Berliner Art
mit gebratenen
Apfelscheiben und
Butterzwiebeln
Kartoffelpüree
Kopfsalat in Zitronenrahm
*
→ Baba mit Rum

→ Rahmsuppe Jackson
*
→ Gedünstete
Kalbsnuß mit Estragon
Überkrusteter Blumenkohl
→ Kartoffelpüree
Aurora
*
→ Apfelküchlein
mit Vanillesauce

Rahmsuppe Créole
*
Vierländer Mastente
vom Spieß
→ mit gebackenen
Melonenscheiben
Kartoffelkrusteln
Salat Elisabeth
*
Zitronencreme

Försterinsuppe
*
Frische Kalbszunge
mit Brechspargel
und Champignons
in Weißwein
Pistazienreis
Salat Mimosa
*
Fruchtsalat mit Maraschino

→ Rahmsuppe Velours
*
Filet vom Haff-Zander
am Grill gebraten
→ Delikate
Buttermischung
Schwenkkartoffeln
Salate der Saison
*
Apfelstrudel

Selleriecremesuppe
*
Gespickte Rehkeule
Baden-Baden
Pfifferlinge
Dunstbirne
mit Preiselbeeren
Kartoffelkrusteln
*
Nugatcreme

Klare Ochsenschwanzsuppe
*
→ Kalbsbrieschen
Savora
*
Roastbeef, rosa gebraten
Schwarzwurzeln in Creme
Nußkartoffeln
*
Vanilleeis mit heißer
Ingwerschokolade

Schinkencremesuppe
*
Rheinischer Sauerbraten
mit Mandeln und Rosinen
Backobst
Kartoffelknödel
*
Schokoladencreme

Legierte Kalbfleischsuppe
*
→ Fasanenbrüstchen
→ Orangenkraut
Mousselinekartoffeln
*
→ Aprikose Condé

→ Rahmsuppe Esau
*
Rumpsteak, mit
→ Sahnemeerrettich
überbacken
Bernykartoffeln
Chicoréesalat
*
Rumfrüchte mit Vanilleeis

Hamburger Rauchfleisch
mit Melone
*
Wildkraftbrühe mit Sherry
*
→ Zürcher
Kalbsgeschnetzeltes
Eierspätzle
Tomatensalat
*
Halbgefrorenes

Leberknödelsuppe
*
Rotzungenfilet, gebacken
→ Tiroler Sauce
*
Rauchrückensteak
vom Grill
→ mit Knoblauchbutter
glaciert
Bohnenbündchen
Sahnepüree
*
Birne Helene

Rahmsuppe Dubarry
*
Kalbsmedaillons
mit feinem Ragout
überbacken
Grillierte Tomate
Kopfsalat
mit Melonenwürfeln
*
Eisbecher mit Früchten

→ Geflügelrahmsuppe
Valais
*
Frische Rinderzunge
auf Mailänder Art
Tomaten-Kräutersauce
Rosenkohl mit Maronen
Kartoffelbällchen
*
→ Gratin von
exotischen Früchten

━━━━━

→ Wildrahmsuppe
Bergère
*
Kalbsbrust nach
Wiener Art mit
glasierten Zwiebelchen
und Kümmelsauce
Tomaten à la provençale
Herzoginkartoffeln
*
Ananasbeignets
Aprikosensauce

━━━━━

Tomatenrahmsuppe
*
Kalbsnüßchen auf
Apfelscheiben
Morchelrahm
Safranreis
Salat Mimosa
*
Zitronenroulade

━━━━━

Blumenkohlrahmsuppe
*
→ Kalbszunge
mit gehacktem Ei
und feinen Kräutern
in Senfsauce
Blumenkohl
auf Mailänder Art
Duchessekartoffeln
*

Apfelkrapfen mit
Vanillerahm

━━━━━

→ Kraftbrühe Colbert
*
Braisierte Kalbsbrust
Käsespaghetti
Kompottbirnen
*
Mokka-Sahnecreme

━━━━━

→ Hühnerbrühe Doria
*
Lammkoteletts
→ Grüne Bohnen
auf bürgerliche Art
Bernykartoffeln
*
→ Bananenquark

━━━━━

Lauchcremesuppe
*
Kalbsleberschnitten
auf frischen Karotten
mit weißem Zwiebelmus
überbacken
Kartoffelpüree
*
→ Dunstbirne
nach Wiener Art

━━━━━

Hühnerbrühe Celestine
*
→ Lendenschnitte
Rhydberg
Blattspinat
Pariser Kartoffeln
*
Aprikose auf Vanilleeis
mit Himbeermark

Rehrahmsuppe
Parüren und Abgänge vom Wild werden mit dem nötigen Wurzelwerk angebraten, mit Mehl angestaubt, mit braunem Fond aufgefüllt und verkocht. Nach dem Passieren wird die Suppe mit Sahne und Eigelb legiert und mit etwas frischer Butter sowie einem Schuß Weinbrand vollendet.

Rahmsuppe Jackson
Püreesuppe von weißen Bohnen mit einer Einlage von gedünsteten roten und grünen Pfefferschotenwürfeln.

Rahmsuppe Romeo
Passierte und mit Sahne und Eigelb legierte Kartoffelsuppe mit einer Einlage von Schinkenwürfeln und gehacktem Eiweiß.

Rahmsuppe Esau
Eine mit Rahm aufgezogene passierte Linsensuppe mit einer Einlage von Frankfurter Würstchen, die in hauchdünne Scheibchen geschnitten werden.

Rahmsuppe Créole
Eine Tomatensuppe, die mit Erbspüree und frischer Sahne zu vermischen ist.

Schottische Lauchsuppe
Eine Cremesuppe, die mit Wurzelwerk und Hammelfond angesetzt wird. Die passierte Suppe ist mit Sahne und Eigelb zu legieren und mit einer reichlichen Einlage von gebrühten Lauchwürfelchen zu versehen.

Rahmsuppe Velours
Eine mit verschiedenen Gemüsen angesetzte Geflügelrahmsuppe, die gut ausgekocht zu passieren ist. Kurz vor dem Servieren ist sie mit frischer Sahne und etwas frischer Butter zu vollenden.

Geflügelrahmsuppe Valais
Eine mit Sahne und Eigelb legierte Geflügelrahmsuppe erhält eine Einlage von Hühnerfleischstreifen, Morchelstreifen sowie grüne Spargelspitzen.

Kraftbrühe Grimaldi
Die kräftige, mit ein wenig Muskatblüte abgeschmeckte Kraftbrühe erhält eine Einlage von mit Tomaten gefärbten Eierstichwürfeln sowie blanchierten Selleriestreifen.

Kraftbrühe Colbert
Die mit Madeira abgeschmeckte Kraftbrühe wird mit einer Brunoise von Gemüsen sowie mit einem pochierten Ei pro Gast vollendet.

Wildrahmsuppe Bergère

Eine leicht gebundene Wildrahmsuppe mit einer Einlage von Spargelspitzen, Kerbel, feiner Julienne von Weißkohl und Tapioka.

Hühnerbrühe Doria

Der doppelten Hühnerbrühe gibt man als Einlage kleine Würfelchen von frischer Gurke, Geflügelklößchen und gehackten Kerbel bei.

Schwedische Würzbissen

Die Zusammenstellung dieser Vorspeise wird sich immer nach dem Preis des Gedeckes zu richten haben. So können neben Lachs, Aal, Stör und Krebsschwänzchen auch Sardinen, Sardellen, Makrelen, Matjesfilets, die verschiedensten Fischmayonnaisen sowie auch Eiersalat Verwendung finden.

Grüne Bohnen auf bürgerliche Art

Die geputzten und gebrochenen Bohnen werden mit Magerspeck- und Zwiebelwürfeln in Butter angedünstet, leicht mit Mehl gestaubt, mit Pfeffer, Salz sowie Bohnenkraut versehen, mit wenig Brühe aufgefüllt und fertiggeschmort.

Kalbszunge mit gehacktem Ei

Die gekochten und der Länge nach aufgeschnittenen Zungen werden mit reichlich grobgehacktem Ei und Kräutern bestreut und mit Senf-Mousselinesauce nappiert.

Kalbsbrieschen Savora

Gut gewässerte Kalbsbrieschen blanchiert man in siedendem Salzwasser und läßt sie dann, leicht gepreßt, auskühlen. Nun schneidet man sie in schräge Scheibchen, würzt sie mit Salz und Pfeffer, wendet sie in Mehl und dämpft sie dann in Butter zur hellgelben Farbe. Ist dies geschehen, setzt man sie portionsweise auf rund ausgestochene Toastscheiben und überzieht sie mit der nachstehenden Sauce. In den Bratsatz gibt man etwas feingeschnittene Zwiebeln und dünstet sie glasig, ohne daß sie Farbe nehmen. Nun löscht man mit etwas Weißwein sowie Hühnerbrühe ab und bindet diesen Fond mit ein wenig Mehlbutter. Man passiert durch ein Siebchen und vollendet die recht kurz zu haltende Sauce mit Savorasenf und etwas flüssiger Sahne.

Gedünstete Kalbsnuß mit Estragon

Die Kalbsnuß wird mit frischem Speck gespickt, mit dem entsprechenden Wurzelwerk angebraten und unter Beigabe von etwas Weißwein und braunem Fond fertiggedünstet. Der entstandene Bratensatz wird dann später mit brauner Grundsauce und süßer Sahne zu einer leicht deckenden Sauce verkocht, die nach dem Passieren mit grobgehackten Estragonblättern zu vollenden ist.

Kalbsmedaillons Metternich

Mit Salz und Pfeffer gewürzte Kalbsmedaillons zieht man durch Mehl und geschlagenes Ei und brät sie in Butter noch leicht rosa. Jedes Medaillon wird dann mit einem Löffelchen Champignonmus bedeckt, mit einer nappierfähigen holländischen Sauce überzogen und im heißen Rohr oder unter dem Salamander überkrustet.

Kalbfleischschnitten in Curryrahm

Eine Kalbsschulter wird entbeint, gerollt und in einem kurzen Wurzelfond weich gekocht. Inzwischen werden einige Zwiebeln und Äpfel in Scheiben geschnitten und in Schweinefett hell gedünstet. Dann gibt man Currypulver dazu, stäubt mit Mehl an und füllt mit dem abgekühlten Kalbsfond auf. Nach gründlichem Verkochen wird die Sauce passiert und mit Sahne und frischer Butter aufmontiert. Die in Scheiben geschnittene Kalbsschulter wird damit nappiert und ist mit panierten und gebackenen Bananen anzurichten.

Mirettikartoffeln

Aus rohen Kartoffeln werden Würfel geschnitten, die genau wie Pommes frites zunächst blanchiert und dann fertiggebacken werden. Die fertiggebackenen Würfel schwenkt man dann ganz kurz in einer Mischung von wenig Fleischglace und zerlassener Kräuterbutter. Man richtet sie in einem passenden Geschirr an, bestreut sie mit etwas geriebenem Parmesankäse und glaciert sie vor dem Auftragen unter dem Salamander.

Lendenschnitte Rhydberg

Das Filetsteak wird in Butter gebraten, wobei während des Bratprozesses feine Zwiebelwürfel beigegeben werden. Dieser Ansatz wird nach Entnahme des Filetsteaks dann durch blätterig geschnittene Champignons erweitert. Das Ganze wird dann

mit einer Beigabe von Sahne und etwas gebundener Jus bündig
verkocht und geschmacklich noch durch einige Streifen rote
Rüben und Gewürzgurken gehoben.

Hirschrouladen in Pfifferlingsrahm

Von einer Hirschkeule werden etwa 120 Gramm schwere Tranchen geschnitten, die gut plattiert und mit Salz und Pfeffer
gewürzt werden. Dann gibt man als Füllung eine Farce von
Schweinefleisch sowie ein Stück Räucherspeck auf die ausgebreiteten Tranchen, rollt sie zu Rouladen und bindet sie. Die
Rouladen werden dann mit Mehl gestaubt und von allen Seiten
zu schöner Farbe angebraten. In ein entsprechendes Bratgeschirr gibt man etwas Wurzelwerk und, wenn vorhanden, einige
zerkleinerte Speck- oder Schinkenschwarten und ordnet darauf
die angebratenen Rouladen. Man gibt noch einige zerdrückte
Wacholderbeeren dazu, füllt das Ganze mit Wildfond und brauner Grundsauce auf und läßt die Rouladen langsam fertigschmoren. Ist der Garpunkt erreicht, nimmt man die Rouladen
aus dem Fond, den man noch etwas einkochen läßt und, wenn
nötig, mit etwas Mehlbutter bindet. Diese Sauce wird dann passiert und mit recht dickem Sauerrahm und angeschwenkten
Pfifferlingen vollendet.

Paprikafleisch vom Lamm

Das Lammfleisch, von Schulter oder Hals, wird in nicht zu kleine
Stücke geschnitten und, mäßig gesalzen, in recht heißem
Schweinefett zur schönen Farbe geröstet. Das Fleisch gibt man
dann auf ein grobmaschiges Sieb, läßt in dem Bratensatz einige
feingeschnittene Zwiebeln hellgelb angehen, gibt ein wenig
Tomatenmark, Rosenpaprika sowie etwas Mehl dazu und füllt
das Ganze mit der notwendigen Brühe und Sauerrahm auf. Ist
die so erhaltene Sauce glattgekocht, gibt man das angebratene
Fleisch dazu und läßt es langsam gar ziehen. Es ist darauf zu
achten, daß dies nicht bis zum Zerfall des Fleisches ausgedehnt
wird, sondern noch ein gewisser Biß vorhanden ist. Das in Portionen angerichtete Paprikafleisch wird mit ausgebratenen,
recht heißen Speckstreifen bestreut und ebenso heiß serviert.

Fasanenbrüstchen

Die zur Verwendung kommenden Fasanen werden recht saftig
gebraten und nach einer kurzen Ruhezeit ausgebrochen, und
da in diesem Fall nur die Brüstchen Verwendung finden, wer-

den die Keulchen aufbewahrt und zu einem anderen Gericht oder als Salmi verarbeitet. Der entstandene Bratfond wird nun mit den kleingehackten Karkassenknochen und einigen Wacholderbeeren schnell herunterglaciert und mit einigen zerdrückten Tomaten und etwas Rotwein zu einer leicht gebundenen und schwach deckenden Jus verkocht. Die Brüstchen werden beim Anrichten auf einen kleinen, in Butter gebratenen Weißbrot-Croûton dressiert und mit der Jus überzogen.

Orangenkraut

In ein glattes Geschirr gibt man zunächst etwas Schweinefett sowie Würfel von geräuchertem Magerspeck und feine Zwiebelwürfel. Dies alles läßt man zusammen leicht angehen, gibt das Sauerkraut, etwas kochende helle Brühe und den Saft von einigen Orangen dazu und kocht das Kraut weich. Während des Kochens lockert man das Kraut des öfteren mit einer Gabel, gibt etwas Bienenhonig, Salz sowie in feine Streifen geschnittene, blanchierte Orangenschale und nach Geschmack etwas Pfeffer dazu und bindet das Kraut zum Schluß mit einigen feingeriebenen, rohen Kartoffeln.

Auberginen in Speck

Man schneidet die Auberginen in zentimeterdicke Scheiben, jedoch ohne die Haut zu entfernen, und würzt sie mit Salz, Pfeffer und Zitronensaft, beträufelt sie mit ein wenig Öl und läßt sie, so vorbereitet, etwa eine halbe Stunde marinieren. Nach dieser Zeit werden die Scheiben in Mehl gewendet, in geschlagenem Ei sowie weißen Semmelbröseln paniert und in heißem Öl herausgebacken. Unterdessen hat man geräucherten Magerspeck in feine Streifen geschnitten und diese in einer Pfanne mit einer Beigabe von feinen Zwiebeln sowie einer Spur Knoblauch hellgelb angeröstet und mit frisch gehackter Petersilie versehen. In dieser Speck-Zwiebel-Mischung schwenkt man die gebackenen Auberginenscheiben gut durch und serviert sie als Gemüsebeilage.

Gebackene Melonenscheiben

Gebackene Melonenscheiben erfreuen sich als Zugabe zu Fleischgerichten großer Beliebtheit. Sie werden zu diesem Zweck geschält und beliebig groß geschnitten. Man würzt mit Paprika, taucht sie in Mehl und Backteig und bäckt sie in schwimmendem Fett aus. Ein schnelles Servieren gehört

allerdings zur Grundbedingung, da die Scheiben schnell Feuch-
tigkeit ziehen und damit weich und unansehnlich werden.

Kartoffelpüree Aurora

Bei der Zubereitung von Kartoffelpüree setzt man eine kleine
Menge Tomatenmark oder Ketchup zu, so daß das Püree
eine zartrosa Farbe aufweist.

Kalbsrückensteak mit Nierchen

Das aus dem Rücken geschnittene Kalbssteak, im Gewicht von
140 Gramm, sowie eine 30 Gramm schwere Kalbsnieren-
scheibe werden unter Begießen schön saftig gebraten und auf-
einandergelegt angerichtet. In dem Bratgeschirr läßt man nun
etwas feine Zwiebeln in Butter angehen, gibt Würfel von abgezogenen Tomaten dazu, würzt das Ganze mit Salz, Pfeffer
sowie Knoblauch und gibt dieses über das angerichtete Kalbssteak.

Italienische Kartoffeln

Gleichmäßig große, rohe Kartoffeln werden in einen halben Zentimeter dicke Scheiben geschnitten und dachartig in ein gut
gebuttertes Geschirr eingesetzt. Man würzt die Kartoffeln mit
Salz und Pfeffer, gießt ein wenig Kalbsjus an und läßt die Kartoffeln im heißen Rohr halb fertig werden. Dann gibt man Magerspeckstreifen, Zwiebeln sowie einige kurzgeschnittene Pfefferschotenstreifen darüber und dämpft das Ganze fertig. Ist dies
geschehen, bestreut man die Kartoffeln mit geriebenem Parmesan, legt einige Butterflöckchen auf und überbackt sie hellbraun.

Geschnetzeltes Kalbfleisch nach Zürcher Art

Sehnenfreies Kalbfleisch wird in kurze, feine Streifen geschnitten und in Butter auf flottem Feuer schnell sautiert, ohne Farbe
nehmen zu lassen. Den Pfanneninhalt gibt man dann auf ein
Sieb zum Abtropfen und läßt in der gleichen Pfanne etwas feine
Zwiebeln in Butter glasig angehen. Die Zwiebeln werden dann
mit einem Spritzer Weißwein und Zitronensaft abgelöscht und
mit gebundener Kalbsjus sowie frischer Sahne zu einer sämigen Sauce verkocht. Man schmeckt mit Salz und Pfeffer ab, gibt
den abgetropften Fond sowie das Fleisch und einige geschnittene Champignons dazu und richtet das Geschnetzelte in
einem passenden Geschirr an.

Spinat Viroflay

Der gekochte und gut abgetropfte Spinat wird gehackt und mit wenig Butter trockengedünstet. Dann bindet man den Spinat mit dicker Béchamelsauce sowie einigen Eigelben und würzt ihn mit Salz und Pfeffer. Von dieser Masse, die man recht fest halten muß, formt man mit einem Eßlöffel ovale Nocken, wickelt diese in zurückgehaltene, große, blanchierte Spinatblätter und ordnet diese Päckchen in ein gebuttertes Geschirr. Mit einer weißen Sauce, die mit Eigelb zu legieren ist, wird der Spinat dünn überzogen, reichlich mit geriebenem Parmesan bestreut, mit flüssiger Butter betropft und im Ofen überbacken.

Überkrustetes Apfelmus

Frisch gekochtes Apfelmus wird mit Rum abgeschmeckt und warm in feuerfeste Kokotten der entsprechenden Größe gefüllt. Zwischenzeitlich schneidet man von Kastenweißbrot winzige Brotwürfelchen, die mit flüssiger Butter zu schwenken sind. Von diesen leicht gefetteten Würfelchen gibt man eine dünne Lage auf das angerichtete Apfelmus, bestaubt sie mit Puderzucker und läßt die Oberfläche unter dem Salamander karamelisieren.

Delikate Buttermischung
(Sardellenbutter, Paprikabutter)

Zur Sardellenbutter streicht man etwa 90 Gramm Sardellenfilets durch ein feines Sieb und rührt die erhaltene Masse mit 250 Gramm pomadiger Butter glatt. Man formt davon eine Rolle, die sich, in eine Silberfolie eingeschlagen, im Kühlraum recht lange hält und ein gutes Portionieren ermöglicht.
Zur Herstellung der Paprikabutter verrührt man die küchenwarme Butter mit einem Teil Paprikamark und gutem Paprikapulver und unterzieht sie zum Schluß, bei einer Menge von 250 Gramm Butter, mit etwa 80 Gramm weichgedünsteten roten und grünen Pfefferschotenwürfelchen.

Rumpsteak, mit Sahnemeerrettich überbacken

Das gebratene oder gegrillte Rumpsteak wird dick mit Sahnemeerrettich bestrichen, dem man einige Eigelbe untergezogen hat. Mit einer Prise Paprikapulver bestauben und das Rumpsteak unter dem gut heißen Salamander überbacken.

Tiroler Sauce

Die Tiroler Sauce ist eine Ableitung der Mayonnaise, der reichlich Würfel von abgezogener und ausgedrückter Tomate sowie etwas Ketchup untergezogen wurde.

Knoblauchbutter

40 Gramm geschälte Knoblauchzehen werden einige Minuten in kochendem Wasser blanchiert und anschließend mit 80 Gramm Tomatenmark zu einer feinen Paste verrieben. Man gibt nun 300 Gramm pomadige Butter dazu, etwas Salz sowie frisch gemahlenen Pfeffer, schlägt das Ganze recht schaumig und streicht die Masse durch ein feines Sieb. Diese Paste wird mit gehackter Petersilie, wenig Estragon, zwei Eigelben und Gordon's Gin vollendet. Zur Portionierung in Rollen formen und in Alufolie wickeln; so kann diese Butter im Kühlraum über eine lange Zeit vorrätig gehalten werden.

Apfeltörtchen

Man rollt Abfallblätterteig gut messerrückendick aus und schneidet Rechtecke von der Größe 8 mal 5 Zentimeter. Die Mitte wird mit vier bis fünf Apfelspalten belegt, das Ganze vorsichtig mit Ei bestrichen und in nicht zu heißem Rohr gebacken. Nach dem Backen werden die Törtchen mit heißer Aprikosenkonfitüre sowie mit dünnem Zitronenfondant leicht glasiert.

Kleiner Pfannkuchen Margot

Kleine gebackene Pfannkuchen werden mit einem Eßlöffel abgezogene Sauerkirschen und mit etwas Omelettesouff**l**émasse gefüllt, dann halb zusammengeschlagen und zum Soufflieren ins Rohr gegeben. Danach bestaubt man sie mit Puderzucker, träufelt etwas Butter darauf und läßt sie ganz kurz unter dem Salamander glacieren.

Gebackene Grießkrusteln

Ein Liter Milch wird mit 50 Gramm Zucker und wenig Salz zum Kochen gebracht und mit 200 Gramm Grieß zu einer festen Masse verkocht. Dann gibt man drei Eigelbe dazu und streicht die Masse auf ein angefeuchtetes Brett oder Weißblech. Nach dem Auskühlen schneidet man hiervon Rhomben oder auch Vierecke, die dann in Ei und weißer Brotkrume zu panieren sind.

Bei Bedarf werden die so vorbereiteten Krusteln in der Fritüre gebacken und in Zimtzucker gewälzt.

Bischofssauce

Rotwein wird mit Zucker und etwas Zitronensaft aufgekocht und mit wenig Weizenpuder abgezogen. Dazu kommt eine Einlage von vorgequollenen Rosinen und Mandelsplittern.

Warme Käsetörtchen

In blindgebackene Blätterteigtörtchen gibt man einen Löffel ansautierte Tomatenconcassé und feingeschnittene Käsewürfelchen, die von alten Käseanschnitten geschnitten werden können. Die so gefüllten Törtchen werden dann mit etwas Sauce hollandaise überzogen, mit geriebenem Parmesan und Bröseln bestreut, unter dem Salamander überbacken und recht heiß serviert.

Sauerkirschen nach Schwarzwälder Art

Entsteinte Sauerkirschen werden mit Zucker und einem Stückchen Stangenzimt aufgekocht und ganz leicht mit angerührtem Weizenpuder gebunden. Man läßt gut erkalten, füllt die entsprechenden Dessertgläser zur Hälfte mit diesem Kirschkompott und füllt sie anschließend mit halb aufgeschlagener Sahne, die mit etwas Kirschwasser abzuschmecken ist, dreiviertel voll. Zum Servieren wird die Speise noch mit geschabter Schokolade bestreut.

Aprikosen Condé

Hierzu nimmt man außerhalb der Saison die sogenannten Oreillons, die zwar ohne Zucker, aber in relativ festem Zustand als Konserve zu haben sind. Diese Aprikosenhälften werden in vanilliertem Läuterzucker pochiert und in dem gleichen Fond zum Auskühlen zur Seite gestellt. Die abgetropften Aprikosenhälften werden dann auf eine Reiscreme dressiert und mit Aprikosensauce, die kräftig mit Rum abgeschmeckt ist, überzogen. Ein Sahnetupfen und ein Löffelbiskuit vervollständigen die Garnitur.

Baba mit Rum

Von 500 Gramm Mehl, 300 Gramm Butter, 8 Eiern, 50 Gramm Hefe, 15 Gramm Salz, 50 Gramm Zucker sowie einer kleinen Menge lauwarmer Milch bereitet man einen Hefeteig, dem man zum Schluß etwa 150 Gramm Sultaninen beigibt. Die in kleinen Förmchen gebackenen Kuchen werden vor dem Gebrauch in einem heißen, nicht zu starken Zuckersirup, dem man nach Geschmack Rum und etwas Zitronenschale beigegeben hat, getränkt. Angerichtet werden sie mit der vorstehenden Aprikosen-Rumsauce überzogen und in warmem Zustand serviert.

Pfirsich Bristol

Blindgebackene Mürbeteigtorteletten werden mit einer Kugel Schokoladeneis gefüllt, mit einem halben, abgetropften Pfirsich belegt und mit einer Mandelcremesauce, der man halb aufgeschlagene Sahne untergezogen hat, überzogen.

Überbackener Apfel mit Preiselbeeren

Mittlere Äpfel werden geschält, ausgehöhlt und in Vanillesirup kernweich pochiert. Zum Servieren werden die Äpfel leicht warm gehalten, auf Bestellung mit Preiselbeerkompott gefüllt und mit einer Sauce überzogen, die man aus einem Gervais, Eigelb und frischer Sahne hergestellt hat. Mit grobem Zucker bestreuen und im Salamander überbacken.

Traubentörtchen, mit Marzipan überbacken

Blindgebackene Mürbteigtorteletten werden mit Vanillecreme eingestrichen und reichlich mit entkernten Weintrauben belegt. Von Marzipanmasse, abgeriebener Zitrone, Zucker und flüssigem Eiweiß bereitet man eine streichfähige Creme, mit der die Trauben zu überziehen und unter dem Salamander zu überbakken sind.

Apfelküchlein

Von großen, mürben Äpfeln wird mit dem Apfelausstecher das Kerngehäuse entfernt, diese geschält und je nach Größe in drei bis vier Scheiben geschnitten. Die Scheiben werden mit Staubzucker, etwas Zitronensaft, wenig Rum und Zimt gewürzt und so, unter gelegentlichem Umdrehen, etwa eine Stunde lang mariniert.
Inzwischen stellt man von lauwarmer Milch, Sahne, Weißwein oder Weißbier, 20 Gramm Hefe, 180 Gramm Mehl, zwei Eiern, einer Prise Salz und Zucker sowie einem Eßlöffel Öl einen Aus

backteig her. Dieser dünnflüssig gehaltene Teig muß jedoch so viel Bindung haben, daß die eingetauchten Apfelscheiben messerrückendick überzogen bleiben. Diese Masse stellt man etwa eine Stunde an einen warmen Ort zum Aufgehen. Die Apfelscheiben werden dann in Mehl und den Backteig getaucht und sogleich in die heiße Fritüre gegeben. Die Küchlein sind schön hellbraun zu backen und werden nach dem Ausheben, mit Zimtzucker bestreut, warm zu Tisch gegeben.

Dunstbirne nach Wiener Art

Die halben Kompottbirnen werden auf einer Unterlage von Vanillecreme angerichtet. Mit Himbeeren füllen und die Birnen mit einer Aprikosensauce überziehen, die mit etwas Rum abgeschmeckt ist; die Speise mit einem Sahnetupfen und Löffelbiskuit garnieren.

Gratin von exotischen Früchten

Exotische Früchte, dem Marktangebot entsprechend, putzen, gefällig schneiden, marinieren mit Puderzucker und Zitronensaft, in tiefem Teller anrichten und mit leichtem Sabayon gratinieren.

Mokka-Sahnecreme

$1/2$ Liter Sahne, 70 Gramm Zucker, 50 Gramm feingestoßener Krokant, Mokkapaste oder Nescafé, 10 Blatt Gelatine. Verarbeitung wie Schokoladen-Sahnecreme.

Bananenquark

Für eine Portion rechnet man etwa 80 Gramm Quark, zwei Eßlöffel Milch, einen Teelöffel Zucker, entsprechende Zusätze, wie zum Beispiel Fruchtmark, Früchte, Gewürze und als Dekor eventuell einen Tupfen Sahne und ein kleines Gebäckstück. Angerichtet wird die Quarkspeise in Glasschalen oder entsprechenden Gläsern.

MÄRZ

Fische und Krustentiere
Lachs, Lachsforelle, Seezunge, Steinbutt, Heilbutt, Rotzunge, Makrele, Merlan, Schleie, Aal, Austern, Muscheln, Krevetten, Hummer, Languste, Hering, Seeaal, Karpfen

Gemüse
Karotten, Zwiebeln, Champignons, Gurken, Karotten, Kresse, Sauerampfer, Kopfsalat, Lauch, Sellerie, Rettich, Radieschen, Schwarzwurzeln, Blumenkohl, rote Rüben, Spinat, Tomaten

Geflügel
Ente, Poularde, Suppenhuhn, Stubenküken, Hähnchen, Taube, Truthahn

Schlachtfleisch
Außer dem üblichen Schlachtfleisch auch Hammel und Lamm

Obst
Äpfel, Bananen, Birnen, Trauben, Orangen, Grapefruit, Melonen

→ Andalusische
Bohnensuppe

*

→ Hasenfiletschnitten
Madeirasauce
Glacierte Zwiebeln
Brokkoli
mit Haselnußbutter
Kartoffelkrusteln

*

Krokant-Eclair

Wildkraftbrühe mit Reis
→ Wildklößchen
Spargelspitzen

*

→ See-Forelle
nach Walliser Art
Dillkartoffeln
Kopfsalat in
Sauerrahmdressing

*

Vanilleeis mit Rumsauce

→ Geflügelkleinsuppe

*

→ Ungarisches
Paprikahuhn
Breite Nudeln m. Eibutter
Krautsalat

*

Weincreme

→ Fischrahmsuppe
Bagration

*

→ Gedünstete
Hammelkeule
Grüne Bohnenkerne
Kartoffelschnee

*

Grießflammeri mit
Schokoladensauce

→ Rahmsuppe Ilona

*

→ Lachsschnitte
nach Basler Art
Dampfkartoffeln
Kopf- und Selleriesalat

*

→ Apfelschaum mit
Löffelbiskuit

→ Geflügelkraftbrühe
Alexandra

*

→ Gebratener
Schweinekamm
nach Brabanter Art
→ Würzpflaumen
Kartoffelpuffer

*

→ Rhabarber
im Cremetöpfchen

→ Hammelbrühe
mit Perlgräupchen

*

→ Hähnchenkeule
Cordillera
Curryreis
Gemischte Salate

*

→ Apfel van Dyck

→ Artischocken-
Rahmsuppe

*

→ Ochsenschwanz-
ragout
in Rotwein
Eierspätzle
Chicoréesalat
mit Orangenspalten
in Joghurtdressing

*

→ Zitronentörtchen

→ Rahmsuppe
Malakow

*

Kalbsschnitzel
Cordon bleu
Sauce Choron
feine Erbsen
Dillkartoffeln

*

Fruchtsalat
mit Vanilleeis

───────

Kräuterrahmsuppe

*

Kalbsbrustschnitten
nach englischer Art
vom Grill
Schwedische Sauce
Gemischte Salate
Warmer
Speckkartoffelsalat

*

→ Birne Weiße Dame

───────

Erbsensuppe Clamart

*

Rinderpökelbrust,
mit Gemüsen
Geriebener Meerrettich
Dampfkartoffeln

*

→ Florentiner
Mandelcreme

───────

→ Rahmsuppe Nanette

*

→ Kalbsröllchen
nach Mailänder Art
Safranreis
Gemischter Salat

*

Ananas mit Sahne

Kraftbrühe Célestine

*

Kalbsleber
in Sahnesauce
Kartoffelpüree
Kopfsalatherzen Aurora

*

→ Zitronensorbet

───────

→ Ländliche
Kartoffelsuppe

*

→ Junger Hahn
vom Rost
Zerlassene
Kräuterbutter
Tomaten- und
Selleriesalat
Rissoléekartoffeln

*

Mokkasahnecreme

───────

→ Kraftbrühe Colbert

*

Schinkensteak Maryland
mit gebratenen Bananen
Maiskrusteln
Sahnemeerrettich
Kopf- und Selleriesalat

*

Westfälische Creme

───────

Geflügelrahmsuppe
mit Gemüsestreifen

*

Glaciertes
Kalbsfrikandeau
in Madeirajus
Überbackener
Blumenkohl
Kartoffelbällchen

*

→ Bananenkrapfen
mit heißer Schokolade

Grießsuppe Leopold
*
→ Schweinelendchen
Café de Paris
Kartoffelpüree
Tomaten- und Feldsalat
*
Haselnußcreme

→ Rinderbrühe
Monselet
*
→ Schweinerücken-
steak
nach flämischer Art
Grillierte Tomate
→ Rahmfenchel
Bernykartoffeln
*
Vanilleeis mit Eierlikör

Lauchcremesuppe
*
Tournedos vom Grill
→ Delikate Würzsauce
Dauphinekartoffeln
Tomaten- und
Chicoréesalat
*
Schokoladeneis
mit Orangenspalten

Doppelte
Kraftbrühe Royal
*
Poulardenbrust
nach Toulouser Art
Butterreis
Salat Marquardt
*
Krokantcreme
oder Käsedessert

Grünkernsuppe
mit Markklößchen
*
→ Jungschweinsattel
nach Schweizer Art
Feine Erbsen
Mandelkartoffeln
*
→ Auflaufkrapfen
mit heißer Schokolade

→ Holsteinische
Tomatensuppe
*
→ Wildschweinkeule
in Burgunder
Ananaskraut
Rahmpüree
*
→ Apfel im Schlafrock

Sächsische
Kartoffelsuppe
mit Fadennudeln
*
→ Hammelkoteletts
Nelson
Grillierte Tomate
Grüne Bohnen
Lorettekartoffeln
*
→ Zwetschenknödel

Florentiner
Rahmsuppe
*
Mastente Bigarade
mit Orangenspalten
Feine Erbsen
Kartoffelkrusteln
*
Maronencreme

Klare Kalbfleischbrühe
mit Tapioka

*

→ Stör vom Rost
Sardellenbutter
Dampfkartoffeln
Tomaten- und Feldsalat

*

Krokanteis
mit Himbeermark
auf Ananas

→ Delikate
Rauchpalette
Toast und Butter

*

Klare Gemüsesuppe
mit Käsekrusteln

*

Poulardenbrust
mit Mandelsplittern
in Currysauce
Gebackene
Melonenspalten
Paprikareis
→ Salat Dixieland

*

→ Mandelreistörtchen
mit Bischofssauce

Hammelbrühe mit Perlgräupchen

Kräftige, etwas entfettete Hammelbrühe verkocht man mit klar-
gespülten Perlgräupchen und serviert sie mit einer Einlage von
kleingewürfelten Karotten, Sellerie, Lauch, gezupfter Petersilie
und kleinen Hammelfleischwürfeln.

Geflügelkraftbrühe Alexandra

Die gut abgeschmeckte Geflügelkraftbrühe wird ganz leicht mit
Tapioka gebunden und mit einer Einlage von Salatjulienne,
Geflügelklößchen und Hühnerfleisch serviert.

Wildklößchen als Suppeneinlage

Rohes Wild- und fettes Schweinefleisch würzt man mit Salz
sowie Pfeffer und vermischt es mit einigen frischen Champignons, gedünsteten Zwiebeln, Petersilie, Thymian und Rosmarin. Diese Mischung läßt man unter Beigabe von in Milch
geweichten Semmeln zweimal durch die feine Scheibe des Flei-
schwolfs und verarbeitet sie gut mit einigen Eiern und etwas
Sahne zu einer geschmeidigen Farce. Von dieser Masse sticht
man mit einem Teelöffel kleine Klößchen ab, die man in kochendem Salzwasser gar ziehen läßt.

Andalusische Bohnensuppe

Eine passierte Suppe von weißen Bohnen, die mit Schinkenfond
angesetzt wurde, wird mit Sahne und Eigelb legiert und erhält
eine Einlage von Schinken- und roten Pfefferschotenwürfeln.

Rahmsuppe Ilona

Eine passierte Geflügelrahmsuppe, die mit durch ein feines
Sieb gestrichenen Rosenkohlblättern zartgrün zu färben ist.
Beim Anrichten gibt man auf jede Suppentasse einen Teelöffel
Paprikasahne.

Fischrahmsuppe Bagration

Die mit Butter, Wurzelwerk und Reismehl angesetzte Suppe
wird mit hellem Fisch- und Champignonfond aufgefüllt und gut
ausgekocht. Die durch ein Tuch passierte Suppe wird mit
Sahne und Eigelb legiert und erhält eine Einlage von pochierten
Seezungenstreifen, halbierten Krebsschwänzen sowie kleinen
Fischklößchen und wird beim Anrichten mit ein wenig flüssiger
Krebsbutter beträufelt.

Artischocken-Rahmsuppe

Die zur Verwendung kommenden Artischocken sind vom größ-
ten Teil der äußeren, dunklen Blätter zu befreien, gut zu
waschen und zu vierteln. Man schwitzt mit Zwiebelscheiben,
Butter und Zitronensaft an und gibt einen Teil gekochten Reis
dazu, den man nun mit den Artischocken ziemlich verkochen
läßt. Die im Anschluß daran passierte Suppe wird legiert und mit
hellgelb gerösteten Weißbrotwürfeln angerichtet.

Geflügelkleinsuppe

Das Geflügelklein wird mit in Scheiben geschnittenen Zwiebeln
in Butter leicht angeröstet, mit Mehl bestaubt und mit heller
Brühe aufgegossen. Man würzt das Ganze nun mit Salz und
zerdrückten Pfefferkörnern und kocht es unter Beigabe von einigen Safranfäden sowie mit einem Kräuterbündel und einem
Stück geschälter Sellerieknolle gut aus. Die Suppe wird gegen
Schluß mit etwas frischer Sahne verkocht, passiert und mit feinen Selleriestreifen sowie dem geschnittenen Geflügelklein
vollendet.

Holsteinische Tomatensuppe

Die wie üblich gekochte Tomatensuppe wird mit wenig Rahm
aufgezogen und erhält eine Einlage von Blumenkohlröschen,
kleinen Spargelstückchen und Eiernocken.

Eiernocken

100 Gramm Butter werden mit vier Eigelben und einem ganzen
Ei, welche man nach und nach eingibt, schaumig gerührt. Zum
Schluß gibt man 75 Gramm gesiebtes Weizenmehl dazu und
arbeitet es leicht unter die Buttermasse. Von dieser mit Salz und
Muskat abgeschmeckten Masse sticht man mit einem Teelöffel
Nocken ab, die man in siedendem Salzwasser, ohne kochen zu
lassen, zum Stocken bringt.

Rinderbrühe Monselet

Die gut abgeschmeckte Rinderbrühe wird mit blanchierten
Markscheiben, Pökelzungenstreifen, einigen grünen Erbsen,
gezupfter Petersilie sowie mit hellgelb gerösteten Weißbrotwürfeln angerichtet.

Rahmsuppe Nanette

Die gut ausgekochte und durch ein Tuch passierte Geflügelrahmsuppe wird mit etwas frischer Butter und wenig Tomatenmark aufgeschlagen und mit einer Einlage von Erbsen und
Streifen von grünen Bohnen sowie einem Spritzer Weißwein
vollendet.

Ländliche Kartoffelsuppe

Je zur Hälfte Lauch und geschnittene Kartoffeln werden mit hellem Kalbsfond und Milch verkocht. Nach gut halbstündiger
Kochzeit wird die Suppe mit Eigelb und Sahne legiert und durch
ein Sieb gedrückt. Zum Schluß versieht man sie mit einer Einlage von kleingeschnittenen Makkaroni oder Spaghetti.

Kraftbrühe Colbert

Die gut abgeschmeckte Kraftbrühe wird mit einer reichlichen
Menge gedünsteter Gemüsewürfelchen versehen und wird —
pro Person — mit je einem verlorenen Ei angerichtet.

Rahmsuppe Malakow

Hier handelt es sich um eine Suppe, die sich je zur Hälfte aus
Kartoffel- und Tomatensuppe zusammensetzt und mit einer Einlage von blanchierter Spinatjulienne versehen ist. Beim Servieren gibt man auf jede Suppe einen Teelöffel kleine, in Butter
geröstete Weißbrotwürfel.

Wildschweinkeule in Burgunder

Der hohl ausgelöste oder in seine Teile zerlegte Wildschweinschlegel wird einige Tage in kräftigem Rotwein mit Zwiebelscheiben, Gemüsewürfeln, Gewürzkörnern sowie Lorbeerblatt
mariniert. In Butter angebratenes Wurzelgemüse und Schinken-
abfälle kocht man mit dem durchgesiebten und etwas frischem
Rotwein auf und dämpft darin die Keule oder die Fleischteile
langsam weich. Im Ofen wird sie dann gebräunt und durch kräf-
tiges Begießen überglänzt. Der Fond wird eingekocht und mit
brauner Kraftsauce aufgefüllt. Das aufgeschnittene Fleisch wird
dann mit der passierten Sauce nappiert und mit glacierten
Maronen sowie kleinen Bratwürstchen garniert.

Hasenfiletschnitten

Aus dem enthäuteten Hasenrücken werden die Rückenfilets
und die unteren Lendchen sorgfältig ausgelöst. Von den Filets
schneidet man etwa 40 Gramm schwere Medaillons, spickt sie
über Kreuz mit einigen Speckfäden, würzt sie mit Salz, Pfeffer,
feinen Kräutern sowie Zitronensaft und stellt sie, mit etwas Öl
beträufelt, einige Zeit zur Seite. Inzwischen bereitet man von
den kleingehackten Karkassen, Wurzelwerk und den weiteren
Abgängen unter Beigabe von Rotwein, Gewürzen und brauner
Grundsauce eine kräftige Wildsauce, die nach einer Stunde —
passiert, mit Madeira abgeschmeckt und mit frischer Butter
montiert — gebrauchsfertig ist. Die vorbereiteten Medaillons
werden in steigender Butter recht rosa und saftig gebraten und
beim Anrichten mit der Sauce nappiert.

Stör vom Rost

Der in Portionsstücke geschnittene Fisch wird mit Salz und
Zitronensaft gewürzt und dünn mit Savorasenf eingestrichen.
Bei der Bestellung zieht man die Tranchen durch flüssige Butter
und wälzt sie in weißer Brotkrume. Der so vorbereitete Fisch
wird auf dem Rost oder in der Pfanne gebraten und mit gehackter Petersilie sowie Zitronenvierteln angerichtet.

Delikate Rauchpalette

Dieser Vorspeisenteller, der mit einer viertel Rauchforelle und je
einer Scheibe geräuchertem Stör und Lachs anzurichten ist,
erhält eine Beigabe von folgender Salatkomposition, die auf ein
Herzblatt von Kopfsalat dressiert wird:

Spargelspitzen, in drei Zentimeter lange Stücke geschnitten, Scheiben von hartgekochtem Ei sowie Achtel von abgezogenen, ausgedrückten Tomaten werden mit gehacktem Kerbel, etwas Sauerrahm und nicht zu dick gehaltener Mayonnaise pikant angemacht.

Lachsschnitte nach Basler Art

Die geschnittenen Lachsscheiben werden gesalzen, gepfeffert, in Milch und Mehl gewendet und in reichlich Butter gebraten. Ist der Fisch gar, stellt man ihn zunächst warm und röstet in der gleichen Pfanne nicht zu fein geschnittene Zwiebelscheiben goldgelb. Die Zwiebeln gibt man über den angerichteten Fisch und verkocht den Bratensatz mit wenig Fleischsaft, Worcestershiresauce sowie Zitronensaft und übergießt damit den Fisch.

See-Forelle nach Walliser Art

Die ausgenommene und gewaschene Forelle wird in Weißwein sowie Butter gedünstet und auf einem warmen Geschirr angerichtet. Der entstandene Fond wird mit Sahne und wenig Mehlbutter gebunden und durch ein Siebchen passiert. Über die mit dieser Sauce nappierte Forelle gibt man eine Garnitur von abgezogenen und entkernten Weintrauben, die man zuvor mit gehackter Petersilie angeschwenkt hat.

Eine weitere Saucenvariante ist die Dillsauce, zu der man zu gleichen Teilen von Butter und Mehl eine Schwitze herstellt, die mit Fischfond und Weißwein aufgefüllt und gut verkocht wird. Abseits des Feuers wird die Sauce mit Sahne und Eigelb legiert (man rechnet vier Eigelb auf einen halben Liter Sauce) und mit frischer Butter sowie gehacktem Dill vollendet.

Gebratener Schweinekamm nach Brabanter Art

Kleine Rosenkohlköpfchen werden gar gekocht und zum Ablaufen auf einen Durchschlag gegeben. Das in Portionen geschnittene Fleisch wird mit dem Rosenkohl bedeckt, der seinerseits mit etwas eingekochter Sahne zu überziehen ist. Die so vorbereiteten Fleischportionen bestreut man nun mit geriebenem Weißbrot und geriebenem Käse, beträufelt sie mit zerlassener Butter und läßt die im heißen Rohr oder unter dem Salamander überbacken. Eine gebundene Schweinejus gibt man gesondert dazu.

Würzpflaumen

250 Gramm getrocknete Pflaumen, eine halbe Tasse Zucker, zwei Tassen Wasser, eine halbe Tasse Weinessig, eine Stange Zimt und einige Nelken. Die eingeweichten Pflaumen, den Essig und die Gewürze bringt man zum Kochen und läßt sie am Herdrand oder auf kleiner Flamme gut 20 Minuten weiterkochen. Zehn Minuten vor Ende der Kochzeit gibt man den Zucker sowie einige Zitronenscheiben hinzu und bindet zum Schluß den Fond mit ganz wenig angerührtem Weizenpuder. Diese Pflaumen sollte man einige Tage vor Gebrauch herstellen, da sie mindestens, an kühlem Ort und gut verschlossen, zwei Tage durchziehen müssen.

Hähnchenkeule Cordillera

Eine gebratene Hähnchenkeule wird auf einer rosa gebratenen Kalbsleberscheibe angerichtet und mit einer würzigen Champignonsauce nappiert. Eine weitere Garnitur sind eine halbe Banane, gedünstete Pfefferschote sowie einige glacierte Maronen.

Ochsenschwanzragout

Die entsprechende Menge Ochsenschwänze (die möglichst gebrüht und nicht abgezogen sein sollten) wird in den Gelenken durchgehackt, entsprechend gesalzen und gepfeffert und in einem Bratengeschirr mit dem nötigen Fett im heißen Rohr angebraten. Dann gibt man eine gute Menge Röstgemüse wie Karotten, Sellerie, Zwiebeln und Petersilienwurzeln dazu und läßt es, zusammen mit dem Fleisch, Farbe nehmen. Im Anschluß daran staubt man das Ganze mit Mehl, gibt etwas Tomatenmark, zwei Lorbeerblätter, eine Knoblauchzehe sowie ein Sträußchen Thymian, eine Flasche Rotwein und so viel braunen Fond dazu, daß alles gut bedeckt ist. Unter öfterem Abschäumen läßt man das Ragout etwa drei bis vier Stunden kochen und gibt bei etwaigem starken Einkochen ab und zu etwas braunen Fond dazu. Vor Ende der Kochzeit gibt man eine kleine Menge Senf, Zitronenscheiben, einen Schuß Essig und nach Geschmack Johannisbeergelee oder Preiselbeeren dazu und läßt das Gericht nun vollkommen fertigkochen. Die Ochsenschwanzstücke sticht man aus, rangiert sie in ein anderes Geschirr und passiert die Sauce durch ein Sieb darüber. Hierbei ist zu beachten, daß das Wurzelwerk mit durchgedrückt wird.

Schweinelendchen Café de Paris

Von einem parierten und enthäuteten Schweinefilet werden pro
Person drei Medaillons im Gewicht von je 40 Gramm geschnitten und leicht plattiert. Die Medaillons würzt man mit Salz und
Pfeffer, staubt sie ein wenig mit Mehl und brät sie zart rosa. Ist
dieser Punkt erreicht, richtet man die Medaillons in entspre-
chendem Geschirr an und brät frische, in Scheiben geschnittene Champignons flott an, würzt sie mit Salz, Pfeffer sowie
Zitronensaft und gibt sie auf die angerichteten Medaillons. Auf
jedes Medaillon gibt man nun eine Scheibe „Café-de-Paris"-But-
ter und glaciert das Ganze im heißen Rohr oder unter dem Salamander.

Café-de-Paris-Butter

Frische Butter wird mit feingehackter und in Weißwein gedämpfter Zwiebel, einer Spur Knoblauch, Eigelb, Weinbrand, Salz,
weißem Pfeffer, Worcester, Senf, gehackter Petersilie und
Estragon, abgeriebener Zitronen- und Orangenschale sowie mit
etwas Fleischglace verrührt und schaumig geschlagen. In entsprechende Rollen geformt und in Silberfolie eingeschlagen ist
die Butter im Kühlraum aufzubewahren.

Jungschweinsattel nach Schweizer Art

Vom Schweinsattelstück werden Steaks im Gewicht von
130 Gramm geschnitten, die man entsprechend plattiert und in
weißer Brotkrume (Mie de pain) paniert. In einer Öl-Butter-Mi-
schung werden die Steaks herausgebacken und je mit einer
Scheibe Emmentaler Käse belegt. Man beträufelt die Käse-
scheiben mit flüssiger Butter und gibt die Steaks so lange ins
heiße Rohr, bis der Käse geschmolzen ist.

Schweinerückensteak nach flämischer Art

Dick geschnittene Schweinesteaks von 140 bis 150 Gramm werden gesalzen, gepfeffert, mit etwas Salbei bestreut und in Butter gebraten. Kurz vor Beendigung des Bratprozesses brät man
pro Portion je zwei Apfelscheiben mit, die man geschält und
vom Kerngehäuse befreit hat. Die angerichteten Steaks belegt
man mit den Apfelscheiben und überzieht sie mit der wie folgt
hergestellten Sauce: Feine Zwiebeln läßt man in etwas Butter
leicht angehen, ohne daß sie Farbe nehmen. Nun gibt man ein
gutes Johannisbeergelee hinzu, läßt noch ein wenig mijotieren,
ehe man mit etwas Portwein und einem Teil brauner Sauce auf-

füllt. Die Sauce wird mit einer Prise Cayennepfeffer gehoben, mit Zitronensaft geschärft und unpassiert über die angerichteten Steaks gegeben.

Rahmfenchel

Gekochter Fenchel wird mit einer gut abgeschmeckten, feinen, weißen Rahmsauce nappiert und, mit geriebenem Käse bestreut, im Ofen leicht überbacken.

Delikate Würzsauce

In einem Sautoire läßt man 50 Gramm feine Magerspeckwürfel mit etwas Butter hellgelb rösten und gibt folgende Zutaten dazu, die alle zusammen recht fein geschnitten oder gehackt werden müssen: eine mittelgroße Zwiebel, zwei Sardellenfilets, 15 Gramm Petersilie, Thymian, Majoran, Salbei, Curry, Pfeffer, Paprika, Kapern, Meerrettich sowie eine kleine Zehe Knoblauch. Diese in ihrer Menge gut abgestimmten Zutaten läßt man in dem Speckfett kurz angehen und flambiert sie mit etwas Weinbrand. Nun fügt man zwei Eßlöffel Tomatenketchup, vier Eßlöffel gebundene Kalbsjus, etwas Zitronensaft sowie Worcestershiresauce hinzu, läßt nochmals kurz aufkochen und montiert die Sauce mit 40 Gramm frischer Butter.

Hammelkoteletts Nelson

Die parierten Hammelkoteletts werden gewürzt und in Butter rosa gebraten. Man bestreicht sie erhaben mit weißem Zwiebelmus, bestreut sie mit geriebenem Käse sowie Reibbrot und überkrustet sie unter dem Salamander.

Junger Hahn vom Rost

Ein ausgenommener Hahn wird im Rücken gespalten und vom Rückgratknochen befreit. Nach vorsichtigem Plattieren biegt man die Flügel zurück und steckt die Keulenknochen durch den kleinen Einschnitt, den man in der Bauchhaut angebracht hat. Man würzt den Hahn mit Salz und Pfeffer, beträufelt ihn mit Öl und röstet ihn auf dem Grill. Ebenso röstet man auf dem Grill zwei Magerspeckscheiben und eine Tomate, die man später mit dem fertiggestellten Hahn anrichtet.

Kalbsröllchen nach Mailänder Art

Kleine Kalbsschnitzelchen im Gewicht von je 40 Gramm werden recht dünn ausgeklopft und mit einer Kalbsfarce gefüllt, unter die man etwas geriebenen Parmesan, geriebene Zwiebeln und Sahne gemischt hat. Diese Schnitzelchen werden nun zu Röllchen aufgerollt und je drei Stück mit Magerspeckscheiben und frischen Salbeiblättern auf Holzspießchen gesteckt. Diese Spießchen brät man in einer Mischung von Butter und Öl und deglaciert den entstandenen Bratensatz mit Weißwein. Mit etwas gebundener Kalbsjus und frischer Sahne verkochen und die Röllchen vor dem Servieren noch einige Minuten in die passierte Sauce geben.

Ungarisches Paprikahuhn

Für dieses Gericht werden junge, fleischige Brathühner in acht Teile zerlegt und mit Salz und Pfeffer gewürzt. Nun läßt man in einer Kasserolle Zwiebel- und Magerspeckwürfel hellgelb angehen, legt das vorbereitete Hühnerfleisch ein und läßt es leicht Farbe nehmen. Unter Zugabe von Paprikapulver und etwas Paprikamark dünstet man das Fleisch bei kleiner Flamme und zugedeckt weich, wobei man nach dem Einkochen des eigenen Saftes immer in kleinen Mengen etwas Brühe nachgießt. Kurz vor dem Servieren wird der entstandene Fond mit dickem Sauerrahm verrührt und abgeschmeckt.

Gedünstete Hammelkeule

Die Hammelkeule wird hohl ausgelöst, mit Salz und Pfeffer gewürzt und mit den zerkleinerten Knochen in heißem Fett von allen Seiten angebraten. Dann gibt man Röstgemüse und grobgeschnittene Zwiebeln dazu sowie Kräutersträußchen von Thymian und Rosmarin. Nach kurzem Durchrösten wird das Fleisch mit Rotwein und braunem Fond aufgefüllt und zugedeckt gar gedünstet, wobei man darauf achten muß, daß immer genug Schmorfond vorhanden ist. Ist die Keule fertiggestellt, wird der Fond durch ein Tuch passiert und mit etwas angerührtem Weizenpuder zu einer leicht deckenden Jus gebunden.

Salat Dixieland

Die gewaschenen und gut abgetropften Salatherzen werden je nach Größe halbiert oder geviertelt und mit einer würzigen Salatmarinade benetzt. Zur Vollendung werden die so vorberei-

teten Herzen mit einer Mischung von Ananaswürfeln, Grapefruitspalten, mürben Apfelstreifen, geschälten und entkernten
Trauben sowie gehackten Baumnüssen belegt und ganz leicht
mit verdünnter Mayonnaise nappiert.

Mandelreistörtchen

Konische Tartelettetörtchen, die eine Höhe von etwa 3 cm
haben, werden mit einem guten Mürbteig ausgelegt. Man gibt
auf den Boden einen gestrichenen Teelöffel fester Konfitüre von
Preiselbeeren oder Kirschen. Für die Füllung wird der Reis mit
Milch weich gekocht, mit Eigelb, gehackten Mandeln, Zucker,
abgeriebener Zitrone und Vanille dem Rezept entsprechend
vermischt, die Förmchen damit vollgefüllt und glattgestrichen.
Die so hergestellten Törtchen werden bei mittlerer Hitze gebak-
ken. Nach dem Backen werden sie auf ein leicht gebuttertes
Papier gestürzt und nach einer kurzen Abkühlungszeit apriko-
tiert und dünn mit Zitronenglasur bestrichen.
Reismasse: 200 Gramm gewaschener Reis wird mit 1 Liter
Milch in einem bedeckten, flachen Geschirr in der Backröhre
weich gedünstet, wobei der Reis noch körnig bleiben muß.
Dann gibt man 100 g gehackte Mandeln, 180 g Zucker, Vanille,
Zitrone sowie 7 Eigelbe hinzu, verrührt alles zu einer glatten
Masse, der man zum Schluß das festgeschlagene Eiweiß unter-
zieht.

Apfelschaum

Von zwei Kilogramm Äpfeln (geschält und ausgeschnitten),
300 Gramm Zucker sowie Zitronensaft und dem Abgeriebenen
der Schale wird ein festes Apfelmus bereitet, dem man eine
Teelöffelspitze Zimt, 150 g gehackte Mandeln, 250 Gramm
Rosinen, etwas Grand Marnier sowie zehn Blatt Gelatine, die
zuvor eingeweicht und aufgelöst wurde, unterzieht. Nun schlägt
man sieben Eiweiß zu festem Schnee, der dann zügig dem
Apfelmus untergehoben wird. Der Apfelschaum wird nun in Por-
tionsgläser oder -schälchen gefüllt und bis zum Gebrauch gut
kühl gestellt. Zum Service werden sie mit einem Sahnetupfen
versehen und mit einigen gerösteten Mandelsplittern garniert.

Apfel van Dyck

Die geschälten und vom Kerngehäuse befreiten Äpfel werden
mit Zitronensaft beträufelt sowie mit einer kleinen Zuckerbeigabe in Weißwein weich pochiert und zum Auskühlen beiseite
gestellt. Beim Anrichten setzt man den Apfel in den Glasschäl-

chen, füllt die Mitte mit gestoßenen Makronen, die mit etwas Weinbrand anzufeuchten sind, und überzieht den Apfel mit einer gut deckenden Vanillesauce. Als Garnitur spritzt man mit einer Spritztüte eine Spirale von passiertem Johannisbeergelee darüber und bestreut das Dessert mit einigen gerösteten Hobelmandeln.

Zitronentörtchen

Butter wird mit Eigelb, Zucker, Zitronensaft und abgeriebener Zitronenschale ähnlich einer Sauce hollandaise recht dick schaumig geschlagen. Mit dieser Masse füllt man flache Tartelletteformen, die mit Mürbteig ausgelegt sind. Im mittelheißen Rohr werden die Törtchen rasch gebacken, mit Puderzucker bestaubt und können kalt oder warm gereicht werden.

Auflaufkrapfen

Ein halber Liter Wasser wird mit einer Prise Salz und 200 Gramm Butter zum Kochen gebracht und mit 250 Gramm gesiebtem Mehl so lange verrührt, bis sich die Masse vom Topf löst. Nach kurzem Abkühlen rührt man nach und nach sieben bis acht ganze Eier darunter und gibt einen Eßlöffel gehackte Mandeln sowie eine Handvoll gebrühte Rosinen dazu. Von dieser Masse sticht man mit einem Eßlöffel Nocken ab, die in schwimmendem Fett ausgebacken werden und die man dann in Zimtzucker wälzt, mit Puderzucker bestäubt und mit heißer Schokoladensauce anrichtet.

Zitronensorbet

Zwei Kugeln Zitroneneis werden in entsprechenden Gläsern angerichtet und mit Schaumwein aufgefüllt.

Bananenkrapfen

Geschälte und geviertelte Bananen werden mit Puderzucker, Zitronensaft und einigen Spritzern Weinbrand mariniert, in Mehl und Backteig getaucht und in schwimmendem Fett herausgebacken. Backteig: 250 Gramm Mehl mit einem Eßlöffel Öl, 300 ccm Weißwein sowie einer Prise Salz und Zucker zu einem etwas flüssigen Teig vermischen und kurz vor dem Gebrauch mit vier, zu festem Schnee geschlagenen Eiweißen vermischen.

Florentiner Mandelcreme

Vanille-Sahnecreme vermischt man mit feingeriebenen Mandeln, die man beim Anrichten mit geschlagener Sahne garniert und mit gehackten Pistazien bestreut.

Birne Weiße Dame

Die abgetropfte halbe Kompottbirne setzt man auf einen recht-
eckigen Biskuitboden, der etwa die gleiche Größe hat, und überzieht sie mit einer nappierfähigen Vanillecreme. Bei Bedarf garniert man das Dessert mit einem Sahnetupfen und gestoßenem
Krokant.

Zwetschenknödel

Frisch gekochte Kartoffeln gibt man heiß durch die Presse und
läßt sie am offenen Rohr etwas trockendämpfen. Leicht abgekühlt verarbeitet man sie mit Ei und Mehl zu einem festen Teig
und rollt diesen etwa zentimeterdick aus. Man schneidet kleine
Vierecke und gibt auf jedes Stück eine Zwetsche (außerhalb der
Saison kann es auch Gefrierware sein), deren Kern man durch
ein Stück Würfelzucker und eine abgezogene Mandel ersetzt.
Die Frucht wird nun mit dem Teig umhüllt und das Ganze zu
Knödeln geformt, die man in leicht kochendem Wasser etwa
fünf Minuten ziehen läßt. In dieser Zeit bräunt man weiße Sem-
melbrösel in etwas Butter und vermischt diese mit Zimtzucker.
Die gut abgetropften Knödel wälzt man beim Anrichten in dieser
Mischung und übergießt sie mit brauner Butter.

Rhabarber im Cremetöpfchen

Junge Rhabarberstengel werden kleingeschnitten und in Vanillesirup pochiert. Feuerfeste Kokotten füllt man zur Hälfte mit
einer Eiermilch und läßt sie im Wasserbad stocken. Zum Servieren gibt man auf diese ausgekühlte Creme den recht kalten
Rhabarber, überzieht das Näpfchen mit Aprikosensauce und
garniert mit einem Sahnetupfen.

Apfel im Schlafrock

Mittelgroße Äpfel werden vom Kerngehäuse befreit und
geschält. In die Mitte füllt man eine Masse von Marzipan, die mit
etwas Rum weich gemacht und mit Rosinen vermischt wird.
Messerrückendick ausgerollten Blätterteig schneidet man in
viereckige Stücke, setzt in deren Mitte die vorbereiteten Äpfel,
bestreut sie mit Zimtzucker und legt alle vier Ecken über dem
Apfel zusammen. Der Apfel wird mit einer Mischung von Milch
und Eigelb bestrichen und goldgelb gebacken. Er kann aprikotiert und glasiert oder auch nur mit Staubzucker bestäubt serviert werden.

APRIL

Fische und Krustentiere
Seezunge, Salm, Steinbutt, Heilbutt, Stör, Hering, Forelle,
Goldbarsch, Lengfisch, Kabeljau, Schellfisch, Makrele, Seehecht,
Hummer, Krevetten, Austern, Scholle

Beilagen
Möweneier

Gemüse
Bohnen, Erbsen, früher Spargel, Spinat, Morcheln, Gurken,
Blumenkohl, Kohlrabi, Kopfsalat, Feldsalat, Schwarzwurzeln,
Maltakartoffeln, Karotten, Champignons, Zwiebeln, Tomaten, Kresse

Geflügel
Ente, Poularde, Suppenhuhn, Hähnchen, Truthahn, Perlhuhn

Wildgeflügel
Sumpfschnepfe

Schlachtfleisch
Außer dem üblichen Schlachtfleisch auch Hammel, Lamm,
Spanferkel

Obst
Äpfel, Birnen, Bananen, Orangen, Melonen, Erdbeeren, Rhabarber,
Grapefruit

→ Griechische
Rahmsuppe

*

→ Szegediner
Schweinelendchen
auf Paprikakraut
Rahmpüree

*

→ Eisbaiser

→ Gelbe Erbsensuppe
mit Magerspeck und
Krüstchen

*

→ Reh-Geschnetzeltes
mit Wodka
→ Preiselbeer-
Eierkuchen

*

→ Rote Grütze
mit Vanillesauce

Hühnerbrühe mit Reis
und Eierstich

*

→ Lendenschnitte
Butterfly mit Ananas
in Currysauce
Macairekartoffeln
Kopfsalatherzen

*

→ Kleiner Pfannkuchen
nach Klosterart

→ Maiscremesuppe

*

Wildente in Orangen-
sauce
Kartoffelkrusteln
Gedünsteter Sellerie

*

Pistazieneis

→ Geflügelrahmsuppe
Mogador

*

→ Ostender Heilbutt
Golden Buck
Frische Salate
Dampfkartoffeln

*

Vanilleeis mit heißen
Sauerkirschen

→ Karlsbader
Hühnerbrühe

*

→ Saltimbocca
nach römischer Art
Käsespaghetti
Tomatensalat

*

Birnensalat auf Krokanteis

→ Waadtländer
Käsesuppe

*

→ Wildschwein-
nüßchen mit süß-saurer
Sauce
Grüne Nudeln

*

Vanillecreme
mit Rosinensauce

→ Entenrahmsuppe

*

→ Hirschmedaillons
Château Morell
Grüne Bohnen
Kartoffelkrusteln

*

→ Schokoladeneclairs

→ Legierte Selleriesuppe

*

→ Kalbsleber
mit Rahmmorcheln
Kartoffelpüree
Feldsalat

*

Zitroneneis

———————

Spargelrahmsuppe

*

→ Rheinisches
Kalbsschnitzel mit
Sardellen und
Butter
→ Gedünsteter Fenchel
in Marksauce
Neue Kartoffeln

*

Cremeprofiterolen

———————

→ Rahmsuppe Doria

*

Kalbsblanquette mit
Champignonköpfchen
Schinkenreis
Gemischte Salate

*

Teecreme

———————

Kraftbrühe mit Mark

*

Hammelkoteletts mit
feinen Kräutern
→ Gefüllte Auberginen
→ Elsässer Kartoffeln

*

Gemischtes Eis
mit Sahne

→ Zwiebelrahmsuppe
mit Fadennudeln und
Parmesan

*

Gepökelter Lammrücken
in Rotwein
→ Römische Nocken
Bohnensalat

*

Pfirsichkompott

———————

→ Bremer
Kalbskopfsuppe

*

→ Ungarische Bauern-
roulade mit gedünsteten
Pfefferschotenstreifen
Kartoffelpüree
Glacierte Karotten

*

Halbgefrorenes
Fürst Pückler

———————

→ Turiner
Gemüsesuppe

*

Gefüllte
Hühnerkeulchen
nach Florentiner Art
Bäckerkartoffeln

*

→ Malakowcreme

Rinderkraftbrühe
mit Backerbsen

*

→ Kalbsschnitzel
nach Mailänder Art
auf geschmolzenen
Tomaten
Butterspaghetti
→ Fenchelsalat

*

→ Bayerische Creme
Aprikosensauce

———

Klare
Ochsenschwanzsuppe

*

Kalbszunge
nach bürgerlicher Art
mit Gemüsen
in Rotwein
Dampfkartoffeln

*

Fruchtsalat mit Kirsch

———

→ Fenchelcocktail
mit Sauerrahm
und Nüssen

*

Fischrahmsuppe
mit gebackenen
Fischklößchen

*

Lendenschnitte
vom Grill
Neue Dillkartoffeln
Kressesalat

*

Birne Helene

→ Wildrahmsuppe

*

→ Jungschweinekotelett
Robert
Frischer Spitzkohl
Rissoléekartoffeln

*

→ Ananaskruste

———

→ Geflügelkraftbrühe
Irma

*

→ Frisches Möwenei
auf Rahmmorcheln
Käsestange

*

→ Rehsteak
Londonderry
→ Kartoffelkränzchen

*

Pfirsich Melba

———

Melone
mit Parmaschinken

*

Klare
Kalbsschwanzsuppe

*

→ Rehmedaillons
in Pfeffersauce
Frische Champignons
in Sahne
Kartoffelkrusteln

*

Mandelcreme

→ Lothringer
Geflügelrahmsuppe

*

→ Bodensee-Felchen
nach Weinhändlerart
Neue Schwenkkartoffeln
Satal mit Gartenkräutern

*

Ananascreme

———

Geflügelkraftbrühe
mit Spargel
und Fleischklößchen

*

→ Schweinelendchen
nach Lyoner Art
Frische Butterkarotten
Kartoffelschnee

*

Ananascreme

———

→ Rahmsuppe Darblay

*

Kalbsrückensteak
mit feinen Kräutern
→ Gedünsteter Fenchel
Maltakartoffeln

*

→ Wiener Nocken

———

→ Bremer Aalsuppe

*

→ Lammfilet-Spießchen
vom Rost
→ Dijoner Senfcreme
Gedünsteter
Staudensellerie
Florentiner Kartoffeln

*

→ Kleiner
Quarkeierkuchen
Zimtsauce

Kraftbrühe
mit Leberspätzle

*

Nordlandlachs vom Grill
→ Delikate
Buttermischung
Dillkartoffeln
Gurkensalat
in Rahmdressing

*

Quarkgötterspeise

———

Legierte Kressesuppe
mit Krebsschwänzen

*

→ Gespickte
Wildschweinkeule
Cavour
Madeira-Pfeffersauce
Gedünstetes Dörrobst
Mousselinekartoffeln

*

Karamelcreme

———

→ Auberginen-
rahmsuppe

*

Coburger Schinken
in Bierteig gebacken
Currysauce
Rosinenreis
Chicoréesalat

*

→ Zitronenquark-
törtchen

———

Selleriecremesuppe

*

→ Steinbuttfilet Adolfo
Dampfkartoffeln
Feldsalat

*

→ Orangencreme

→ Gebundene
Mockturtlesuppe

*

Rehnüßchen
mit Kirschen
und glasierten
Schalotten
Pfifferlinge
Kartoffelpuffer

*

Schokoladen-
Halbgefrorenes
mit Eierweinbrand

Steinpilzrahmsuppe

*

→ Kalbskotelett mit
Rührei und Nierchen
Grillierte Tomate
Keniaböhnchen
Fondantkartoffeln

*

Vanilleeis
mit heißen
Sauerkirschen

Badische
Schneckenrahmsuppe

*

→ Hirschmedaillon
Hubertus
auf grünen Nudeln
Apfelmus mit
Preiselbeeren
→ Gratinierte
Schwarzwurzeln

*

Mokkacreme
mit Löffelbiskuit

Kalbsschwanzsuppe
mit Kräuterklößchen

*

→ Nordlandsalm
auf Blätterteig mit
Rahmchampignons
und Schaumweinsauce
Safranreis
Salat Mimosa

*

→ Mokkacreme
mit Birnen

Krevettencocktail

*

→ Braune
Windsorsuppe

*

→ Gratinierte
Kalbsbriesschnitten
mit frischem Spargel
Neue Dillkartoffeln

*

→ Feigen
mit Erdbeermark

Krebsrahmsauce
mit Butterhörnchen

*

Zanderschnitte
auf Blattspinat

*

→ Entrecote
mit Schalotten
in Sherryessig
Frische Salate
der Saison

*

→ Palatschinken
mit Apfelgelee
in Zimtsauce

Griechische Rahmsuppe

Von in Hammelfond gekochten Erbsen wird eine Rahmsuppe hergestellt, die man, nachdem alle Zutaten recht weich gekocht sind, durch ein Sieb passiert. Die Suppe wird mit Salz, Pfeffer sowie einer Spur Knoblauch abgeschmeckt, mit wenig Sahne vollendet und erhält als Einlage in feine Streifen geschnittenen Lauch und Karotten.

Geflügelrahmsuppe Mogador

Eine gut abgeschmeckte Geflügelrahmsuppe wird mit einem feinen Püree von gedämpfter Geflügelleber und etwas Sahne aufgezogen sowie mit feinen Zungen- und Hühnerfleischstreifen vollendet.

Karlsbader Hühnerbrühe

Die mit geriebenem Muskat abgeschmeckte Geflügelkraftbrühe hat eine Einlage von grünen Erbsen und Streifen von Eierkuchen sowie kleinen Würfeln von Tomaten und Hühnerfleisch.

Maiscremesuppe

Von Lauch, Zwiebeln, Schinkenparüren, Butter, Mehl und heller Kalbsbrühe setzt man eine Cremesuppe an, die man gut auskochen läßt und die nach einstündiger Kochzeit durch ein Tuch zu passieren ist. Die Suppe wird mit einer Liaison von Weißwein und Eigelb legiert und bekommt nach Fertigstellung eine Einlage von gedünsteten Maiskörnern und Würfelchen von roten Paprikaschoten.

Waadtländer Käsesuppe

Eine kräftig abgeschmeckte Rinderbrühe wird beim Anrichten mit gerösteten Stangenbrotscheiben versehen, mit frisch geraffeltem Käse bedeckt und unter dem Salamander zur schönen Farbe überkrustet.

Entenrahmsuppe

Von kleingehackten Entenkarkassen sowie den Abgängen, die beim Ausbrechen der gebratenen Ente entstehen, bereitet man mit den üblichen Aromaten einen Ansatz, der nach dem Anrösten mit Mehl bestäubt wird und mit brauner Brühe sowie mit Rotwein aufzufüllen ist. Nach einer Kochzeit von fünfzig Minuten passiert man die Suppe durch ein Tuch und zieht sie mit einem Entenleberpüree, das man mit frischer Sahne glattgerührt hat, auf. Kleine Entenfleisch- sowie geröstete Weißbrotwürfelchen sind die dazugehörende Einlage.

Bremer Kalbskopfsuppe

Von Karotten- und Zwiebelwürfeln, Butter und Mehl bereitet man eine helle Mehlschwitze, die mit hellem Kalbsfond aufgefüllt wird und gut auszukochen ist. Die Suppe wird im Anschluß daran durch ein Spitzsieb passiert, abgeschmeckt und mit Weißwein und Sahne vollendet. Beim Anrichten gibt man in jede Tasse einige kleine Kalbskopfwürfel sowie drei bis vier halbe Krevettenschwänze, gibt die heiße Suppe darauf und beträufelt sie mit zerlassener Krebsbutter.

Rahmsuppe Doria

Eine mit Sahne und Eigelb legierte Kalbfleischsuppe, die mit gedünsteten Würfeln von frischer Gurke, gehacktem Dill sowie etwas gekochtem Reis anzurichten ist.

Zwiebelrahmsuppe

Die passierte weiße Zwiebelsuppe wird mit Sahne, Weißwein und Eigelb legiert und erhält eine Einlage von gekochten Fadennudeln. Zum Service bestreut man jede Portion mit geriebenem Parmesan, beträufelt sie mit etwas Butter und gratiniert sie zu schöner Farbe.

Turiner Gemüsesuppe

Die mit einigen Safranfäden versehene und gut gewürzte Rinderkraftbrühe hat eine Einlage von gekochtem Reis sowie Würfeln von Lauch, Sellerie, Schinken und Wirsing, die mit einer Spur Knoblauch sowie Salz und Pfeffer in Öl gedünstet sind.

Wildrahmsuppe

Geröstete Wildknochen und Wildabgänge sowie das nötige Wurzelwerk werden mit Mehl angestaubt und nach einigen Minuten mit braunem Wildfond und Rotwein aufgefüllt. Die so angesetzte Suppe ist nach gründlichem Auskochen zu passieren, mit Sahne und Eigelb zu binden und mit in Butter gerösteten Brotwürfeln anzurichten.

Geflügelkraftbrühe Irma

Die mit Curry abgeschmeckte Hühnerbrühe erhält eine Einlage von Hühnerfleisch, Spargelstückchen und in feine Scheibchen geschnittenen Champignons.

Lothringer Geflügelrahmsuppe

Die passierte und fertig abgeschmeckte Geflügelrahmsuppe wird mit durch ein Sieb passiertem, geschmolzenem Sauerampfer sowie mit gekochten Spargelspitzen vollendet.

Rahmsuppe Darblay

Eine passierte Kartoffelsuppe, die mit Sahne und Eigelb legiert wird und mit gedünsteten Gemüsestreifen von Lauch, Sellerie, Karotten sowie gezupften Kerbelblättchen versehen ist.

Auberginenrahmsuppe

Die Früchte werden geschält und in kleine Würfelchen geschnitten. Diese werden dann mit der Hälfte der Menge feiner Zwiebeln in Butter angedämpft, mit etwas Weizenpuder angestaubt, mit hellem Kalbsfond aufgefüllt und 15 Minuten am Herdrand gekocht. Nach dieser Zeit wird die Suppe mit Salz, Zitronensaft, Weißwein sowie Muskatblüte abgeschmeckt und mit einer Liaison von Sahne und Eigelb legiert.

Delikate Buttermischung

Eine in der üblichen Weise hergestellte Hofmeisterbutter wird mit einer Beigabe von Senf, einer reichlichen Menge gedämpfter und erkalteter Schalottenwürfel sowie gerösteten und gehackten Haselnüssen aufmontiert, in Rollen geformt und bis zum Gebrauch im Kühlraum aufgehoben.

Szegediner Schweinelendchen auf Paprikakraut

Feingeschnittene Zwiebeln und Magerspeckwürfel röstet man in Schweineschmalz hellgelb, staubt mit Paprika an, gibt wenig Tomatenmark und das gezupfte und gewaschene Sauerkraut sowie etwas gute Brühe dazu und läßt das Ganze fertigdünsten. Der etwas reichlich vorhandene Fond wird zum Schluß mit Sauerrahm, den man mit wenig Mehl verrührt hat, sämig gebunden. Die gut plattierten Schweinelendchen, man rechnet drei Stück im Gewicht von fünfzig Gramm pro Portion, werden gewürzt, durch Mehl und Ei gezogen und in steigender Butter zart rosa gebraten. Die Lendchen werden bei Bestellung auf dem Paprikakraut angerichtet, mit wenig saurer Sahne übergossen sowie mit gebutterten Bröseln bestreut und im heißen Rohr überkrustet.

Steinbuttfilet Adolfo

Der in Tranchen geschnittene Fisch wird gesalzen, gemehlt und durch Ei gezogen, dem man etwas Reibkäse beigefügt hat. Die Filets werden gebraten und auf einer Champignonrahmsauce angerichtet. Darüber gibt man ein in Butter angeschwenktes Gemisch von Tomatenconcassé, Pfifferlingen und gehackten Salbeiblättern.

Nordlandsalm auf Blätterteig

Eine rechteckige Krustade von Blätterteig wird gebacken und mit Champignons à la crème gefüllt. Darauf plaziert man eine Salmtranche (im Rohgewicht von 160 Gramm), die in Butter, Schalotten und Schaumwein pochiert wird. Der Fond wird mit Crème double sowie etwas edelsüßem Paprika verkocht, mit einigen Krevettenschwänzen versetzt und über den angerichteten Fisch gegeben.

Ostender Heilbutt Golden Buck

Eine Heilbuttschnitte im Gewicht von 160 Gramm wird wie üblich gewürzt und in Butter gebraten. Den angerichteten Fisch belegt man mit einem pochierten Ei, überzieht ihn mit einer Käserahmsauce und überbackt ihn zur hellbraunen Farbe.

Rehgeschnetzeltes mit Wodka

Etwa 150 Gramm sehnenfreies und geschnetzeltes Rehfleisch wird mit feinen Zwiebeln in heißem Öl kurz angebraten, mit etwas Salz, Paprika sowie etwas Glutamat gewürzt und mit Wodka flambiert. Das Fleisch wird dann in einer passenden Kokotte angerichtet und der Pfannensatz mit einem Spritzer Weißwein losgekocht. Wenn die Déglaçage etwas eingekocht ist, füllt man mit wenig fertiger Wildsauce auf, schmeckt die Sauce mit Zitronensaft ab und montiert sie mit etwas frischer Butter und Rotwein auf. Die fertige Sauce wird durch ein feines Siebchen über das Fleisch passiert.

Preiselbeer-Eierkuchen

Kleine, nicht zu dünn gebackene Eierkuchen werden mit heißen Preiselbeeren gefüllt und zu Vierteln zusammengeschlagen. Als ausreichende Beilage rechnet man drei Stück pro Gast.

Kalbskotelett mit Rührei und Nierchen

Auf das in Ei gebratene Kalbskotelett gibt man zwei Tranchen Kalbsnieren und obenauf ein lockeres Rührei, das mit feinen Kräutern zu versehen ist. Das Ganze wird mit Madeirasauce umkränzt.

Gespickte Wildschweinkeule Cavour

Über das tranchierte Fleisch gibt man eine Garnitur von kleinen Champignons, gebratene Magerspeckstreifen sowie geröstete Weißbrotkrüstchen. Eine weitere Beigabe sind halbe Dunstäpfel mit einer Füllung von Preiselbeeren und einer Pfeffersauce, die mit Madeira geschmacklich gehoben wird.

Wildschweinsnüßchen mit süß-saurer Sauce

Drei Nüßchen von zusammen 160 Gramm, die aus dem Rücken oder der Keule geschnitten sind, werden leicht plattiert, gewürzt, mit Mehl gestaubt und in Butter rosa gebraten. Für die Sauce läßt man etwa 100 Gramm Zucker hellbraun karamelisieren und löscht ihn, beim Erreichen des Punktes, mit einem Schuß Weinessig ab. Nun füllt man mit einem guten Liter brauner Wildsauce auf, gibt noch etwas Fond dazu und kocht das Ganze gut durch. Die Sauce ist dann, nach Geschmack und Konsistenz geprüft (wenn nötig, mit etwas Mehlbutter binden), abzufetten und durch ein Tuch zu passieren. Bei Bedarf kocht man in dieser Sauce dann portionsweise je eine vorgekochte, entsteinte Dörrpflaume und vier Sauerkirschen auf, gibt einen Teelöffel aufgelöste Schokolade dazu und gibt das Ganze über die angerichteten Nüßchen.

Saltimbocca nach römischer Art

Drei plattierte Kalbsschnitzelchen zu je 40 Gramm würzt man mit Salz und Pfeffer und belegt sie mit einem möglichst frischen Salbeiblatt. Wenn nicht vorhanden, begnügt man sich mit der im Handel erhältlichen Trockenware. Jedes Schnitzel bedeckt man nun mit einer gleich großen rohen Schinkenscheibe, zieht es durch Mehl und Ei und brät es in steigender Butter beiderseits schön saftig. Mit etwas gebundener Kalbsjus untergießen, dünne Kräuterbutterscheiben daraufgeben und das Gericht einen kurzen Augenblick unter dem Salamander lassen.

Hirschmedaillon Château Morell

Zwei aus dem Rücken geschnittene Hirschmedaillons werden gewürzt, mit Mehl gestaubt und rosa gebraten. Zum Schluß flambiert man sie mit etwas Kirschwasser und richtet sie auf einem entsprechenden Serviergeschirr an. Zu dem Bratfond gibt man eine gut abgeschmeckte Sahnesauce sowie pro Gast einen guten Eßlöffel Sauerkirschen und läßt dieses einige Minuten verkochen. Die Sauce ist dann abzuschmecken, mit einem Spritzer Kirschwasser zu parfümieren und im letzten Augenblick mit ungesüßter, geschlagener Sahne zu unterschwenken.

Hirschmedaillon Hubertus

Aus dem ausgelösten Rückenfilet schneidet man Medaillons, von denen man zwei Stück von je 75 Gramm pro Gast rechnet. Man würzt sie mit Salz und Pfeffer und brät sie in steigender Butter rosa und richtet sie auf grünen Nudeln an. Die Medaillons werden mit einer Wildrahmsauce überzogen und erhalten eine Garnitur von angeschwenkten Magerspeckstreifen und kleinen Pfifferlingen.

Lendenschnitte Butterfly

Die nach Wunsch gebratene Lendenschnitte wird mit Currysauce, die man mit einem Löffelchen Sauce hollandaise gehoben hat, nappiert und mit einer in Butter gebratenen Ananasscheibe belegt.

Rahmmorcheln

Feingeschnittene Zwiebeln läßt man in Butter hell anziehen und fügt die gewaschenen und zurechtgeschnittenen Morcheln dazu, die mit Salz, Pfeffer sowie Knoblauch gewürzt sind. Nach einigen Minuten löscht man das Ganze mit etwas Weißwein ab und läßt den Saft, zunächst zugedeckt, fast völlig einkochen. Anschließend füllt man die Morcheln mit frischem Rahm auf, den man dann zur Hälfte einkocht und zum Schluß mit frischen Butterflocken aufschwingt.

Frische Möweneier auf Rahmmorcheln

Feuerfeste Porzellan- oder Glasnäpfchen werden zur guten Hälfte mit den wie vorstehend zubereiteten Morcheln gefüllt und mit halbierten, leicht gebutterten sowie mit wenig Selleriesalz bestreuten Möweneiern belegt. Daß die Möweneier etwa zwölf bis fünfzehn Minuten zu kochen sind, ist sicher bekannt und soll nur der Vollständigkeit halber erwähnt werden.

Gedünsteter Fenchel in Marksauce

Den vorgekochten Fenchel setzt man in ein gebuttertes Geschirr ein, gießt etwas Rotwein daran und überzieht ihn mit einer nicht zu dünnen Bratensauce. Mit einem gebutterten Papier bedecken und mit einem Deckel verschließen und das Geschirr zum Fertigschmoren in das heiße Rohr geben. Während der letzten Minuten entfernt man Deckel sowie Papier und bestreut den Fenchel mit blanchierten Markwürfeln oder belegt ihn mit ebensolchen Markscheiben. Das Ganze schiebt man nun ins heiße Rohr zum Nachziehen und Glacieren.

Rheinische Kalbsschnitzel

Zwei plattierte Kalbsschnitzel von je 65 Gramm werden gewürzt, in Mehl und Ei gewendet und in weißer Brotkrume (Mie de pain) paniert. Die so vorbereiteten Schnitzen werden in steigender Butter wie ein Wiener Schnitzel gebraten. Sie erhalten beim Anrichten eine Garnitur von über Kreuz gelegten Sardellenfilets und werden mit heißer, brauner Kapernbutter übergossen.

Gratinierte Schwarzwurzeln

Gekochte Schwarzwurzeln werden portionsweise angerichtet, mit geriebenem Käse bestreut, mit zerlassener Butter beträufelt und unter dem Salamander zur schönen Farbe gratiniert.

Gefüllte Auberginen

Die geschälten Früchte werden der Länge nach in zwei Hälften geteilt, gesalzen, gepfeffert und mit Zitronensaft beträufelt. Nach fünfzehn Minuten benetzt man sie mit Öl und röstet sie im heißen Rohr etwa dreiviertel gar. Hiernach wird ein Teil des inneren Fleisches leicht ausgehoben, die Auberginen dann in ein geöltes Geschirr eingeordnet und mit folgender Duxelles gefüllt:
Für die Duxelles benötigt man einige Eßlöffel feingeschnittene Zwiebeln, die man in Öl mit etwas Knoblauch hellgelb anrösten läßt. Nun fügt man die dreifache Menge feingehackter Champignons dazu, gießt etwas Weißwein an und läßt alles einige Minuten dünsten. Danach gibt man das entnommene, feingehackte Fruchtfleisch, etwas Ketchup und wenig braune Grundsauce

dazu und läßt diese Mischung dick einkochen. Die mit dieser
Duxellesmasse gefüllten Auberginen bestreut man mit Reibbrot
und Parmesan, beträufelt sie mit Öl, um sie dann im heißen
Rohr fertigzumachen und zu gratinieren.

Elsässer Kartoffeln

Kleine, neue Kartoffeln werden gekocht und abgepellt in etwas
Butter langsam gebraten. Zum Schluß schwenkt man sie, mit
gehackten Kräutern versehen, in einer Mischung von ausgebratenen Speck- und Zwiebelwürfeln.

Römische Nocken

Einen Liter Milch, 50 Gramm Butter sowie 10 Gramm Salz bringt
man zum Kochen und gibt unter stetem Rühren 180 Gramm
Weizengrieß dazu. Nach kurzem Kochen arbeitet man am Herdrand noch zwei ganze Eier sowie 50 Gramm geriebenen Käse
ein, schmeckt mit Salz und Muskatblüte ab und streicht diese
Masse etwa zwei Zentimeter dick auf ein geöltes Blech. Sobald
die Masse erkaltet ist, sticht man größere Nocken aus, bestreut
diese mit geriebenem Käse, beträufelt sie mit Butter und läßt sie
in einem gefetteten Geschirr kurz vor dem Servieren im heißen
Rohr Farbe nehmen.

Ungarische Bauernrouladen

Die wie üblich hergestellten Rouladen werden angebraten und
in einer hellen Paprikasauce weich gedünstet. Ist der Garpunkt
erreicht, sticht man die Rouladen aus und vollendet die Sauce
mit Sauerrahm. Beim Anrichten gibt man über die nappierten
Rouladen eine Garnitur von angeschwenkten roten und grünen
Pfefferschoten- sowie ausgebratenen Magerspeckstreifen.

Kalbsschnitzel nach Mailänder Art

Die gewürzten Kalbsschnitzel werden in Ei und geriebenem
Käse paniert und in Butter gebraten.

Fenchelsalat

Der in mundgerechte Stücke geschnittene und in Salzwasser
nicht zu weich gekochte Fenchel wird noch im warmen Zustand
mit folgendem Dressing übergossen und zum Auskühlen zur
Seite gestellt.

Feingeschnittene Zwiebelwürfel läßt man in Öl glasig werden, verrührt sie mit einem gestrichenen Eßlöffel voll Weizenpuder und löscht die Mischung mit einem halben Liter des Kochfonds ab. Alsdann gibt man etwas Senf, eine kleine Flasche Ketchup und so viel guten Weinessig dazu, daß ein würziges Dressing entsteht. Mit Salz, Pfeffer, Zucker und zerriebenem Knoblauch abschmecken und das heiße Dressing über den Fenchel geben. Der Salat wird gut gekühlt angerichtet und ist mit recht fein geschnittener Julienne von Hartkäse und gehacktem Fenchelgrün zu bestreuen.

Gedünsteter Fenchel mit Pilzallerlei

Die geputzten und gut gereinigten Fenchelknollen werden je nach Größe in sechs oder acht Teile geschnitten und etwa zehn Minuten in kochendem Salzwasser blanchiert. Man leert in ein anderes Geschirr um und gibt nun zu diesem angegarten Gemüse die gleiche Menge rohe, geschnittene Pilze, die sich aus den verschiedensten Sorten zusammensetzen können. Nun würzt man das Ganze mit Salz und Pfeffer und füllt mit einer fetten Hühnerbrühe bis zu einem Viertel der Gemüsemenge auf. Nach langsamem Garziehen wird der entstandene Fond mit Mehlbutter gebunden.

Jungschweinskotelett Robert

Feingeschnittene Zwiebeln werden in etwas Butter geröstet und mit Weißwein abgelöscht. Dann füllt man mit kräftiger, brauner Grundsauce auf und vollendet die Sauce mit Senf, einem Spritzer Essig sowie einer Prise Cayennepfeffer. Mit dieser Sauce, die unpassiert bleibt, wird das gebratene Jungschweinskotelett nappiert.

Rehsteak Londonderry

Das aus der Keule geschnittene Rehsteak wird gewürzt, leicht mit Mehl gestaubt und in Butter rosa gebraten. Zwischenzeitlich kocht man in Portwein feingeschnittene Streifen von Zitronat sowie Zitronenschale auf, gibt ein wenig Johannisbeergelee dazu und verkocht die Einlage mit einer kräftigen Wildsauce. Gut abschmecken und mit einem Spritzer Zitronensaft schärfen, das angerichtete Steak mit dieser Sauce nappieren.

Kartoffelkränzchen

Von einer Dauphinkartoffelmasse spritzt man mittels Sterntülle flache Kränzchen auf geöltes Papier, die man in der Fritüre herausbäckt.

Bodensee-Felchen nach Weinhändlerart

Die geschuppten und ausgenommenen Felchen werden längs des Rückens mit Mandelsplittern gespickt und in Butter wie nach Müllerinart gebraten. Über den angerichteten Fisch gibt man eine Garnitur von halbierten und entkernten Trauben, die man in steigender Butter unter Beigabe von Worcestershiresauce sowie gehackter Petersilie angeschwenkt hat.

Fenchelcocktail mit Sauerrahm und Nüssen

Für diese ausgezeichnete Vorspeise, die vor allem recht gut gekühlt zu servieren ist, schneidet man die Fenchelknollen so in Segmente, daß die einzelnen Blätter am Bodenteil noch zusammenhängend bleiben. Nach zunächst fünfminütigem Blanchieren setzt man sie mit Weißwein, fettfreier Brühe, feinen Zwiebeln, Öl, Zitronensaft, Knoblauch sowie Salz, Pfeffer und einer Prise Zucker auf das Feuer, auf dem man sie nicht stark kochen, sondern recht langsam gar ziehen läßt. Man bedeckt sie mit einem Ölpapier, läßt den Fenchel im Fond erkalten und gibt zum Schluß das bereitgehaltene, feingehackte Fenchelgrün darunter. Bei Bedarf richtet man in breiten, flachen Gläsern oder in Schälchen die gut gekühlten Fenchelstücke an, übergießt sie mit glattgerührtem sowie mit Salz und Pfeffer und einigen Tropfen Tabasco gewürztem Sauerrahm und bestreut sie mit grobgehackten Walnüssen.

Schweinelendchen nach Lyoner Art

Zwei schöne Schweinelendchen im Gewicht von je 75 Gramm werden leicht plattiert und, mit Salz und Pfeffer gewürzt, in Butter recht saftig gebraten. Beim Anrichten nappiert man sie mit einer deckenden Portweinsauce und gibt einige gebratene Apfelspalten sowie gebratene Zwiebelringe darüber.

Kleiner Pfannkuchen nach Klosterart

Feiner Eierkuchenteig wird mit einer nicht zu kleinen Menge mürber Birnenwürfelchen vermischt und mit etwas Birnen-

geist parfümiert. Die beiderseitig gebackenen, kleinen Pfannkuchen werden mit etwas Aprikosenkonfitüre eingestrichen, zur
Hälfte zusammengeschlagen und mit Puderzucker bestäubt.

Zitronenquarktörtchen

100 Gramm Butter werden mit 60 Gramm Zucker, einer Prise
Salz, 2 Eigelben sowie dem Abgeriebenen einer Zitrone gut
schaumig gerührt und mit 250 Gramm passiertem Quark sowie
mit dem Saft von zwei bis drei Zitronen (je nach Größe) und
60 Gramm Mehl unterzogen. Zum Schluß gibt man den festen
Schnee von 3 Eiweißen darunter und füllt die Käsemasse in mit
Blätterteig ausgelegte Tortelettformen. Nach dem Backen werden die Törtchen leicht mit Puderzucker bestäubt.

Orangencreme

Der Saft von ausgepreßten Orangen wird passiert, kurz erhitzt
und auf einen halben Liter Saft mit 9 Blatt Gelatine versetzt.
Zwischenzeitlich schlägt man 6 Eigelbe mit 200 Gramm Zucker
und etwas Weißwein im Wasserbad auf und schlägt sie gleich
wieder kalt, damit sich keine Flüssigkeit absetzen kann. Wenn
der Orangensaft zu gelieren beginnt, gibt man die Eigelbmasse
zusammen mit 1/2 Liter geschlagener Sahne darunter und füllt
die Creme in entsprechende Schälchen oder Gläser, die zum
Service mit einem Tupfen Sahne und einem Orangenfilet garniert wird.

Mokkacreme mit Birnen

Die zur Verwendung kommenden Birnen werden mit etwas Birnengeist benetzt und zum Durchziehen beiseite gestellt. Inzwischen stellt man eine Vanillecreme her, die mit Pulverkaffee
versehen wird. Nach dem Erkalten verfeinert man die Creme
mit etwas Cointreau und geschlagener Sahne und gibt sie über
die in Glasschalen angerichteten Birnenhälften. Ein Tupfen
Mokkasahne und ein Löffelbiskuit sind die übliche Garnitur.

Schokoladeneclairs

Von Brandteig dressiert man auf ein Backblech sieben Zentimeter lange Rauten und backt sie im heißen Rohr ab. Nach dem
Backen glaciert man sie mit heißer Aprikosenkonfitüre und einer
Schokoladenglasur und läßt sie auskühlen. Zum Service füllt
man die aufgeschnittenen Eclairs mit einer Schokoladensah-

necreme, bestreut sie mit etwas gestoßenem Krokant und dekkelt sie wieder zu. Selbstverständlich kann bei einer entsprechenden Bezeichnung auch jede andere Creme Verwendung finden, so daß viele Abwechslungsmöglichkeiten geboten sind.

Wiener Nocken

250 Gramm weiche Butter verrührt man nach und nach mit 12 Eigelben und sechs Eßlöffeln Weizenmehl zu einer homogenen Masse, der man zum Schluß den festen Schnee von vier Eiweißen unterzieht. Die von dieser Masse abgestochenen Nokken werden in Vanillemilch gekocht und im Anschluß daran auf ein gebuttertes Geschirr gesetzt. Man bestreut sie mit Zucker, gibt einige Butterflöckchen darüber und glaciert sie unter dem Salamander. Die Nocken werden mit Orangensauce, die mit etwas Grand Marnier abgeschmeckt ist, angerichtet.

Malakowcreme

Unter eine Vanille-Sahnecreme zieht man gehackte Mandeln, in Weinbrand gequollene Rosinen sowie getränkte Würfel von Löffelbiskuit.

Bayerische Creme

Von Eigelb, Zucker, Vanille, Milch und aufgelöster Gelatine schlägt man zunächst im kochenden Wasser eine Creme auf, die dann anschließend wieder kaltgeschlagen wird. Beginnt die Mischung leicht zu stocken, wird sie mit geschlagener Sahne aufgezogen und unverzüglich in die bereitgestellten Förmchen oder Gläser dressiert.

Ananaskruste

Eine viereckige Zwiebackscheibe wird mit einer Scheibe Ananas belegt und erhält einen Überzug von einer mit Rum abgeschmeckten, transparenten Ananassauce, die man von dem Ananassaft hergestellt hat.

Rote Grütze

Rote und schwarze Johannisbeeren, Himbeeren und Erdbeeren werden mit etwas Wasser aufgekocht und im Anschluß daran durch ein Sieb gestrichen. Dieser erhaltene Saft wird mit der nötigen Zuckerbeigabe und Tapioka zu einer Grütze gekocht, die zum Schluß eventuell noch mit etwas angerührtem Weizenpuder zu binden ist. Nach leichtem Abkühlen füllt man die Speise in Glasschalen oder Förmchen und serviert sie gut gekühlt entweder mit Vanillesauce oder auch flüssiger Sahne.

Bremer Aalsuppe

Kleingeschnittenes Wurzelwerk wird mit Butter glasig gedünstet, leicht mit Mehl gestaubt und je zur Hälfte mit heller Fischbrühe und hellem Kalbsfond aufgefüllt. Man kocht gut durch, passiert die Suppe durch ein Tuch und legiert sie mit Eigelb, Sahne und Weißwein. Die Suppe wird mit Salz und Pfeffer sowie mit frischen Kräutern wie Dill, Petersilie und Sauerampfer abgeschmeckt und erhält eine Einlage von kleinen, gedünsteten Aalwürfeln, feinen Erbsen, Grießklößchen sowie kleinen Blumenkohlröschen.

Lammfilet-Spießchen

Dünn geschnittene Scheiben vom ausgelösten Lammrücken werden gleichmäßig ausgeklopft, mit Pfeffer, Knoblauchsalz sowie etwas Senf gewürzt und mit einer entsprechend großen dünnen Schinkenscheibe belegt. Des weiteren kommt ein Stück weichgedünstete Pfefferschote sowie eine Olive hinzu, dann klappt man das Filet taschenförmig zusammen. Jetzt steckt man vier bis fünf solcher Täschchen auf einen Holzspeiler, beträufelt mit Öl und röstet sie auf dem Grill.

Dijoner Senfcreme

In einer Schwenkkasserolle läßt man feine Zwiebeln sowie etwas Knoblauch in Butter leicht mijotieren und gibt eine gute Menge gehackter Kräuter wie Petersilie, Estragon, Fenchelgrün sowie kleingeschnittenen Schnittlauch dazu. Mit Dijoner Senf, etwas brauner Sauce, dickem Sauerrahm sowie einer kleinen Menge Sauce hollandaise wird das Ganze zu einer dicken Senfcreme aufgerührt.

Kleiner Quarkeierkuchen, Zimtsauce

Die in der bekannten Art hergestellten kleinen Eierkuchen werden mit folgender Quarkmasse gefüllt und zusammengeschlagen. Hat man sie so für den Service vorbereitet, werden sie leicht gebuttert, im Rohr oder langsam in der Pfanne heiß gemacht und beim Auftragen mit Zimtsauce nappiert.

Quarkfüllung

300 Gramm passierter Quark wird mit Zitronenabgeriebenem, drei Eigelben, 80 Gramm Zucker sowie 90 Gramm gequollenen Rosinen oder Korinthen zu einer streichfähigen Masse verrührt.

Zimtsauce

1/2 Liter Milch sowie 1/4 Liter Sahne werden mit Zucker, Zimt, einem gestrichenen Eßlöffel Weizenpuder, einer Prise Salz und vier Eigelben verrührt und im kochenden Wasserbad mit dem Schneebesen cremig aufgeschlagen.

Gratiniertes Kalbsbries mit Spargel

Das gut gewässerte Kalbsbries in kochendem Wasser brühen, kalt abschrecken und von Haut und Sehnen befreien. Butter in einer Kasserolle zerlaufen lassen, etwas Weißwein und Fleischbrühe sowie auch feine Schalottenwürfel, Karottenstreifen und das mit Salz und Pfeffer gewürzte Bries hinzufügen, wobei der Fond nicht zu lang gehalten werden sollte. Das Ganze wird 15 Minuten zugedeckt im Rohr gegart. Den Fond gibt man durch ein feines Siebchen, verkocht ihn bis zur gewünschten Konsistenz mit Crème fraîche und unterschwenkt ihn zum Schluß mit krokant gekochten Spargelstücken und einer Spur Sauce hollandaise. Diese Mischung gibt man über das tranchierte Kalbsbries, bestreut mit Reibekäse und bräunt das Ganze rasch unter dem Salamander.

Feigen in Erdbeermark

Frische, geschälte und halbierte Feigen (außerhalb der Saison kann auch Konserve Verwendung finden) werden mit Puderzukker und Grand Marnier mazeriert und zum Service in Glasschalen oder dergleichen angerichtet. Sie werden mit feinpassiertem Püree von Erdbeeren nappiert, mit einem Sahnetupfen versehen und mit geschabter Schokolade bestreut.

Entrecote mit Schalotten in Sherryessig

Die Steaks salzen und pfeffern und nach dem Wunsch des Gastes braten. Aus der Pfanne nehmen und warm halten. In Scheiben geschnittene Schalotten läßt man in Butter und dem Bratensaft in der gleichen Pfanne glasig schwitzen, wobei sie keine Farbe nehmen sollten. Man fügt dann den Sherryessig zu, läßt noch einige Minuten einkochen und gibt diesen Zwiebelfond, der noch mit grobgehackter Petersilie zu vervollständigen ist, über das angerichtete Steak.

MAI

Fische und Krustentiere
Seezunge, Lachs, Steinbutt, Heilbutt, Stör, Schleie, Forellen, Hering,
Aal, Krevetten, Hummer, Kabeljau, Krebse, Makrelen, Merlan,
Steinbeißer, Rotzungen, Schollen, neue Matjes, Maifische

Beilagen
Möweneier

Gemüse
Blumenkohl, Spargel, Bohnen, Kohlrabi, Karotten, Erbsen,
Artischocken, Sauerampfer, Spinat, Zwiebeln, Kopfsalat, Spitzkohl,
Maltakartoffeln, Radieschen, Rettich, Teltower Rübchen, Gurken,
Kresse, Tomaten, Morcheln, Champignons

Geflügel
Junge Gänse und Enten, Poularde, Suppenhühner, Hähnchen,
Tauben

Wild
ab 15. Mai Rehbock

Schlachtfleisch
Außer dem üblichen Schlachtfleisch auch Hammel, Lamm,
Spanferkel, Ziegenkitz

Obst
Erdbeeren, Bananen, Melonen, Frühkirschen und erste
Stachelbeeren, Rhabarber, Grapefruit

→ Kalbsbriessuppe
*
→ Schwetzinger
Stangenspargel
nach Mailänder Art
Neue Kartoffeln
*
Omelette Konfitüre

Spargelsuppe
mit Kalbfleischklößchen
*
→ Mutton Chops
vom Grill
Zerlassene Kräuterbutter
Frische grüne Bohnen
Dillkartoffeln
*
→ Apfelkrusteln
mit Erdbeermark

→ Venezianische
Grießsuppe
*
Überbackene
Hühnerbrust
auf Blattspinat
Kartoffelkrusteln
*
→ Kleiner Pfannkuchen
mit Äpfeln
und Kirschen

→ Französische
Selleriesuppe
*
→ Spargelgemüse
Leckermäulchen
Safranreis
*
→ Kleiner Apfel-
pfannkuchen Calvados

→ Russische
Rindfleischsuppe
*
Lendenschnitte
→ mit Morcheln
Macairekartoffeln
Salatherzen Excelsior
*
Erdbeercreme

→ Spargelcremesuppe
Royal
*
→ Kalbskopf
nach Schildkrötenart
Neue Kartoffeln
Tomaten- und
Kressesalat
*
Frische Erdbeeren
mit Sahne

→ Hühnerbrühe
Malmaison
*
Kalbskotelett vom Grill
→ Überkrustetes
Spargelgemüse
Lorettekartoffeln
*
→ Savoyarder
Apfeltörtchen

→ Polnische Entensuppe
*
Drei verschiedene
Lendchen vom Grill
Sauce Choron
Blumenkohl
auf holländische Art
Neue Schwenkkartoffeln
*
Erdbeeren Melba

Legierte Kalbsschwanz-
suppe mit Reis
*
Kalbsleberschnitte
nach Tessiner Art
→ Frische Kohlrabi
Petersilienkartoffeln
*
Bananencreme

→ Holländische
Reissuppe
*
→ Kalbsbrustschnitten
nach englischer Art
vom Grill
→ Schwedische Sauce
Dampfkartoffeln
Kleine Salatplatte
*
Vanillecreme
mit Schokoladensauce

→ Windsorsuppe
*
Frischer
Nordlandlachs
→ in Sauerampfer-
creme
Neue Schwenkkartoffeln
Gurkensalat
*
Halbgefrorenes
Grand Marnier

Rehrahmsuppe
*
→ Geschabtes
Kalbssteak mit Rührei
und Tomaten
→ Spargelsalat
in Vinaigrette
Mandelkartoffeln
*
Karamelcreme

Artischockensuppe
mit jungen Erbsen
*
→ Heilbuttschnitte
nach javanischer Art
Schwenkkartoffeln
→ Kopfsalatherzen
Milano
*
→ Zitronencreme-
krapfen mit Erdbeermark

Kalbfleischsuppe mit
Rahm und Fadennudeln
*
→ Kalbslendchen
mit Gemüsen
in Portweinjus
Kartoffelpüree
Kopfsalat in Rahm
*
Malteser Reisspeise

→ Indische Reissuppe
*
Geschmorte Rehkeule
in Pfeffersauce
Überbackener
Staudensellerie
Kartoffelkrusteln
*
Ananas-Beignets

Rinderkraftbrühe mit
Tapioka und Gemüsen
*
→ Gefüllte
Hammelschulter
nach Hausfrauenart
Frische Wachsbohnen
Rissoléekartoffeln
*
Weißweincreme
mit Sauerkirschen

Geflügelrahmsuppe
Carmen

*

Omelette
mit frischen Morcheln
Butterkartoffeln
Kopfsalat

*

Birnenkrapfen
mit heißer Schokolade

→ Braune
Kalbsrahmsuppe

*

→ Morcheln mit
Krevetten in Currysahne
Butterreis

*

→ Erdbeeren Mignon

Rahmsuppe Herzogin

*

Feine Fischklößchen
in Krebssauce
Chesterstange

*

Zwiebelrostbraten
→ Frische Kohlrabi
in Creme
Neue Kartoffeln

*

Haselnuß-Halbgefrorenes

→ Schloßherrinsuppe

*

→ Rahmchampignons
mit Räucheraalstreifen

*

→ Zitronenpiccata
→ Frischer Spargel
in Bröselbutter
Roter Reis

*

Früchtesalat
auf Vanilleeis

Rheinische Bohnensuppe

*

→ Frisches
Morchelragout
mit Brechspargel
Gekochte Schinkenbeilage
Petersilienkartoffeln

*

→ Erdbeerkrusteln
nach Hausfrauenart

→ Rahmsuppe Esau

*

Gekochter Tafelspitz
nach Tiroler Art
mit Meerrettichsauce und
geschmolzenen Tomaten
Bohnenbündchen
Butterkartoffeln

*

Kaffeecreme
mit Schokoladensahne

Kraftbrühe mit Gemüse-
fäden und Eierstich

*

→ Gefüllte
Kalbsschnitzel
nach römischer Art
Dauphinekartoffeln
→ Salatherz Herkules

*

Erdbeerroulade

Legierte Reissuppe
mit Spargel

*

→ Zanderfilet
mit Melone
in brauner Butter
Neue Dillkartoffeln
Tomaten- und Feldsalat

*

→ Kleiner Pfannkuchen
Rothschild

Kalbsbriessuppe

Eine weiße Kalbfleischsuppe wird mit Sahne und Eigelb legiert und mit einer Spur Cayennepfeffer sowie Weißwein abgeschmeckt. Als Einlage finden Gemüse-, Kalbsbries- und Schinkenwürfelchen Verwendung.

Russische Rindfleischsuppe

Die gut abgeschmeckte Rindfleischsuppe wird mit gekochten Rindfleischstreifen sowie mit gedünsteten Fenchelwürfeln und dem gehackten Fenchelgrün vollendet.

Spargelcremesuppe Royal

Die mit Spargelschalen und dem Spargelfond angesetzte Rahmsuppe wird nach dem Passieren mit Weißwein und Eigelb legiert und mit Eierstich versehen angerichtet.

Venezianische Grießsuppe

Von kräftiger Hühnerbrühe kocht man eine nicht zu dicke Grießsuppe, die man zum Schluß mit einer Liaison von Weißwein, etwas Zitronensaft und Eigelben legiert. Beim Anrichten gibt man in jede Tasse einige gekochte Hühnerfleischstreifen, füllt mit der abgeschmeckten Suppe auf und bedeckt sie mit einem Löffelchen geschlagener Sahne, der man geriebenen Käse untergezogen hat. Die Suppe wird unter dem Salamander schnell überbacken.

Holländische Reissuppe

Die passierte Kalbfleischsuppe wird nach nochmaligem Aufkochen legiert, mit Salz und Muskatblüte gewürzt und beim Anrichten mit gekochtem Reis und einigen grünen Erbsen versehen. In Butter hellgelb gebackene Weißbrotwürfelchen gibt man gesondert dazu.

Windsorsuppe

Die mit Sahne verkochte Suppe wird nach dem Passieren mit feingehackten Kräutern sowie mit Kalbskopf- und Pökelzungenwürfeln versehen.

Indische Reissuppe

Dem Ansatz der Geflügelrahmsuppe wird nach dem Stauben mit Mehl etwas Currypulver oder Currypaste beigegeben; er wird mit Geflügelfond aufgefüllt und unter Beigabe von Sahne gut ausgekocht. Nach dem Passieren erhält die Suppe eine Einlage von Geflügelfleisch und gekochtem Reis.

Hühnerbrühe Malmaison

In Würfel geschnittenes Hühnerfleisch und Karotten sowie kleine Röschen von Blumenkohl und Brokkoli sind die Garnitur, mit der die abgeschmeckte Hühnerbrühe zu versehen ist.

Französische Selleriesuppe

Die gut ausgekochte und passierte Sellerierahmsuppe hat eine Einlage von kleinen Kartoffelwürfeln sowie gehacktem Selleriegrün und wird mit separat gereichten, in Butter gerösteten Weißbrotkrüstchen zu Tisch gegeben.

Polnische Entensuppe

Die von gehackten Entenkarkassen und angebratenem Wurzelwerk angesetzte Entenbrühe wird nach gründlichem Auskochen mit etwas durchgedrehtem Rindfleisch und Eiweiß geklärt und anschließend durch ein Tuch passiert. Die gut abgeschmeckte Suppe wird mit der Einlage von Reis, Entenfleisch-, Schinken- und Gemüsewürfeln versehen.

Braune Kalbsrahmsuppe

Feingehackte Kalbsknochen und einige Kalbsfüße röstet man mit Wurzelwerk im Rohr hellbraun an, bestäubt mit Mehl, gibt Schildkrötenkräuter sowie ein wenig Tomatenmark dazu und füllt das Ganze mit hellem Kalbsfond auf. Nach gründlichem Auskochen wird die Suppe passiert und mit einer Liaison von Sahne, Weißwein und Eigelben legiert. Nach Fertigstellung und Abschmecken vollendet man sie mit kleinen Fleischklößchen und den in Streifen geschnittenen Kalbsfüßen.

Rahmsuppe Esau

Eine nicht zu dick gekochte Linsensuppe wird durch ein feines Sieb gestrichen und nochmals unter Beigabe von Sahne aufgekocht. Angerichtet wird die Suppe mit feinen Scheibchen von Frankfurter Würstchen und in Butter gerösteten Weißbrotwürfeln.

Schloßherrinsuppe

Die legierte Geflügelcremesuppe wird zum Schluß mit feinem Zwiebelmus vollendet und hat eine Einlage von Eierstich, frischen grünen Erbsen und Spargel.

Stangenspargel nach Mailänder Art

Der vorschriftsmäßig gekochte Spargel wird auf einem Tuch abgetropft und in einem gebutterten Geschirr angerichtet. Der Spargel wird dann mit einer Mischung von geriebenem Käse und weißen Semmelbröseln bestreut, mit zerlassener Butter beträufelt und unter dem Salamander überkrustet.

Überkrustetes Spargelgemüse

Abgetropfter und krokant gekochter Spargel wird in etwa vier Zentimeter große Stücke geschnitten und mit wenig weißer Sauce sowie Sauce hollandaise unterschwenkt. Nach dem Einordnen in das Serviergeschirr bestreut man den Spargel mit geriebenem Käse, besetzt ihn mit wenigen Butterflocken und überkrustet ihn zur schönen Farbe.

Spargel in Bröselbutter

Den wie vorstehend gekochten und geschnittenen Spargel schwenkt man unter Beigabe von gehacktem Ei sowie Petersilie in hellbrauner Bröselbutter und schmeckt ihn mit Salz und Muskat ab.

Spargelgemüse Leckermäulchen

Der gekochte und in mundgerechte Stücke geschnittene Spargel wird pro Gast mit 60 Gramm gekochten Schinkenstreifen, 50 Gramm Krevetten- oder Scampischwänzen, einigen feinen Ingwerstreifen, gehacktem Dill sowie mit etwas weißer Sauce und Sauce hollandaise unterschwenkt, mit gebutterten Weißbrotwürfelchen sowie Käse bestreut und überkrustet.

Spargelsalat in Vinaigrette

Der geschnittene, frisch gekochte Spargel wird mit dem Schaumlöffel aus dem Sud genommen und noch im warmen Zustand mit der Sauce vinaigrette übergossen.

Sauce vinaigrette

Kapern, Petersilie, Kerbel, wenig Estragon, Schnittlauch und gekochtes Eiweiß werden gehackt und mit gutem Weinessig, Öl und etwas Senf verrührt. Die mit Salz, Pfeffer sowie einer Prise Zucker abgeschmeckte Mischung kann einige Zeit vorrätig gehalten werden.

Mutton Chops vom Grill

Gut parierte Hammelchops im Gewicht von etwa 200 Gramm pro Gast werden auf dem Grill rosa und saftig gebraten. Zu jeder Portion gibt man eine halbe, am Grill geröstete Hammelniere sowie eine grillierte Tomate. Anstelle der üblichen Kräuterbutter kann auch folgende Würzsauce Verwendung finden. Sie ist ausgezeichnet im Geschmack und paßt zu allen Grillgerichten.

Delikate Grillsauce

Zwei Eßlöffel englisches Senfpulver werden mit Wasser verrührt und mit feingehacktem Thymian gut fünf Minuten verkocht. Dazu gibt man einen knappen halben Liter Sahne, läßt ein Drittel der Menge einkochen und gibt ein Drittel Flasche Worcestershiresauce dazu. Die Sauce wird dann mit gehackter Petersilie sowie einem Spritzer Zitronensaft vollendet und sollte die Konsistenz einer gebundenen Jus haben.

Kalbskopf nach Schildkrötenart

Der gebrühte und sauber geputzte Kalbskopf wird so von den Knochen gelöst, daß das Fleisch der Backenknochen an der Haut verbleibt. Die so erhaltene Maske wird nach längerem Wässern blanchiert und abgekühlt. Das Schneiden des Kopfes hat so zu erfolgen, daß man drei Stücke pro Gast rechnet, wobei zu beachten ist, daß der Hautansatz des Gaumens sowie die Knorpel der Ohrmuschel entfernt werden. Die erhaltenen Stücke gibt man nebst der Kalbszunge in den mit Salz, Essig,

einem Kräutersträußchen sowie gespickter Zwiebel fertigge-
machten Sud zum Aufkochen. Nach öfterem, gründlichem
Abschäumen läßt man das Ganze unter Zugabe von ausgelas-
senem Kalbsfett oder Öl langsam weich kochen. Das Fett
schließt die Oberfläche ab und bewirkt, daß die Stücke gleichmäßig weiß bleiben. Die Grundbehandlung gilt für alle Zuberei-
tungsarten des Kalbskopfes, der in jeder Form, auch als war-
mes Vor- oder Zwischengericht, sei es mit Kapernsauce, Senfsauce, Tomatensauce, Currysauce, Teufelssauce oder Pfeffersauce oder mit kalten Saucen wie Sauce vinaigrette, aïoli, ravigote, gribiche, tartare oder Sauce mayonnaise gereicht werden
kann.

Die Garnitur für Kalbskopf nach Schildkrötenart besteht aus
geviertelten   Champignons,   kleinen   Kalbfleischklößchen,
geschälten und geschnittenen Essiggurken, kleinen gegarten
Zwiebelchen und einigen geschnittenen Oliven. Außerdem gibt
man beim Anrichten pro Gast je eine Scheibe Kalbshirn und
Kalbszunge dazu.

Zur Fertigstellung des Gerichtes verfährt man wie folgt: In
einer Schwenkkasserolle dämpft man feine Zwiebelwürfel und
löscht sie mit Madeira ab. Unter Zufügung der oben angeführ-
ten Garnitur reduziert man den sich bildenden Fond, der dann
mit einer kräftigen braunen Sauce aufgefüllt und bis zur
gebrauchsfertigen Konsistenz heruntergekocht wird. Die gut
abgetropften Kalbskopfstücke werden hiermit nappiert und entweder mit Vierteln von hartgekochtem oder in Öl gebackenem
Ei sowie mit herzförmig geschnittenen Brotcroûtons, die zuvor
in Butter geröstet wurden, angerichtet.

Morcheln in Rahm

Feingeschnittene Zwiebeln läßt man in Butter hell anziehen,
fügt die gewaschenen sowie zurechtgeschnittenen Morcheln
bei und würzt sie mit Salz, Pfeffer und Knoblauch. Nach einigen
Minuten löscht man das Ganze mit etwas Weißwein ab und läßt
den Saft, anfangs noch zugedeckt, fast vollständig eindünsten.
Anschließend füllt man die Morcheln mit frischem Rahm auf,
den man dann zur Hälfte einkocht und zum Schluß mit frischen
Butterflocken aufschwingt. Als Füllung für Omeletten oder klei-

nen Eierkuchen sowie als Beilage zu den verschiedensten Fisch-, Fleisch-, Geflügel- und Wildgerichten ist dieses die gebräuchlichste Zubereitungsart.

Morchelragout mit Brechspargel

Grobgeschnittene oder kleine ganze Morcheln läßt man mit fein-geschnittenen Zwiebeln in Butter anziehen und würzt sie leicht mit Salz und Pfeffer. Man bindet mit frischer Sahne und wenig Mehlbutter und schwenkt die gleiche Menge frisch gekochten und in drei Zentimeter große Stücke geschnittenen Spargel sorgfältig darunter.

Morcheln mit Krevetten in Currysahne

Zu diesem Gericht nimmt man Streifchen von blanchiertem Magerspeck, feine Zwiebeln sowie Krevettenschwänze zu glei-chen Teilen und ebensoviel sauber geputzte und gewaschene Morcheln. Nun läßt man die Zwiebeln in etwas Öl anschwitzen, gibt die Speckstreifen sowie die Pilze dazu und schwenkt alles gut durch. Je nach Geschmack bestaubt man die Mischung mit mehr oder weniger Currypulver und läßt das Ganze noch etwa 10 Minuten dämpfen. Nach dieser Zeit gibt man die Krevetten-schwänze hinzu, gießt die Morcheln mit frischem Rahm auf und läßt sie sämig kochen. Notfalls muß das Gericht mit etwas Mehl-butter gebunden werden.

Frische Kohlrabi in Creme

Mittelgroße, frische, junge Kohlrabiknollen werden dünn geschält und die etwa vorhandenen holzigen Teile ausgeschnit-ten. Beim Schälen bewahre man die zarten, jungen Mittelblätter besonders gut auf. Die Knollen werden halbiert und in nicht zu dicke Scheibchen geschnitten. Man salzt sie etwas, fügt ein wenig frisch gemahlenen Pfeffer, Muskat sowie eine kleine Prise Zucker hinzu und gibt sie mit einem Stückchen Butter und etwas Wasser in ein flaches Geschirr.
Mit gebuttertem Papier und dem Geschirrdeckel bedeckt, gibt man die Kohlrabi ins Rohr und dünstet sie gerade eben weich.

Die zurückgelegten Blättchen dünstet man, nachdem sie gewaschen und grob gehackt wurden, gesondert mit etwas Butter und wenig Wasser gar. Im Anschluß daran bereitet man eine nicht zu dicke Béchamelsauce, mit der man nach dem Passieren die Kohlrabischeibchen sowie die gehackten Blätter bindet.

Kalbsbrustschnitten nach englischer Art vom Grill

Die entbeinte Kalbsbrust wird am Vortag in kurzem Fond unter Beigabe von etwas Wurzelwerk und einer gespickten Zwiebel nicht zu weich gekocht. Die Brust läßt man dann im Sud fast erkalten und gibt sie anschließend zwischen zwei Bretter, damit sie unter leichtem Druck vollends auskühlt. Zum Gebrauch schneidet man sie in entsprechend schwere schräge Tranchen, bestreicht sie dünn mit englischem Senf, zieht sie durch flüssige Butter und paniert sie in weißer Brotkrume. Die so vorbereiteten Kalbsbrusttranchen werden auf dem Grill gebraten.

Schwedische Sauce

Hierunter versteht man eine kalte Sauce, hergestellt von Apfelmus, geriebenem Meerrettich und Mayonnaise.

Geschabtes Kalbssteak,
mit Rührei und Tomaten überbacken

Ein geschabtes Kalbssteak im Gewicht von 140 Gramm wird beiderseitig saftig gebraten und in einem feuerfesten Geschirr angerichtet. Auf das Steak gibt man einen guten Eßlöffel locker bereitetes Rührei, überzieht es mit einer nappierfähig gemachten Sauce hollandaise und belegt das Ganze dachartig mit abgezogenen Tomatenscheiben. Das so hergerichtete Steak wird mit geriebenem Käse bestreut und überbacken.

Sauerampfercreme zum Lachs

Unter eine gut abgeschmeckte weiße Sauce zieht man den im eigenen Saft gedünsteten und durch ein Sieb gestrichenen Sauerampfer und zieht die Sauce im Augenblick des Servierens mit etwas fest geschlagener, ungesüßter Schlagsahne auf.

Kalbslendchen mit Gemüsen in Portweinjus

Die gewürzten, durch Mehl und Ei gezogenen Kalbslendchen, man rechnet pro Gast drei Stück je 40 Gramm, werden in steigender Butter gebraten, auf passendem Geschirr angerichtet und mit einer gebundenen Portweinjus nappiert. Für die darüberzugebende Garnitur läßt man Magerspeckstreifen aus, gibt Streifen von frischer Gurke, Morcheln und Zungenstreifen dazu und gibt das Ganze über die angerichteten Kalbslendchen.

Gefüllte Hammelschulter nach Hausfrauenart

Die ausgebeinte Hammelschulter wird mit einer rohen Fleischfüllung von halb Kalb- und halb Schweinefleisch eingestrichen, gerollt und gebunden. Nach dem Würzen mit Salz und Pfeffer wird das Fleisch rundum gut angebraten und in einem verschließbaren Geschirr mit einer Beigabe von Röstgemüsen und wenig braunem Fond bei öfterem Wenden gedünstet. Bevor der Garpunkt erreicht ist, staubt man den Fond mit etwas Mehl, gibt eine kleine Menge Tomatenmark hinzu und füllt bis zu der benötigten Saucenmenge auf, in der das Fleisch nun fertiggeschmort wird. Die Fleischportionen werden beim Anrichten mit der passierten Sauce überzogen und erhalten als Garnitur kleine Beilagen von weißen Bohnen, glasierten Zwiebeln und Karotten.

Heilbuttschnitte nach javanischer Art

Die gewürzte und in Ei gebratene Heilbuttschnitte wird mit einer halben gebratenen Ananasscheibe sowie mit einer halben gebratenen Banane belegt und mit Currysauce überzogen. Mit flüssiger Butter beträufeln und mit einigen Ingwerstreifen bestreuen und den Fisch wenige Augenblicke unter dem Salamander glacieren.

Rahmchampignons mit Räucheraalstreifen

Kleine feuerfeste Kokotten oder Ragoût-fin-Schalen werden zur Hälfte mit Champignons à la crème gefüllt und erhalten eine Auflage von etwa 30 Gramm Aalstreifen, die man aus Resten schneidet, die keine rechte Portion mehr ergeben. Man überzieht das Ganze mit Sauerrahm, der mit Sauce hollandaise verrührt wurde, bestreut das Näpfchen mit geriebenem Käse sowie mit gebutterten Weißbrotwürfelchen und überbackt es zur schönen Farbe.

Zitronenpiccata

Zwei dünn plattierte Kalbsschnitzel zu je 65 Gramm würzt man mit Salz und Pfeffer, zieht sie durch Mehl und geschlagenes Ei und brät sie in steigender Butter. Für die Zitronensauce verkocht man anschließend eine nicht zu dicke Béchamelsauce mit etwas Sahne, gibt ein wenig Sauce hollandaise darunter und vollendet sie mit Zitronensaft sowie mit hauchfein geschnittener Julienne von Zitronenschale.

Gefüllte Kalbsschnitzel nach römischer Art

Kleine Würfel von gekochtem Schinken, feingeschnittene Zwiebeln sowie etwas gehackter Salbei werden in einer Pfanne kurz angeschwenkt und mit Senf vermischt. Dünne, plattierte Kalbsschnitzelchen im Gewicht von 65 Gramm (man rechnet zwei Schnitzelchen pro Gast) werden mit etwas von dieser Masse gefüllt und zugeklappt. Die so vorbereiteten Schnitzel zieht man durch Mehl und geschlagenes Ei und brät sie langsam in Butter. Angerichtet nappiert man sie mit etwas Madeirasauce und brauner Butter.

Zanderfilet mit Melone

Das nach Müllerinart gebratene Zanderfilet wird mit geschälter und in dünne Scheiben geschnittener Melone belegt, mit brauner Butter und grobgezupfter Petersilie übergossen und einen Augenblick im Salamander glaciert.

Kopfsalatherzen Milano

Marinierte Kopfsalatherzen belegt man mit abgezogenen Tomatenscheiben, beträufelt das Ganze nochmals mit Dressing und bestreut es mit gehacktem Ei.

Kopfsalatherz Herkules

Marinierte Kopfsalatherzen werden mit Spargelspitzen belegt und mit einer scharfen Melba-Würzsauce überzogen. Melba-Würzsauce: Passiertes Johannisbeergelee wird mit englischem Senf, etwas geriebenem Meerrettich, Worcestershiresauce und wenig Weinbrand zu einer leicht deckenden Sauce verrührt.

Apfelkrusteln

12 Stück Boskop-Bratäpfel streicht man durch ein Sieb und verarbeitet das Püree mit 100 Gramm Zucker, einem Eßlöffel Zitronenzucker, einem Teelöffel Zimt, einem Ei und mit so viel geriebenem Weißbrot, daß ein haltbarer Teig daraus entsteht. Von diesem formt man korkengroße Krusteln, paniert sie in Ei und geriebenen Semmeln und backt sie in der Fritüre aus. Die abgetropften Krusteln wälzt man in Zimtzucker und serviert sie mit dickem Erdbeermark.

Erdbeermark

Um ein Erdbeermark von schöner Farbe zu erhalten, stellt man das Mark auf kaltem Wege her. Dazu benötigt man vollreife und aromatische Erdbeeren, die man zunächst — nach dem Waschen— auf einem Tuch abtropfen läßt. Nach dem Entstielen gibt man die Früchte in einen Mixer und streicht das erhaltene Mark anschließend durch ein feines Sieb. Dieses Mark wird mit der gleichen Gewichtsmenge Puderzucker verrührt und im geschlossenen Gefäß im Kühlraum aufbewahrt. Durch die Konservierungseigenschaft des Zuckers, der das Mark sogar leicht gelieren läßt, ist eine lange Haltbarkeit garantiert.

Erdbeerkruste nach Hausfrauenart

Kastenweißbrot, das man in nicht zu dicke Scheiben geschnitten hat, wird rund oder oval ausgestochen und beiderseitig mittels Pinsel mit Eiermilch befeuchtet. Man brät die Scheiben nun beiderseitig in Butter, bestreut sie mit wenig Zimtzucker und belegt die Krusteln mit einer reichlichen Menge Erdbeeren. Das Ganze wird nun mit reichlich Vanillestaubzucker bestaubt, einige Minuten ins heiße Rohr geschoben und warm serviert.

Erdbeeren Mignon

Die geputzten Erdbeeren bestreut man leicht mit Puderzucker und richtet sie in einem weiten Stengelglas oder in entsprechenden Schalen an. Die Erdbeeren werden dann mit Sauerrahm überzogen, der mit Kirschwasser und Erdbeermark dickflüssig angerührt wurde. Zum Service bestreut man die Süßspeise mit grobgeraspelter Schokolade und bepudert das Ganze noch mit etwas Staubzucker.

Kleiner Pfannkuchen mit Äpfeln und Kirschen

Geschälte Äpfel schneidet man in einen halben Zentimeter dicke Scheiben, sticht das Kerngehäuse aus und bestreut sie mit Zucker. In eine Stielpfanne gibt man Butter und legt die vorbereiteten Apfelscheiben ein. In die Höhlung jeder Scheibe gibt man eine Kirsche und übergießt das Ganze mit einer Eierkuchenmasse. Der Pfannkuchen wird dann von beiden Seiten gebacken, zuletzt mit Zucker bestreut und im heißen Rohr noch ein wenig glaciert.

Kleiner Apfelpfannkuchen Calvados

Kleine, vorgebackene Eierkuchen werden bei Bedarf mit einem warmen Apfelkompott gefüllt, das kräftig mit Calvados abgeschmeckt ist. Beim Anrichten schlägt man die Eierkuchen zur Hälfte zusammen, bestäubt sie mit Puderzucker und brennt sie mit einem glühenden Stab wie eine Omelette confiture.

Savoyarder Apfeltörtchen

Geschälte und entkernte Äpfel schneidet man in kleine Würfel und vermengt sie mit gehackten Hasel- oder Walnüssen, einigen Rosinen, Vanillezucker sowie mit abgeriebener Zitronenschale. Tiefe Tortelettformen werden mit Abfallblätterteig ausgelegt, mit den vorbereiteten Äpfeln gefüllt und ins mittelheiße Rohr geschoben. Wenn die Törtchen zur Hälfte gebacken sind, werden sie mit gezuckertem und mit Mehl gebundenem Rahm begossen und fertiggebacken. Man rechnet pro Liter Rahm etwa 50 Gramm Zucker sowie 70 Gramm Mehl.

Kleiner Pfannkuchen Rothschild

Die hell ausgebackenen Eierkuchen werden mit zwei Kugeln Vanilleeis oder mit einer Scheibe Vanilleparfait gefüllt und zur Hälfte zusammengeschlagen. Nun erhitzt man unter Beigabe von etwas Grand Marnier zwei Eßlöffel Erdbeermark, schwenkt darin etwa 70 Gramm geputzte und halbierte Erdbeeren und gibt sie heiß über den angerichteten Eierkuchen.

Klare Spargelbrühe Chesterstange	Rahmsuppe von Petersilienwurzeln
*	*
→ Ossobuco mit Gemüsestreifen in leicht gebundener Zitronenjus Safranreis, Chicoréesalat	→ Rehkeule, rosa gebraten in Pfeffersauce Morcheln in Rahm Grüne Nudeln
*	*
→ Bananensalat mit Weinschaum und Baumnüssen	Frische Erdbeeren in Cassis Feines Gebäck

Ossobuco mit Gemüsestreifen

Zunächst schneidet man die feinen Gemüsestreifen von Lauch, Zwiebeln, Karotten sowie Sellerie und dünstet diese mit Streifen von Magerspeck recht knackig.
Die in Scheiben geschnittenen Kalbshaxen würzen, leicht mit Mehl bestäuben und in einer Mischung von Butter und Öl rundum anbraten. Die Fleischscheiben in ein anderes Geschirr umleeren, mit Röstgemüse, wenig Tomatenmark, Fleischbrühe und Rotwein versehen und eine gute Stunde schmoren lassen. Nach dieser Zeit gibt man den Schmorfond durch ein Siebchen, kocht ihn um ein Viertel ein, versieht ihn dann mit Zitronensaft, etwas Zitronenzeste, Knoblauch und gehackter Petersilie und gibt den leicht gebundenen Saft über die mit Gemüsestreifen belegten Fleischscheiben.

Bananensalat mit Weinschaum und Baumnüssen

Feste Bananen in nicht zu dünne Scheiben schneiden, leicht mit Zitronenlikör marinieren und in flachen Sektschalen anrichten. Sie werden dann erhaben mit Weinschaumsauce aufgefüllt und mit grobgehackten Baumnüssen bestreut.

JUNI

Fische und Krustentiere
Seezunge, Steinbutt, Stör, Heilbutt, Hering, Hecht, Seeforelle,
Forelle, Schleie, Aal, Makrele, Goldbarsch, Lachs, Hummer,
Krevetten, Krebse, Zander, Felchen, Saiblinge, Matjesfilets, Schollen

Gemüse
Spargel, Artischocken, Blumenkohl, Bohnen, Wachsbohnen,
Erbsen, Karotten, Auberginen, Kartoffeln, Kohlrabi, Kresse,
Lauch, Meerrettich, Sauerampfer, Radieschen, Rettich, Spinat,
Champignons, Tomaten

Geflügel
Ente, Hähnchen, Poularden, Suppenhuhn, junge Ente

Wild
Rehbock, Frischling

Schlachtfleisch
Außer dem üblichen Schlachtfleisch auch Hammel und Lamm

Obst
Äpfel, Erdbeeren, Bananen, Birnen, Ananas, Grapefruit, Kirschen,
Melonen, Stachelbeeren, Trauben, Johannisbeeren, Aprikosen,
Pfirsiche, Himbeeren, Heidelbeeren

→ Andalusische
Rahmsuppe

*

→ Grillspießchen
Potpourri
Pfeffersauce
Curryreis

*

→ Frische Erdbeeren
Cäcilie

→ Rahmsuppe Vichy

*

→ Rinderschmorbraten
mit Rotkohl
und glacierten Maronen
→ Fränkische
Speckknödel

*

Frische Erdbeeren
auf Erdbeereis

→ Jägersuppe

*

→ Lampertheimer
Spargelsteak auf
geschmolzenen Tomaten
Mandelkartoffeln

*

→ Grießflammeri
mit Rhabarber

Gebundene
Gemüsesuppe

*

Zwischenrippenstück
mit Kräuterbutter und
geschabtem Meerrettich
Rissoléekartoffeln
Frische Kresse

*

Vanilleeis
mit heißen Himbeeren

→ Spargelcremesuppe
Contessa

*

→ Kalbsmedaillons
in Schaumwein
Schinkenreis
→ Kopfsalat in
Thousand-Islands-
Dressing

*

Käsedessert

→ Legierte Reissuppe
Jenny Lind

*

→ Gedünstete
Lammkeule
mit Walnüssen
→ Grießnocken
Salat von Wachsbohnen

*

Birne Helene

→ Gemüsecremesuppe
Mimosa

*

→ Risotto
mit Krebsschwänzen
Kopf- und Feldsalat

*

→ Diplomatencreme

→ Flämische
Rahmsuppe

*

→ Seezungenfilets
Isabella
Neue Dillkartoffeln
Kopf- und Kressesalat

*

→ Gebackener
Camembert
mit Orangensauce

Hühnerbrühe
→ mit Eierstich

*

Jungschweinschnitzel
mit Champignons
überbacken
Frischer Blattspinat
Rissoléekartoffeln

*

Schokoladencreme
mit Vanillesauce

→ Eiercremesuppe
Carmen

*

Kalbsrippchen
in Butter gebraten
Spargelgemüse
Schloßkartoffeln

*

Apfel-Beignets
mit Aprikosensauce

→ Diepper
Eierrahmsuppe

*

Kalbsschnitzel
in Kapernsauce
Grillierte Tomate
Wachsbohnen
Kartoffelpüree

*

→ Savarin
mit Sauerkirschen

→ Kraftbrühe Xavier

*

Jungschweinskotelett
im Topf
mit glasierten Zwiebeln
gebratenen Magerspeck-
und Kartoffelwürfeln
Gemischter Salat

*

→ Aprikose Aurora

Kraftbrühe
mit Markklößchen

*

→ Kalbsbries
nach Greyerzer Art
Pistazienreis
Tomatensalat

*

Birnenkompott

→ Klare
Mockturtlesuppe

*

Kalbskotelett Orlow
mit Zwiebelmus
und Käsesauce
überbacken
→ Spinattimbale
Lorettekartoffeln

*

→ Apfelschaum Suchard

→ Geflügelrahmsuppe
mit gebackenen
→ Reisnocken
und Nüssen

*

Geschmorter
Schweinekamm
Frischer Wirsing
Kartoffelbällchen

*

Gemischtes Eis mit Sahne

Passierte Kartoffelsuppe
mit Sauerampfer

*

→ Rehmedaillons
nach Winzerinart
Sahnesauce
Gedünsteter Fenchel
Kartoffelkrusteln

*

Vanillecreme im Näpfchen
mit Schokoladensahne

Gratinierte Zwiebelsuppe
*
Schweinelendchen
in Ei gebraten
Rosmarinsauce
Kartoffelnocken
mit Bröselbutter
Krautsalat
*
→ Erdbeeren Romanow

___

→ Minestrone
*
Kalbsfiletschnitten
nach Mailänder Art
in Ei und Käse paniert
Tomatenspaghetti
→ Fenchelsalat
*
Malagaeis

___

Curryreissuppe
*
Tiroler Rostbraten
mit geschmolzenen
Tomaten und gehackten
Zwiebelringen
Grüne Bohnen
Pommes frites
*
→ Englische Krapfen
mit heißer
Ingwerschokolade

___

→ Gebundene
Lammsuppe
nach Schildkrötenart
*
→ Rumpsteak Mirabeau
Gedünsteter Sellerie
Mousselinekartoffeln
*
Krokantcreme

→ Kraftbrühe
nach Wiener Art
*
Hühnerbrüstchen
in Butter gebraten
mit Morcheln
und Spargelspitzen
Lorettekartoffeln
Kopfsalat Mimosa
*
→ Geflämmte
Apfeltörtchen

___

→ Spargelcocktail
*
→ Klare Fischsuppe
Bagration
*
→ Rindersaftbraten
auf flämische Art
Dillkartoffeln
*
Ananascreme

___

→ Reiscremesuppe
Aurora
*
Kalbskotelett
mit verlorenem Ei
und Sauce béarnaise
Butterkohlrabi
Würfelkartoffeln
*
→ Erdbeernocken
mit heißer Schokolade

___

→ Matjesfilet
nach Hausfrauenart
*
Klare Tapiokasuppe
*
→ Kalbsröllchen
mit Rahmchampignons
Pariser Karotten
Butterkartoffeln
*
→ Malteser Reisspeise

→ Geflügelcremesuppe
Mikado

*

→ Rehsteak
mit Pfifferlingen
und Backpflaumen
in der Kasserolle
Kartoffelkrusteln

*

→ Pralinen-
sahnecreme

———

Gebundene
Ochsenschwanzsuppe

*

→ Schweinelendchen
Jubilé
Blattspinat mit Rosinen
Schwarzwurzeln
in Bröselbutter
Kartoffelkrapfen

*

Nußcreme

———

Florentiner Rahmsuppe

*

→ Kalbfleischragout
mit Morcheln
und Spargelspitzen
Roter Reis
Algerischer Salat

*

→ Erdbeeren Exquisite

———

Ungarische Gulaschsuppe

*

→ Frische
Gartenerbsen
mit gebratenem
Schwarzwälder Schinken
Maltakartoffeln

*

Blätterteigcremeschnitte

Klare Reissuppe
mit Gemüsejulienne

*

Kasseler Rauchrücken
in Blätterteig
Karotten-, Spargel- und
Kopfsalat

*

Frische Erdbeeren
auf Vanilleeis

———

Kraftbrühe Vermicelle

*

Poulardenkeule
mit Rührei und
Schinken gefüllt
Grüne Erbsen mit Spargel
Würfelkartoffeln

*

Grießflammeri mit
Erdbeeren Melba

———

→ Savoyer Zwiebelsuppe

*

→ Kalbsrouladen auf
geschmolzenen Tomaten
Junge Erbsen nach
französischer Art
Dillkartoffeln

*

→ Pfirsich
in Weinteig gebacken
Heiße Ingwerschokolade

———

→ Cremesuppe
St. Germain
mit Geflügelklößchen
→ Riesengarnelen-
schwänze Lido
Pistazienreis
Kopf- und Tomatensalat

*

→ Weincreme mit
frischen Erdbeeren

Andalusische Rahmsuppe

Die weiß angesetzte Cremesuppe von Kalbsknochen und Kalbsabgängen wird gut ausgekocht und ist nach dem Passieren mit Sahne und Eigelb zu legieren. Zum Schluß erhält sie eine Einlage von gekochtem Reis und eine reichliche Menge Würfel von abgezogenen und ausgedrückten Tomaten.

Spargelcremesuppe Contessa

Die passierte Spargelrahmsuppe wird mit einem durch ein Sieb gestrichenen Spargelpüree sowie etwas frischer Butter aufgezogen und mit kurzgeschnittenen Kopfsalatstreifen vollendet.

Rahmsuppe Vichy

Von Schinkenfett und Schinkenparüren sowie geschnittenen Zwiebeln, Petersilienstengeln und einer reichlichen Beigabe von frischen Karotten setzt man eine Püreesuppe an, die man mit Mehl anstaubt und mit hellem Kalbsfond auffüllt. Die Suppe wird mit Salz, Pfeffer sowie einer Prise Zucker gewürzt und nach einstündiger Kochzeit durch ein feines Sieb gestrichen. Vollendet wird sie mit Sahne und mit einer Einlage von gekochten Karottenscheibchen.

Legierte Reissuppe Jenny Lind

Die von Hühnerbrühe gekochte Reissuppe erhält nach dem Legieren eine Einlage von Hühnerfleischstreifen und grobgehackter Petersilie und wird mit Salz, Muskat und etwas Madeira abgeschmeckt.

Jägersuppe

Kleingehackte Wildknochen, Wildabgänge, Zwiebeln und Wurzelgemüse werden in wenig Fett angeröstet und mit einer kleinen Menge Tomatenmark verrührt. Nach kurzer Röstzeit deglaciert man den Ansatz einige Male mit Rotwein, staubt Mehl daran und füllt das Ganze mit brauner Brühe auf. Mit Lorbeerblatt, dünn geschälter Zitronenschale und einem Thymiansträußchen versehen, die Suppe unter öfterem Abschäumen etwa zwei Stunden auskochen und durch ein Tuch passieren. Im Anschluß daran legiert man sie mit Sahne und Eigelb, gibt kleingehackte Pfifferlinge daran und serviert sie mit in Butter gerösteten Weißbrot- und Schinkenwürfeln.

Gemüsecremesuppe Mimosa

Eine fertiggekochte und legierte Gemüsesuppe wird mit passiertem Spinat vollendet und beim Anrichten mit gehacktem Ei bestreut.

Eiercremesuppe Carmen

Die mit Sahne, Weißwein und Eigelb abgezogene Geflügelcremesuppe hat eine Einlage von frischen, gedünsteten Gurkenwürfeln und gekochtem Reis.

Diepper Eierrahmsuppe

Von Butter, geschnittenen Zwiebeln sowie Wurzelwerk und Mehl stellt man einen Suppenansatz her, den man mit heller Fisch- und Muschelbrühe auffüllt und eine knappe Stunde kochen läßt. Nach dem Passieren wird die Suppe mit Weißwein und Eigelb legiert und mit ausgebrochenen Muscheln, einigen Krabben und geschnittenen Champignons fertiggemacht. Beim Anrichten gibt man auf jede Tasse einen Teelöffel geschlagene Sahne, die man mit Salz und ein wenig Paprikamark abgeschmeckt hat.

Flämische Rahmsuppe

Eine passierte Gemüserahmsuppe, die mit etwas Sahne und Zwiebelpüree aufgezogen wird und mit frischen, gedünsteten Erbsen sowie mit Tomatenwürfeln vollendet wird.

Geflügelrahmsuppe mit Haselnüssen
und gebackenen Reisnocken

Die fertiggestellte Geflügelrahmsuppe versieht man mit mittelfein gestoßenen, leicht angerösteten Haselnüssen, geschnittenem Hühnerfleisch sowie mit klein abgestochenen Reisnocken.

Gebackene Reisnocken

Eine recht fein geschnittene Zwiebel schwitzt man in Schweinefett an, bis sie anfängt, leicht Farbe zu nehmen. In diesem Augenblick gibt man 300 Gramm Reis nebst einem aus Petersilie, einem Lorbeerblatt, einem Zweiglein Thymian und etwas Sellerie bestehenden Kräutersträußchen hinzu und läßt den Reis etwa zwei Minuten anlaufen. Dann gibt man gut das Doppelte seiner Höhe wenig gesalzene Hühnerbrühe darauf sowie eine kleine Prise Safran und läßt es aufkochen. Der Reis wird dann zugedeckt auf nicht zu starkem Feuer etwa 15 Minuten weitergekocht. Nach dieser Zeit stellt man den Gargrad und den des Salzgehaltes fest und gibt abseits vom Feuer 60 Gramm Butter, 100 Gramm geriebenen Käse sowie frisch gemahlenen Pfeffer darunter. Des weiteren gibt man fünf Eigelbe dazu und läßt die Reismasse unter fortwährendem Rühren noch einmal aufstoßen. Alsdann gibt man sie in ein gebuttertes, flaches Geschirr, buttert die Oberfläche gleichfalls, damit eine unliebsame Krustenbildung vermieden wird. Nach dem Auskühlen sticht man mit einem Teelöffel kleinste Nocken ab, taucht sie in leicht gesalzenes und geschlagenes Ei, paniert sie in gesiebter frischer Brotkrume und backt sie in der Fritüre aus.

Geflügelcremesuppe Mikado

Die in der üblichen Weise zubereitete Geflügelcremesuppe wird nach dem Passieren mit einer Liaison von Sahne, Weißwein und Eigelb legiert und erhält zur Vollendung eine Einlage von feingewürfeltem Hühnerfleisch, Tomatenwürfeln, Morchelstreifen und kleinen Röschen von Brokkoli.

Savoyer Zwiebelsuppe

Eine reichliche Menge Zwiebeln wird in Scheiben geschnitten und langsam in Butter gebraten, bis sie weich sind und eben anfangen, Farbe zu nehmen. Zu diesem Zeitpunkt löscht man die Zwiebeln mit heller Fleischbrühe ab, gibt etwas Thymian, Lorbeerblatt und Petersilie dazu sowie eine zerriebene Knoblauchzehe, Salz und Pfeffer. Die Suppe wird noch etwas eingekocht, man entfernt dann das Kräutersträußchen und legiert sie mit in Milch verrührtem Eigelb.

Cremesuppe St. Germain

Frische Erbsen dünstet ma.. ..i Butter unter Beigabe von feingeschnittenen Zwiebeln und ebensolchem Kopfsalat. Mit etwas Mehl anstauben und diese Schwitze mit heller Kalbs- oder Hühnerbrühe auffüllen und gut auskochen lassen. Nach dieser Zeit wird die Suppe durch ein feines Sieb gestrichen, nochmals zum Kochen gebracht und dann mit Sahne, Eigelb und Butter legiert. Es ist darauf zu achten, daß die Suppe eine nicht zu dicke Konsistenz aufweist und schön samtartig gebunden ist. Als Einlage erhält sie einige frische grüne Erbsen sowie recht klein abgestochene Geflügelklößchen.

Klare Mockturtlesuppe

Leicht angeröstete Rinder- und Kalbskopfknochen werden mit
Kalbsbrühe aufgefüllt und mit einem Bukett von Wurzelgemüse
und Schildkrötenkräutern versehen zum Kochen gebracht. Bei
wiederholtem Abschäumen und Entfetten läßt man die Brühe
am Herdrand einige Stunden langsam kochen, um sie dann
durch ein Sieb zu passieren und kalt zu stellen. Nach völligem
Auskühlen vermischt man die Brühe mit kleinen Gemüsewürfeln, Eiweiß sowie einer kleinen Menge durchgedrehtem Rindfleisch, verschlägt das Ganze gut mit einem Schneebesen und
bringt es langsam zum Kochen und zum Klären. Nach dieser
Zeit wird die Suppe durch ein Tuch passiert, mit Sherry abgeschmeckt und mit der Einlage von gekochten Kalbskopfwürfel-
chen versehen.

Kraftbrühe nach Wiener Art

Die leicht mit Paprika versetzte Rinderkraftbrühe erhält eine
Einlage von Eierkuchenstreifen und kleinen Kartoffelnocken.

Kraftbrühe Xavier

Eine Mischung von ganzen Eiern, Milch und geriebenem Käse
verschlägt man mit dem Schneebesen und läßt sie in die abgeschmeckte, kochende Rinderbrühe laufen. Die Suppe wird beim
Anrichten mit feingeschnittenem Schnittlauch bestreut.

Minestrone

In Rauten geschnittenen Sellerie, Lauch und Karotten mit Zwiebelwürfeln und blanchierten Magerspeckstreifen in Olivenöl
anschwitzen, tomatisieren. Salz, Pfeffer, Origano, wenig
gemahlenen Rosmarin und etwas Knoblauch zugeben, mit
Weißwein ablöschen.
Mit leichter Fleischbrühe auffüllen. Mit einer Einlage von Reis
oder Spaghettistückchen sowie Tomatenfleischwürfeln zu Tisch
geben.

Eierstich

Drei viertel Liter Milch, acht ganze Eier, Salz und Muskatblüte
werden verschlagen und durch ein Sieb passiert. Diese
Mischung füllt man in eine gebutterte Form oder in einen großkalibrigen Kunstdarm, der gut abgebunden werden muß, und
pochiert den Eierstich im mäßig heißen Wasserbad. Nach dem

Auskühlen wird der Eierstich, je nach eigenem Ermessen, in Scheibchen, Streifen oder Würfel geschnitten. Diese Grundmasse kann man vor dem Pochieren je nach Wunsch mit Tomatenpüree, Karottenpüree, Spinatmatte oder dergleichen farblich beliebig verändern oder variieren.

Reiscremesuppe Aurora

Der fertig zubereiteten Reissuppe werden einige Butterflöckchen sowie ein frisch bereitetes Tomatenpüree untergezogen.

Klare Fischsuppe Bagration

In Scheiben geschnittene Zwiebeln, Petersilienwurzeln und Champignonabfälle werden in Butter zu leichter Farbe angebraten und mit Weißwein abgelöscht. Nun gibt man kleingehackte Gräten und Abgänge von Seezungen, Steinbutt oder Zander dazu, läßt sie etwas einkochen und füllt das Ganze dann mit hellem Fischfond auf. Diesen Ansatz kocht man unter Beigabe einer Knoblauchzehe, Salz sowie einiger zerdrückter Pfefferkörner gut 20 Minuten aus, schäumt ihn dabei gut ab, entfettet ihn und passiert ihn durch ein Tuch. Nach dem Auskühlen klärt man die Suppe mit Eiweiß und durchgedrehtem Fischfleisch und serviert sie gut heiß mit einer Einlage von Reis, kleinen Fischklößchen und Krebsschwänzen.

Farce für Fischklößchen

Zur Herstellung einer Fischfarce für Klößchen oder Nocken wird der zur Verwendung kommende Fisch, wie Seehecht, Kabeljau, Merlan, Rotbarsch oder dergleichen, sorgfältig von Haut und Gräten befreit, leicht gesalzen, mit Pastetengewürz und Eiweiß vermengt und durch die feine Scheibe des Wolfes gedreht. Hiernach gibt man die Masse mit einigen Eigelben und wenig eingeweichtem Weißbrot in den Kutter oder Mixer und gibt dabei nach und nach so viel eisgekühlten Rahm hinzu, daß eine leichte Farce entsteht. Zwecks tadelloser Zubereitung wird es von Vorteil sein, wenn man nach Fertigstellung der Farce eine Probe macht. Fällt eine Probe zu weich aus, setzt man der Farce ein Bindemittel zu, wie Grieß, Brösel oder Ei. Im gegenteiligen Fall kann mit Rahm, Butter oder Milch eine Lockerung erzielt werden.

Gebundene Lammsuppe nach Schildkrötenart

Von den hautigen Teilen der Lammbrust, die mit geschnittenen Zwiebeln, Schildkrötenkräutern und Wurzelwerk hell angeschwitzt werden, bereitet man unter Beigabe von Mehl, Weißwein, Sahne und Hammelfond eine nicht zu stark gebundene Cremesuppe. Nach dem Passieren erhält sie eine Einlage von gekochten Kalbskopf- und Champignonwürfeln.

Matjesfilet nach Hausfrauenart

Feine Streifen oder Scheibchen von Äpfeln, Gewürzgurken und Zwiebeln werden mit Sauerrahm, Salz, Pfeffer sowie Essig und einer Prise Zucker zu einer gut deckenden Mischung verrührt, mit der man die angerichteten Matjesfilets überzieht.

Riesengarnelen Lido

Die gekochten, ausgebrochenen und vom Darm befreiten Riesengarnelenschwänze werden mit feingeschnittenen Schalotten in Butter rasch ansautiert und in einer Kasserolle angerichtet. In der gleichen Pfanne läßt man etwas Fischfond reduzieren, füllt mit Sahne auf und verkocht das Ganze zur bündigen Sauce. Eventuell kann mit ein wenig Mehlbutter nachgeholfen werden. Zum Schluß gibt man eine Prise Cayennepfeffer und etwas geschlagene Sahne darunter, versieht sie mit grobgehackter Petersilie und aromatisiert sie mit einigen Spritzern Pernod. Die mit dieser Sauce überzogenen Garnelenschwänze werden zum Service unter dem Salamander glasiert.

Spargelcocktail

Der in mundgerechte Stücke geschnittene Spargel wird in Gläsern angerichtet und mit folgender Cocktailsauce überzogen: Man verrührt einen Teil Mayonnaise mit zwei Teilen Sauerrahm sowie etwas Tomatenketchup und geriebenem Meerrettich zu einer deckenden Sauce, die zum Schluß mit Weinbrand, Salz, Pfeffer, gehacktem Dill, einigen Tropfen Tabasco sowie mit etwas steif geschlagener, ungesüßter Schlagsahne vollendet wird.

Grillspießchen Potpourri

Kleine Tranchen von Ochsen-, Kalb- und Schweinefilet sowie kleine Tranchen von Kalbsleber, mit Käse gefüllte Magerspekkröllchen sowie gebrühte Stücke von roter und grüner Pfefferschote werden auf Spießchen gesteckt und erhalten als Abschluß beiderseitig je einen großen Champignonkopf. Mit Salz und Pfeffer würzen und die Spießchen auf dem Grill oder in der Pfanne braten. Angerichtet werden sie mit Pfeffersauce, die mit Johannisbeergelee geschmacklich gehoben wurde.

Schweinelendchen Jubilé

Die in Medaillons geschnittenen Schweinelendchen werden mit Pfeffersalz und Basilikum gewürzt und in Butter schön saftig gebraten. Sie werden auf gebackenen Weißbrotcroûtons angerichtet; erhalten eine Auflage von grobgeschnittenem Tomatenconcassé und werden mit Sauce béarnaise überzogen, die man mit ein wenig gebundener Jus nappierfähig gemacht hat.

Kalbfleischragout mit Morcheln und Spargelspitzen

Gewürfeltes Kalbfleisch, das wie Kalbsblanquette zubereitet ist, wird mit etwas Velouté, frischer Sahne, grobgeschnittenen, gedünsteten Morcheln und einigen Spargelspitzen durchschwenkt und mit Salz, Zitronensaft und einer Prise Cayennepfeffer abgeschmeckt.

Kalbsrouladen

Für dieses Gericht wird auch häufig die Bezeichnung Kalbsvögel angewendet. Sie werden aus der Keule geschnitten, dünn geklopft und mit einer gut gewürzten Kalbfleischfarce, der man etwas Sahne und aufgeweichte Semmel beigegeben hat, bestrichen. Über diese streut man gehackte Champignons und Petersilie. Sie werden gerollt und gebunden. Die weitere Behandlung ist die gleiche wie bei Rindsrouladen.

Kalbsmedaillons in Schaumwein

Von gut pariertem Kalbsfilet schneidet man Medaillons im Gewicht von je 40 Gramm, wobei man pro Gast drei Stück rechnet. Die Medaillons werden geklopft, gewürzt, durch Mehl und Ei gezogen und in heißem Öl gebraten. Die fertigen Medaillons richtet man in einem entsprechenden Geschirr an und stellt sie zunächst warm. Nun wird das Brotöl abgeschüttet und durch Butter ersetzt, in der man feine Zwiebeln mit frischen, geschnittenen Champignons angehen läßt und mit wenig Thymian und Borretsch würzt. Nach einigen Minuten löscht man mit einem trockenen Schaumwein ab, gibt etwas gebundene Kalbsjus sowie so viel flüssige Sahne dazu, daß eine hellbraune Sauce entsteht und verkocht das Ganze zur gut deckenden Konsistenz. Zum Schluß wird diese Sauce mit gehackter Petersilie unterschwenkt und über die angerichteten Medaillons gegeben.

Rinderschmorbraten

Ein gutes Bratenstück von der Hochrippe oder der Schulter wird gewürzt und in heißem Bratfett allseitig gut angebraten. In einem passenden Geschirr wird das Fleisch mit kleingehackten Kalbsknochen im Ofen weitergeröstet und anschließend mit kleingeschnittenen Zwiebeln, Karotten und etwas Sellerie zugedeckt bei öfterem Wenden gedünstet. Wenn das Röstgemüse Farbe genommen hat, nimmt man das Fleisch heraus, bestaubt den Bratensatz mit Mehl, läßt es hellbraun rösten, versetzt das Ganze mit Tomatenmark und füllt mit Rotwein sowie braunem Fond auf. Unter Zugabe von Lorbeerblatt, Nelken, Thymian, Basilikum sowie einer Spur Knoblauch verkocht man alles zu einer Sauce, in die dann das Fleisch wieder eingelegt wird, um es zugedeckt im Ofen fertigzuschmoren. Nach Beendigung des Schmorprozesses wird die Sauce durch ein Tuch passiert und mit Madeira vollendet.

Gedünstete Lammkeule mit Walnüssen

Die hohl ausgelöste Lammkeule wird nach dem Würzen mit Salz und Pfeffer rundum angebraten und in einem verschließbaren Geschirr mit einer Beigabe von Röstgemüsen sowie wenig braunem Fond bei öfterem Wenden gedünstet. Bevor der Garpunkt erreicht ist, staubt man den Fond mit etwas Mehl, gibt etwas Tomatenmark hinzu und füllt bis zur benötigten Saucenmenge auf, in der das Fleisch nun fertiggemacht wird. Die später passierte Sauce wird zum Schluß mit grobgehackten Walnüssen sowie gehackter Petersilie vollendet und beim Anrichten über das geschnittene Fleisch gegeben.

Grießnocken

Einen Liter Milch läßt man mit 150 Gramm Butter und einer Prise Salz kochen, gibt 330 Gramm Hartweizengrieß hinzu und läßt das Ganze durchkochen. Wenn die Grießmasse etwas abgekühlt ist, gibt man sechs ganze Eier sowie zwei Eigelbe und etwas geriebenen Muskat hinzu und verrührt sie zu einer mittelfesten Konsistenz. Die mit dem Eßlöffel abgestochenen Nocken werden in siedendem Salzwasser gegart und beim Anrichten mit petersilienversetzter Bröselbutter nappiert.

Fränkische Speckknödel

250 Gramm geräucherter Magerspeck werden in Würfel geschnitten, hellbraun gebraten und zum Abtropfen auf ein Sieb gegeben. In dem erhaltenen Speckfett werden zwei feinwürfelig geschnittene Zwiebeln sowie acht feingewürfelte Semmeln oder die entsprechende Menge Weißbrot geröstet, die man anschließend in eine Schüssel zum Abkühlen gibt. Ist dies erreicht, fügt man die gebratenen Speckwürfel hinzu sowie einen viertel Liter Sauerrahm nebst fünf ganzen Eiern. Alles zusammen wird dann mit 300 Gramm Mehl, Salz, Pfeffer, Muskat und gehackter Petersilie zu einem Teig verarbeitet. Die abgedrehten Knödel läßt man in kochendem Salzwasser etwa 15 bis 20 Minuten langsam durchziehen.

Lampertheimer Spargelsteak

Das durch Mehl und Ei gezogene, gewürzte Kalbssteak wird in Butter gebraten und erhält eine Auflage von fünf halben, nicht zu weich gekochten Spargelstangen. Das Steak wird nun mit nappierfähig gemachter Sauce hollandaise überzogen, mit grobgehackten Nüssen sowie mit geriebenem Käse bestreut und überbacken. Beim Anrichten setzt man das Steak auf geschmolzene Tomaten und umkränzt es mit wenig gebundener Kalbsjus.

Risotto mit Krebsschwänzen

Dieser Risotto, den man anstelle der Hühnerbrühe mit gut abgeschmecktem Fischfond bereitet hat, wird mit Butter sowie geriebenem Käse vollendet und auf einem Plat russe angerichtet. Ausgebrochene Krebse läßt man mit feinen Zwiebeln in etwas Butter angehen und gibt — dem Verkaufspreis entsprechend — einen Teil in kleine Stücke geschnittenen Spargel hinzu. Das Ganze unterschwenkt man mit einer Nantuasauce, schmeckt mit einer Prise Cayennepfeffer sowie gehacktem frischem Dill ab und füllt damit die Mitte des angerichteten Risottos.

Seezungenfilet Isabella

Die leicht plattierten Seezungenfilets werden mit Salz und mit Weißwein beträufelt. Die Filets werden dann mit Zitronensaft

gewürzt, in ein gebuttertes Geschirr gesetzt, mit einem Butterpapier bedeckt, im Rohr pochiert und auf einer warmen Platte
angerichtet. Unter Beigabe von etwas Fischfond, Sahne und
Mehlbutter verkocht man den Pochierfond zur Sauce, die durch
eine Beigabe von etwas Sauce hollandaise geschmacklich
gehoben wird. Auf den angerichteten Fisch gibt man eine Garnitur von angeschwenkten Spargelstücken, große Stücke von
Tomatenconcassé sowie halbierte, entsteinte schwarze Oliven
und überzieht das Gericht mit der passierten Sauce.

Kalbsbries nach Greyerzer Art

In Butter und Fleischbrühe nebst etwas Weißwein gargedün-
stete Brieschen schneidet man nach dem Erkalten in gleichmä-
ßige Scheiben, würzt sie mit Salz und Pfeffer und läßt sie in steigender Butter leicht Farbe nehmen. Nach dem Anrichten überzieht man sie mit einer nicht zu dicken Käsesauce, belegt sie
mit abgezogenen und entkernten Tomatenvierteln und überbackt sie unter dem Salamander. Als Garnitur legt man ein
Salatblatt mit geriebenem Meerrettich an und bekränzt die
Brieschen mit einer gut abgeschmeckten gebundenen
Kalbsjus.

Spinattimbale

Konische Timbaleformen von Portionsgröße (es können auch
kleine Kaffeetassen Verwendung finden) werden gut mit Butter
ausgestrichen und mit der wie folgt zubereiteten Spinatmasse
gut dreiviertel vollgefüllt. Mit feinen Zwiebeln angeschwenkter
Blattspinat wird etwas durchgehackt, mit Eigelben vermengt
und mit zu festem Schnee geschlagenem Eiweiß unterzogen.
Die Förmchen pochiert man nun etwa 20 bis 25 Minuten im
zugedeckten Wasserbad und begießt den gestürzten Pudding
beim Anrichten mit brauner Butter.

Frische Gartenerbsen mit gebratenem
Schwarzwälder Schinken

Frische Erbsen werden mit streifig geschnittenem Kopfsalat,
feinwürfelig geschnittenem Kochschinken und mit kleinsten
ganzen Schalottenzwiebeln gar gedünstet und mit Sahne und
frischer Butter gebunden. Beim Anrichten umlegt man die Erbsen locker mit den scharf angerösteten Schinkenscheiben.

Rehsteak mit Pfifferlingen und Backpflaumen

Die Steaks können aus dem Rückenfilet oder den zarten Teilen der Keule geschnitten werden. Enthäutet, gespickt und leicht plattiert werden die Steaks schön rosa gebraten. Der Bratensatz, mit Wurzelgemüsen bereichert, wird zum Aufbau der Sauce verwendet, die mit etwas Madeira und Rotwein abgelöscht und mit Crème fraîche zur leicht deckenden Konsistenz verkocht wird. Die entsteinten Backpflaumen werden mit abgezogenen Mandeln gefüllt und in mit Weizenpuder gebundenem Rotwein aufgekocht.

Rehmedaillons nach Winzerinart

Die rosa und saftig gebratenen Rehmedaillons werden mit einer Wild-Sahnesauce nappiert und mit halbierten, entkernten Weintrauben, die man mit gehackter Petersilie in Butter anschwenkt, übergossen.

Rindersaftbraten auf flämische Art

Der angerichtete Schmorbraten erhält eine Garnitur von kleinen gedünsteten Kohlköpfchen, glasierten Zwiebelchen, glasierten Karotten sowie gekochten Magerspeckscheiben.

Kalbsröllchen mit Rahmchampignons

Die mit Kalbsfarce gefüllten Röllchen, man rechnet zwei Stück je 80 Gramm pro Gast, läßt man in leichter Paprikasauce gar schmoren und übergießt sie beim Anrichten mit den wie folgt zubereiteten Rahmchampignons: Frische, geputzte und gewaschene Champignons werden roh in Scheiben geschnitten und auf gutem Feuer mit Butter und feingeschnittenen Zwiebelwürfelchen angebraten. Die Champignons werden dann mit wenig Knoblauchsalz, Pfeffer, Zitronensaft und gehackter Petersilie gewürzt sowie mit einigen gekochten Schinkenstreifen unterschwenkt. Im Anschluß daran verkocht man sie bündig mit frischer Sahne und vollendet sie mit einer kleinen Beigabe von Sauce hollandaise.

Rumpsteak Mirabeau

Das rosa gebratene Rumpsteak wird mit einem Gitter von Sardellenfilets sowie mit halben gefüllten Oliven belegt und mit zerlassener Kräuterbutter beträufelt.

Fenchelsalat

Die sauber geputzten und gewaschenen Fenchelknollen werden halbiert und roh in recht feine Streifen geschnitten oder recht fein gehobelt. Desgleichen schneidet man in derselben Art und Menge geschälte und vom Kerngehäuse befreite Äpfel sowie einen Teil abgezogener und entkernter Tomaten in Würfel. Fenchel und Äpfel werden mit Salz und Pfeffer gewürzt, mit wenig Essig und Öl benetzt und zum leichten Durchziehen beiseite gestellt. Inzwischen verrührt man einen Teil Mayonnaise mit etwas Essig und gibt die gleiche Menge ungesüßte, geschlagene Sahne sowie einen kleinen Teil frisch geriebenen Meerrettich darunter. Mit diesem Dressing und den vorbereiteten Tomatenwürfeln unterzieht man die marinierten Fenchel- und Apfelstreifen und richtet den Salat mit einem Bukett Feldsalat an.

Thousand-Islands-Dressing

Das Dressing besteht aus Mayonnaise, die mit saurer Sahne und Essig zu einer nicht zu dicken Emulsion verrührt ist und die mit feingehackten roten und grünen Pfefferschoten sowie mit Chilisauce vollendet wird.

Frische Erdbeeren Cäcilie

Die geputzten und halbierten Erdbeeren werden in einem Glasschälchen angerichtet, mit folgender Sauce überzogen und mit gestifteten Pistazien bestreut. Zwei Teile passierte Aprikosenkonfitüre werden mit einem Teil erwärmten Honigs und mit Grand Marnier und Nußlikör so verrührt, daß eine gut deckende Sauce entsteht.

Diplomatencreme

Drei viertel Liter Milch werden mit 200 Gramm Staubzucker sowie einer Vanilleschote zum Kochen gebracht und mit der glattgeschlagenen Masse von einem viertel Liter Milch, zwei ganzen Eiern sowie sechs Eigelben verrührt und kalt geschlagen. Zwischenzeitlich weicht man 12 Blatt Gelatine in kaltem Wasser, drückt sie aus und gibt sie aufgelöst unter die noch warme Eiermilch. Wenn diese kurz vor dem Stocken ist, zieht man einen Liter geschlagene Sahne darunter, vermischt die Creme vorsichtig mit Biskuitwürfeln, einem Schuß Maraschino sowie mit abgetropften, beliebigen geschnittenen Früchten und füllt sie zum völligen Erstarren in entsprechende Förmchen. Die gestürzte Creme wird mit Erdbeer- oder Aprikosensauce überzogen und nach Belieben mit einem Sahnetupfen garniert.

Pralinensahnecreme

Unter einen Liter geschlagene Sahne kommen 120 Gramm gesiebter Staubzucker, 100 Gramm feingeriebene, geröstete Haselnüsse, 50 Gramm Schokoladepulver, das Innere einer Vanilleschote, je ein Gläschen Kirschwasser und Weinbrand sowie 11 Blatt aufgelöste Gelatine.

Erdbeeren Exquisite

Die geputzten und gewaschenen Erdbeeren werden mit Grand Marnier und Weinbrand mazeriert und mit Himbeermark gebunden. Die in Gläsern angerichteten Erdbeeren werden mit halbaufgeschlagener Sahne bedeckt und mit Krokant und Schokoladenraspeln bestreut.

Weincreme

Einen Liter Weißwein mit 16 Eigelben sowie 320 Gramm Zucker und etwas Zitronensaft im Wasserbad bis zur Rose aufschlagen. Dann 12 Blatt in Wasser geweichte Gelatine zugeben. Diese Masse auf Eis kalt schlagen und kurz vor dem Stocken 1/3 Liter geschlagene Sahne und den festen Schnee von sechs Eiweiß darunterheben. Diese Creme in Weingläser füllen, später halbierte Erdbeeren darauffüllen und mit Weingelee abglänzen.

Pfirsich, in Weinteig gebacken

Die Pfirsichhälften, es können sowohl frische wie auch Kompottfrüchte Verwendung finden, werden auf einem Tuch gut abgetrocknet. Bei Bedarf werden sie durch Backteig gezogen und in der heißen Fritüre goldgelb herausgebacken. Man wälzt sie leicht in Zimtzucker und serviert sie mit gesondert angerichteter, heißer Ingwerschokolade.

Grießflammeri

1 Liter Milch bringt man mit 200 Gramm Zucker und einer Prise Salz zum Kochen und gibt unter stetigem Rühren 125 Gramm Grieß dazu. Abseits vom Feuer rührt man in die heiße Masse etwas Vanillezucker, abgeriebene Zitronenschale sowie fünf Eigelbe und gibt zum Schluß das festgeschlagene Eiweiß hinzu. Das Flammeri wird in Förmchen gefüllt und bis zum Gebrauch kalt gestellt.

Malteser Reisspeise

1 Liter Milch wird mit einer Vanillestange, 200 Gramm Zucker sowie mit abgeriebener Orangenschale zum Kochen gebracht, dann gibt man 200 Gramm blanchierten Reis dazu und läßt das Ganze etwa 25 Minuten auf nicht zu heißem Herd aufquellen. Ist dies geschehen, gibt man die Reismasse in eine Schüssel, gibt 16 Blatt eingeweichte und gut ausgedrückte Gelatine dazu, aromatisiert das Ganze mit etwas Orangensaft und Grand Marnier und rührt sie kalt. Wenn die Mischung zu stocken beginnt, zieht man einen guten halben Liter geschlagene Sahne darunter und füllt den Reis in mit Wasser ausgespülte Förmchen. Beim Anrichten werden die Förmchen gestürzt, mit Orangensauce überzogen sowie mit einem Sahnetupfen und einer aus den Bindehäuten geschnittenen Orangenspalte garniert.

Gebackener Camembert

Der in Viertel geschnittene, halbreife Camembert wird in Mehl und geschlagenes Ei getaucht und in Weißbrotbröseln paniert. Bei Bedarf wird der Camembert in der Fritüre gebacken und mit verrührter, bitterer Orangenkonfitüre angerichtet.

Savarin mit Sauerkirschen

Von 100 Gramm Mehl, 20 Gramm Hefe und von 125 ccm lauwarmer Milch macht man einen Ansatz, den man zugedeckt an warmer Stelle aufgehen läßt. Danach verarbeitet man den Ansatz mit 150 Gramm Mehl, 100 Gramm flüssiger Butter, 40 Gramm Zucker, 6 Gramm Salz sowie dem Abgeriebenen einer Zitrone zu einem dickflüssigen Teig, den man wiederum einmal aufgehen läßt. Der Teig wird dann mittels Spritzbeutel in die gefetteten und gemehlten Savarinförmchen gefüllt und nach nochmaligem Aufgehen im mäßig heißen Rohr gebacken. Bei Bedarf wird der Savarin im heißen Rum-Läuterzucker getränkt, auf Glastellern angerichtet und in der Mitte mit abgezogenen Sauerkirschen gefüllt.

Aprikose Aurora

Eine halbe Dunstaprikose richtet man auf Erdbeercreme an, überzieht sie mit Erdbeermark und bestreut sie mit leicht gerösteten, gehobelten Mandeln.

Apfelschaum Suchard

Dem von zwei Kilogramm Äpfeln und 300 Gramm Zucker sowie Zitronensaft zubereiteten Apfelmus gibt man neben einer Teelöffelspitze Zimt 250 Gramm aufgelöste Kuvertüre bei sowie 10 Blatt aufgelöste Gelatine. Das Ganze wird nun gut kalt gerührt und kurz vor dem Stocken mit drei viertel Liter geschlagener Sahne aufgezogen. Der Apfelschaum wird in Schälchen oder Gläsern angerichtet mit halbaufgeschlagener Sahne und geraspelter Schokolade serviert.

Erdbeeren Romanow

Die angerichteten Erdbeeren werden mit halbaufgeschlagener Sahne, die mit Erdbeermark und Cointreau verrührt wird, überzogen und mit gestoßenen Makronen bestreut.

Geflämmte Apfeltörtchen

Tortelettförmchen werden mit dünn ausgerolltem Mürbteig ausgelegt und blindgebacken. Nach dem Backen füllt man diese mit dickem, lauwarmem Apfelmus, das mit Zucker, gehackten Mandeln sowie mit Zitronensaft abgeschmeckt ist. Die so vorbereiteten Törtchen werden mit Meringemasse aufdressiert, mit Puderzucker bestaubt und im heißen Ofen geflämmt.

Erdbeernocken mit heißer Schokolade

Für diese Süßspeise kommt der gleiche Teig zur Verwendung, wie er unter den Zwetschgenknödeln zu finden ist. Als Einlage verwendet man möglichst große, gezuckerte Erdbeeren, kocht die Nocken in leicht gesalzener Milch und überzieht sie beim Anrichten mit heißer Schokolade.

Englische Krapfen

1 Liter Milch, 12 ganze Eier, 150 Gramm Staubzucker, eine Prise Salz sowie Zitronenabgeriebenes werden gut verschlagen und entweder in eine gebutterte Kastenform oder in einen großkalibrigen Kunstdarm gefüllt und in heißem Wasserbad pochiert. Nach vollständigem Erkalten schneidet man den so erhaltenen süßen Eierstich in Scheiben, Rauten oder sticht ihn zu Halbmonden aus, paniert ihn mit geschlagenem Ei, weißer Brotkrume oder gestoßenem Zwieback und backt ihn kurz vor dem Auftragen in der Fritüre zur schönen Farbe aus. Die Krapfen können mit einer beliebigen Sauce, gleichgültig ob auf Milch-, Frucht- oder Weinbasis, angeboten werden.

JULI

Fische und Krustentiere
Seezunge, Steinbutt, Heilbutt, Stör, Lachs, Forelle, Hecht, Hering,
Krebse, Kabeljau, Seelachs, Goldbarsch, Aal, Rotzungen, Thunfisch,
Hummer, Langusten

Gemüse
Artischocken, Auberginen, Bohnen, Wachsbohnen, Karotten,
Kohlrabi, Rettich, Radieschen, Lauch, Pfefferschoten, Tomaten,
Sellerie, Spinat, Gurken, Zucchetti, Kresse, Champignons,
Blumenkohl, junger Wirsing, junges Weißkraut, Zwiebeln, Pfifferlinge

Geflügel
Junge Gans, Hähnchen, Poularde, Perlhuhn, Taube

Schlachtfleisch
Außer dem üblichen Schlachtfleisch auch Hammel, Lamm

Obst
Aprikosen, Äpfel, Ananas, Bananen, Birnen, Erdbeeren, Himbeeren,
Johannisbeeren, Melonen, Süß- und Sauerkirschen, Pfirsiche,
Stachelbeeren, Pflaumen, Reineclauden, Nektarinen, Weintrauben,
Brombeeren, Grapefruit

Kalte Tellergerichte sind in der warmen Jahreszeit ein bevorzugtes Angebot

Geschmackvoll zusammengestellt und sauber angerichtet, werden sich unsere Gäste recht gerne von den angebotenen Variationen überraschen lassen.

Der Tellerservice kann sich wohl auf keinem Gebiet der Kochkunst besser auswirken als bei den kalten Gerichten, die sich als Vorspeisenteller, Käseteller und ebenso als „kalte Tellergerichte" eingebürgert haben. Diese Art von Service ist nicht neu und soll auch nicht als neu behandelt werden, nur meinen wir, daß man dem verantwortlichen Küchenchef empfehlen sollte, während der wärmeren Jahreszeit das eine oder andere kalte Gericht mit auf die Speisekarte zu setzen. Es gibt eine gewiß nicht kleine Zahl von Gästen, die während dieser Monate sehr gerne kalte Speisen zu sich nehmen und kleine geschickte Kompositionen anstelle von ganzen Menüs bevorzugen. Mit Phantasie und Geschick lassen sich sehr schöne kalte Teller herrichten, wobei sich die Phantasie weniger auf pompöse Bezeichnungen oder Namen als auf eine gute und saubere Anrichteweise beziehen sollte. Eine farblich wie geschmacklich harmonische Zusammenstellung dürfte wohl die beste Werbung für diese Art einer leichten Mahlzeit sein. Was eignet sich nun am besten für solche Teller?

Ausgehend vom Grundstoff lassen sich Garnituren und Beilagen nach Geschmack und Preis sehr wohl bestimmen, und man wird keine große Mühe haben, den entsprechenden Namen zu finden. In der Hauptsache sollten sich die Benennungen der kalten Teller immer auf das Hauptprodukt beziehen. Damit hat der Gast die notwendigen Angaben, nach denen er seine Wahl treffen kann. In der Hauptsache werden neben Fleisch, Geflügel und Fischen auch sehr viel Salate, Eier, Käse und Delikatessen zur Verwendung kommen, die, in irgendeiner Art vollendet, gerade in der Zeit, in der man mehr Durst als Hunger verspürt, für den Organismus besonders verträglich sind. Da, wie schon erwähnt, als Grundstoffe alle Schlachtfleischarten wie Roastbeef, Filet, Ochsenbrust, Tafelspitz, Schweine- oder Kalbsbraten, die verschiedensten Pasteten, Fleischsalate und alle nur möglichen Wurstarten verwendet werden sowie natürlich auch Poularden, Brathähnchen, Schinken, Pökelzungen, Fische und Krustentiere nicht ausgeschlossen werden können, läßt sich sicher eine

Bezeichnung finden, bei der sich der Gast nicht verwählen kann. Bietet man dagegen kalte Gerichte an, die den Namen des Betriebes oder des Lokales führen, sollte man bedenken, daß ein „Kronen-Teller", „Sternen-Teller" oder „Bären-Teller" ohne einen näheren Hinweis, was auf dem sicher guten Gericht alles zu finden ist, dem Gast so gut wie gar nichts sagt. Bisweilen kann es sogar passieren, daß er anstatt seiner Vorstellung von irgendwelchen kalten Braten eine zwar gute, aber immerhin unerwünschte Variation von Fisch bekommt.

In diesem zugegebenermaßen extremen Fall hätte aber zum Beispiel der Hinweis: „Kronen-Teller" mit geräucherter Makrele, Elbstör, Rauchaal, gefülltem Ei und frischen Salaten sicher manchen Ärger vermieden. Alle Kompositionen von kalten Tellern sollten immer ein geschlossenes Ganzes bilden, das heißt, daß neben dem Hauptbestandteil von Fleisch, Geflügel oder Fisch eine passende Salatbeilage, die dazugehörige Sauce sowie Brot, Toast und Butter nicht auszuschließen sind. Und wenn schon kalte Teller im Angebot der Speisekarte zu finden sind, dann sollte auch für viele Nichtfleisch- oder -fischesser ein entsprechender Salatteller bereitgehalten werden, der diesen Wünschen entgegenkommt. An Zuspruch wird es bei einem gutsortierten Angebot sicher nicht fehlen, denn erfahrungsgemäß ist der Kreis der Gäste, die während der wärmeren Jahreszeit pikanten kalten Gerichten den Vorzug geben, gar nicht so klein, wie irrtümlich angenommen wird.

Vorspeisenteller

Von allem ein wenig, das ist der Wunsch vieler Gäste, die keinen großen Hunger verspüren, aber doch eine Kleinigkeit essen möchten. Hier eignet sich der Vorspeisenteller vorzüglich, da er Fleisch, Schinken, Salate, Eier und selbst Fische und Krustentiere enthalten kann, wie sie auch in den verschiedensten Formen unter den Vorspeisen zu finden sind.

Roastbeef-Teller

Schöne Scheiben von rosa gebratenem Roastbeef, man rechnet je nach Verkaufspreis etwa 110 Gramm pro Gast, werden entweder gefaltet oder auch flach auf genügend großem Teller angerichtet. Mit Cornichons, abgezogenen Tomatenscheiben, einem halben gefüllten Ei sowie mit Radieschen und Kopfsalat beliebig garniert, serviert man den Teller mit Brot und Butter sowie mit der gesondert angerichteten Remouladensauce. Wird der Roastbeef-Teller mit Röstkartoffeln oder Pommes frites gewünscht, so entfällt die Beigabe von Brot und Butter.

Gemischter Schinkenteller

Roher oder gekochter, gelegentlich auch gemischter Schinken wird in entsprechend dünn geschnittenen Tranchen entweder in Rosettenform oder auch nur einfach zu Taschen zusammengeschlagen und angerichtet. Salatherzen, pikant mariniert und mit einem gut angemachten geraspelten Selleriesalat gefüllt, sowie Radieschen und Cornichons sind eine farblich gut abgestimmte Garnitur. Toast und Butter sowie die Pfeffermühle sollten beim Service nicht fehlen.

Gepökelte Ochsenbrust

Wird vorzugsweise mit schwäbischem Kartoffelsalat sowie mit auf ein Salatblatt dressiertem Tomatensalat angerichtet. Die flach angerichteten Tranchen überzieht man zur Hälfte mit einer grünen Sauce und garniert den Teller mit einem kleinen Kressesträußchen. Eine Beilage von frisch gekochten neuen Kartoffeln wäre bei diesem Gericht dem Brot vorzuziehen.

Gekochter Tafelspitz in Sauce vinaigrette

Zu diesem Teller verwendet man einen nicht zu fetten Tafelspitz, den man gut gekocht in der Brühe auskühlen läßt. Sorgfältig in nicht zu dicke Tranchen schneiden, das Fleisch mit der
Vinaigrette übergießen und den Teller mit Gurken-, Tomaten-,
Rettich- und Kopfsalat anrichten. Läßt es sich preislich einrich-
ten, so gibt man auf das Fleisch ein halbes gekochtes Ei, das
mit einer Remouladensauce zu überziehen ist. Auch hier sind
Röstkartoffeln eine ideale Beilage.

Bündner Teller mit gefülltem Ei und Delmonico-Salat

Recht dünn geschnittenes Bündner Fleisch wird locker angerichtet und mit einem halben gefüllten Ei, einigen Perlzwiebeln
und Cornichons sowie mit auf ein Salatblatt dressiertem Delmo-
nico-Salat garniert. Zum Salat mischt man Apfelwürfel mit Streifen von gekochtem Schinken, Hühnerfleisch und Knollensellerie, gibt Salz, Pfeffer sowie einen Spritzer Estragonessig dazu
und macht das Ganze mit Mayonnaise zu einem leicht gebundenen Salat an.

Eierteller Moscovite, mit frischen Salaten garniert

Als Mise en place bereitet man zu diesem Teller zunächst
pochierte Eier, die man in leicht gesäuertem Salzwasser nicht
zu fest werden läßt und die nach dem Pochieren in kaltem Salzwasser bis zum Gebrauch bereitgehalten werden. Beim Anrichten gibt man je zwei der vorbereiteten Eier auf ein Tuch zum
Abtropfen und placiert sie dann auf einen Salat, den man von
gekochten Steinpilzen, geschälten Salzgurken sowie von Kalbs-
oder Schweinebratenresten bereitet hat. Die Eier werden mit
einer Überziehmayonnaise nappiert und erhalten als Garnitur
einen Sardellenring, den man mit Kaviar oder je einer halben
Olive füllt. Drei verschiedene frische Salate, je nach Vorrat
zusammengestellt, vervollständigen den Teller, der mit
Schwarzbrot und Butter zu servieren ist.

Salatteller mit Schinkentüte und Remouladenei

Die verschiedensten Salate können zu farblich gut abgestimmten Kombinationen auf einem Teller vereinigt werden. Toma-
ten-, Radieschen-, Bohnen-, Spargel-, Gurken-, Karotten-, Selle-
rie-, Kopf- und Feldsalat sowie alle möglichen anderen Blattsa-

late und Gemüse lassen sich zu schönen Arrangements vereinigen, die in jedem Falle durch geschmackliche Vollendung appetitanregend wirken können. Zur Bereicherung gibt man ein mit Remouladensauce überzogenes Ei sowie zwei kleine Schinkentüten von gekochtem Schinken dazu und serviert den Teller mit Toast und Butter.

Salatteller „Henne Berta"

Es müssen nicht immer russische Eier sein, die dem Gast angeboten werden können. Man kann auch mit Wurst, Fleisch oder Schinken gute Eiersalate herstellen. Ebensogut wirken die verschiedenartig gefüllten Eier, und es gibt kaum eine bessere Art, diverse Salate als Beilagen zu verwenden, als zu kalten Eiergerichten. Auch pochierte Eier, in einem Salatnest angerichtet und mit einer der diversen pikanten Sauce überzogen, können zu diesem Teller Verwendung finden.

Hausgemachte Topfsülze
mit Käsesalat und grüner Sauce

Der Käsesalat hat sich unter den Salaten einen besonderen Platz erobert. Von schnittfesten Käsesorten, wie Greyerzer, Gouda, Emmentaler oder dergleichen, in nicht zu dicke Streifen geschnitten, lassen sich unter Beigabe von Schinken, Pfefferschoten, Spargel, Chicorée, Salami, Rettich oder Radieschen herrliche Kompositionen herstellen, die in diesen verschiedensten Formen eigentlich mit jeder Fleischspeise harmonieren. Zu der mit Käsesalat angerichteten Topfsülze, zu der die grüne Sauce separat anzurichten ist, eignen sich neben Bauern- oder Vollkornbrot auch vorzugsweise Pommes frites oder knusprig gebratene Röstkartoffeln.

Kalter Pastetenteller mit Reissalat und Melone

Zwei Scheiben von eventuell verschiedenen Krustenpasteten oder Galantinen werden mit Cumberlandsauce angerichtet und mit Reissalat, der auf ein schönes Kopfsalatblatt dressiert wird, garniert. Einige Scheiben von abgezogener Tomate sowie einige Scheibchen Selleriesalat ergänzen den Teller vorteilhaft.

Kalter Bratenteller auf schwedische Art

Saftig gebratener Schweinekamm oder ebensolcher Kalbsbraten wird in Scheiben geschnitten und auf einem großen Teller gefällig angerichtet. Als Garnitur und Beilage fungiert ein halber in Weißwein pochierter Apfel, der, ein wenig ausgehöhlt, mit drei gekochten Backpflaumen gefüllt ist, sowie ein kleines Bukett von Tomaten- und Kopfsalat. Eine Ketchupmayonnaise gibt man gesondert dazu.

Kalter Rauchrückenteller mit Curryschmant und Arrakkirschen

Zwei Scheiben gekochtes Kasseler, zusammen etwa 90 bis 100 Gramm schwer, werden angerichtet und zur Hälfte mit dem Curryschmant überzogen. Ferner gibt man einen Eßlöffel mit Arrak abgeschmeckter Sauerkirschen dazu und garniert den Teller mit kleinen Buketts von beliebigen Salaten.

Stadtwurst-Teller mit Saxonsalat, Käse und Tomaten

In die Mitte eines großen Tellers dressiert man einen Saxonsalat, der aus einem Drittel in Scheiben geschnittenen Kartoffeln, einem Drittel grünen Bohnen sowie einem Drittel hartgekochter und in Scheiben geschnittenen Eiern besteht. Mit Essig, Öl, feinen Zwiebeln sowie etwas Mayonnaise hält man den Salat etwas saftig. Um den angerichteten Salat legt man nun in der Reihenfolge eine Scheibe Stadtwurst, eine in der gleichen Größe geschnittene quadratische Käsescheibe sowie eine Scheibe abgezogene Tomate. Diese Reihenfolge wird fortgesetzt, bis sich der Wurst-, Käse- und Tomatenring geschlossen hat.

Pökelzungen-Teller „Paradiso" mit Apfel- und Feldsalat

Nicht zu dicke Pökelzungenscheiben werden mit Eischeiben angerichtet und, wenn vorrätig, mit gehacktem Madeiraaspik garniert. Von mürben Äpfeln, geschält und in feine Stäbchen oder Scheibchen geschnitten, bereitet man einen Salat, der mit etwas Cumberlandsauce und Zitronensaft angemacht wird und zum Schluß mit geschlagener Sahne zu vollenden ist. Der Apfelsalat wird auf einem Kopfsalatblatt angerichtet und links und rechts mit kurz angemachtem Feldsalat garniert.

Hamburger Rauchpaletten-Teller
mit Senfei und Spargelsalat

Bei diesem Teller, der sich aus verschiedenen Räucherfischarten zusammensetzt, wird der Verkaufspreis von Bedeu-
tung sein. Nicht immer werden Lachs, Stör oder Aal Verwendung finden können, doch bieten sich mit geräucherten Forellen, Makrelen, Schillerlocken, geräuchertem Heilbutt, Sprotten
und dergleichen genügend Ausweichmöglichkeiten an. Drei
verschiedene Räucherfischarten sollte der Teller aber beinhalten. Zwei halbe Eier, mit Senfmayonnaise überzogen und gegebenenfalls mit einigen Krabben bestreut, sowie ein Salatblatt,
mit pikant angemachtem Spargelsalat belegt, vervollständigen
den Teller, der mit Toast und Butter zu servieren ist.

Frischer Aal in Currymarinade mit Apfel- und Feldsalat

Abgezogener und sauber ausgewaschener Aal wird in fünf bis
sechs Zentimeter große Stücke geschnitten und mit feinen
Zwiebeln, Salz, Pfeffer, Lorbeerblatt, zerdrücktem Knoblauch,
Weißwein und Öl gegart. Hiernach ist der Aal sorgfältig von den
Gräten zu befreien, in ein passendes Geschirr einzusetzen und
mit dem Fond zu begießen, den man zuvor mit Currypaste
sowie mit gehacktem Dill und Petersilie versehen hat. Die gut
gekühlten Aalstücke werden mit etwas Fond angerichtet und
mit abgezogenen Tomatenscheiben sowie mit recht fein
geschnittener Julienne von grüner Pfefferschote garniert. Der
Teller erhält eine weitere Garnitur von pikant angemachtem
Apfelsalat sowie ein Bukett Feldsalat. Frisch gerösteter Toast
und Butter ergänzen das Angebot.

Frischer Aal in Riesling-Gelee
mit Spargel-, Kartoffel- und Rettichsalat

Die in Weißweinfond pochierten Aalstücke werden von den Grä-
ten gelöst, in kleine Teile geschnitten und mit Eischeiben und
Gurken in entsprechende Förmchen oder Tassen eingesetzt.
Der Aalfond wird gut entfettet, mit Riesling versetzt, mit Eiweiß
geklärt und mit aufgelöster Gelatine zu einem sturzfähigen
Gelee verarbeitet, den man gut gekühlt, aber noch kurz vor dem
Stocken in die vorbereiteten Förmchen füllt. Beim Anrichten
garniert man die gestürzten Formen mit Spargel-, Kartoffel- und
Rettichsalat und reicht gesondert eine Sauciere grüne Sauce
dazu.

Kalte Wetterauer Frühmastente mit Preiselbeerbirne, Tomaten- und Spargelsalat

Die saftig gebratenen Enten werden nach dem Auskühlen entbeint und so aufgeschnitten, daß jeweils zwei Brusttranchen und ein Teil der Keule angerichtet werden können. Die weiteren Beilagen, die gleich auf dem Teller anzurichten sind, sind ein mit abgezogenen Tomatensechsteln vermischter Spargelsalat sowie eine halbe, mit Preiselbeeren und etwas geriebenem Meerrettich gefüllte Dunstbirne. Gesondert gibt man ein Schälchen neuer Röstkartoffeln dazu oder auch nur Toast und Butter.

Rosa gebratenes Rinderfilet mit Tiroler Sauce und Clubsalat

Nicht zu dünne Scheiben einer schön rosa gebratenen Rinderlende, man rechne etwa 110 g pro Gast, werden auf großem Teller mit einer kleinen Beigabe von gehacktem Madeiraaspik angerichtet. Daneben richtet man mit kurzem Fond angemachte gelbe Kopfsalatblätter an, die man mit aus den Bindehäuten geschnittenen Orangenspalten, feinsten Streifen von grüner Pfefferschote, englischem Staudensellerie sowie mit Streifen von rohen Champignons belegt und mit einer transparenten Zitronenmayonnaise überzieht. Eine weitere Garnitur bilden zwei kleine abgezogene und ausgehöhlte Tomaten, die mit Tiroler Sauce gefüllt sind, zu der man eine fertige Tatarensauce mit Ketchup, gehackter Petersilie und einer Einlage von reichlich kleinen Tomatenwürfeln vervollständigt.

Coburger Saftschinkenröllchen mit Reissalat und gefülltes Kopfsalatherz

Zwei Scheiben magerer, gekochter Schinken, im Gewicht von je 45 g, füllt man mit einem pikant angemachten Eiersalat und rollt sie zu lockeren Rollen auf. Auf einem großen Teller richtet man ein mariniertes Kopfsalatherz an, belegt es mit einer abgetropften halben Dunstbirne, überzieht diese mit einer dünnen Sahnemayonnaise und bedeckt sie mit leicht gepfefferten (schwarzer Pfeffer) und geschnittenen Erdbeeren. Ein kleines Sträußchen Feldsalat sowie der im folgenden beschriebene Reissalat geben einen guten farblichen Kontrast.

Reissalat: Gut abgetropften, körnig gekochten Reis, aus den Bindehäuten geschnittene Orangenfilets, grobgehackte Walnüsse, feinstreifig geschnittenen rohen Spinat und recht fein geschnittenen rohen Sellerie mariniert man mit Salz, Pfeffer, Essig, Öl sowie einer Prise Sambal und läßt ihn bis zum Gebrauch gut durchziehen.

Kasseler Rauchrückentütchen, mit Meerrettichquark gefüllt, mit Salat von Wachsbohnen und Rissoléekartoffeln

Glattgerührter Quark wird mit geriebenem Meerrettich, feinge-schnittenem Schnittlauch sowie mit Salz und Pfeffer gewürzt und mittels Spritzsack in zu Tütchen gedrehte, dünne Scheiben von gekochtem Rauchrücken gefüllt. Die Tütchen werden im Kranz um einen mit wenig Mayonnaise würzig angemachten Wachsbohnensalat angerichtet, den man noch mit einem Blatt vom Salatherzen sowie grobgehacktem Ei und Tomatenwürfeln garniert.

Kalter Salm mit Muscheln nach Helgoländer Art mit Brokkoli in Vinaigrette, Tomatensalat, Toast und Butter

Die saftig pochierte, etwa 100 Gramm schwere Salmtranche tupft man, nachdem sie im Fond angekühlt ist, trocken und rich-tet sie mit dünn geschnittenem Tomatensalat sowie mit gekoch-tem und in Vinaigrette eingelegtem Brokkoli an. Der Fisch wird zum Service mit entbarteten Muscheln belegt und mit einer Sauce übergossen, die man aus Mayonnaise, Senf, Joghurt, Muschelfond, feinen Zwiebeln, feinen Apfelwürfeln, Gurkenwür-feln sowie gehackter Petersilie, Dill und Schnittlauch bereitet hat und die mit Salz, Pfeffer sowie Zitronensaft abgeschmeckt ist. Einige Eischeiben oder ein halbes gefülltes Ei vervollständi-gen die Garnitur vorteilhaft.

Verlorene Eier auf Steinbuttmayonnaise im Salatnest

Die in leichtem Salz-und-Essig-Wasser nicht zu fest pochierten Eier werden in Eiswasser kalt gemacht und zum Abtropfen auf ein Tuch gegeben. Je zwei Eier pro Gast sind auf einer pikanten Steinbuttmayonnaise, die aus den Teilen herzu-stellen ist, die keine rechte Portion ergeben (Reste der dünnen Seite oder Schwanzstück), anzurichten und mit einer nappierfä-higen Mayonnaise zu überziehen, die mit recht grünem, fein-passiertem Kräuterpüree und Worcestershiresauce abge-schmeckt ist. Die so angerichteten Eier umgibt man mit beliebi-gen angemachten Salatbuketts, wobei man die farbliche Har-monie beachten sollte.

Salatteller nach der Kräuterliesel mit Remouladenei, Schinkenrosetten und warmen Käsehörnchen

Verschiedene frische Salate, wie Kopf-, Tomaten-, Chicorée-, Sellerie-, Kresse-, Rettich-, Wachsbohnen- oder Feldsalat, werden bukettmäßig und im Kranz mit vielen Kräutern angerichtet. In die Mitte der Salate gibt man zwei Hälften von hartgekochtem Ei, überzieht diese mit Remouladensauce und garniert mit zwei dünngeschnittenen, gekochten, mageren Schinkenscheiben, die man zu lockeren Rosetten dreht. Als Beilage reicht man dazu lauwarme Käsehörnchen, die man aus Blätterteig mit einer Füllung von Schinken- und Briekäsewürfeln und Schnittlauch hergestellt hat. Die auf Vorrat zubereiteten Hörnchen müssen jeweils bei Bedarf einige Minuten aufgebacken werden, damit die Briefüllung eine cremige Konsistenz aufweist.

Kalter Schweinekammbraten mit polnischer Senfsauce, Ananaskrautsalat und mariniertem Brokkoli

Als Bereitstellung für diesen Teller und seine Anrichteweise hält man sich einmal den in einer Essig-und-Öl-Marinade eingelegten, gekochten Brokkoli, den mit gehackter Ananas, Essig und Öl angemachten Krautsalat sowie ebenfalls in etwas Weißwein und Orangensaft pochierte halbe und etwas ausgehöhlte Äpfel vorrätig. Der kalte Schweinebraten ist fächerartig anzurichten und mit Buketts von Brokkoli und Krautsalat zu garnieren. Die folgende polnische Senfsauce reicht man in einer Sauciere gesondert dazu.

Polnische Senfsauce: Eine fertige Mayonnaise wird mit Orangen- und Zitronensaft, Pfeffer, Senf sowie einer Prise Zucker zur dicklichen Konsistenz aufgerührt und erhält eine Einlage von gehacktem Eiweiß und Würfelchen von festem Johannisbeergelee.

Verlorenes Ei auf Avocadosalat mit Roquefortsauce

Die geschälten, entkernten und in Scheiben geschnittenen Früchte mariniert man zunächst mit Sherryessig, etwas Salz sowie schwarzem Pfeffer und richtet sie in einem Kranz von Tomaten- und Feldsalat an. Auf die Avocadoscheiben gibt man ein gut abgetropftes pochiertes Ei und überzieht dieses mit folgender Sauce.

1/2 Liter dicke Mayonnaise wird mit 75 Gramm passiertem Roquefort, 1 Eßlöffel gehackter Petersilie, 10 Gramm Zucker, dem Saft einer halben Zitrone und so viel flüssiger Sahne verrührt, daß eine gut deckende Sauce entsteht. Der Salat, mit feiner Julienne von Schnittkäse bestreut, wird mit frisch geröstetem Toast zu Tisch gegeben.

Krebsschwänze in Dillgelee in Kopfsalatnest

Von dem Krebsfond einen würzigen Sud herstellen und mit 12 Blatt Gelatine (auf einen Liter Fond) zu einem nicht zu festen Gelee verarbeiten.

Eine entsprechende Timbaleform in Portionsgröße oder auch eine Kaffeetasse wird mit einem Geleemantel auschemisiert und mit einer Garnitur von 2/2 Wachteleiern, einer abgezogenen Tomatenraute sowie einem Dillsträußchen spiegelverkehrt arrangiert. Je nach dem zu erzielenden Preis legt man die entsprechende Menge Krebsschwänze und -scheren ein und füllt die Formen mit dem dickflüssigen Gelee auf. Zum Service werden die Timbalen gestürzt, mit dem mit Rahmdressing angemachten Kopfsalat umlegt und mit einer Krebsnase als Garnitur versehen. Toast und Butter sind die obligatorische Beigabe.

Matjesfilets Algier auf Eiersalat

Zu dieser aparten Art der Zubereitung, die ein ausgezeichnetes sommerliches Gericht darstellt, bedarf es einiger Vorbereitungen, damit das spätere Anrichten zügig von der Hand geht. Zunächst schält man einige Orangen so, daß ihnen keine weiße Haut mehr anhaftet, und schneidet die Spalten aus den Bindehäuten. In dem aufgefangenen Orangensaft unter Beigabe von ein wenig Weißwein dünstet man in Streifen geschnittene Zwiebeln leicht glasig. Mit einigen Tropfen Öl beträufeln und zum Auskühlen zur Seite stellen. Als nächstes schneidet man mit Paprika gefüllte Oliven in nicht zu dünne Scheiben und bereitet zum Schluß die zum Überziehen nötige Sahne. Hierzu verrührt man frische Sahne und etwas Crème double mit wenig Öl, Zitronensaft, Salz sowie mit einem kleinen Teil des Orangen-Zwiebel-Fonds. Zur besseren Bindung kann etwas Mayonnaise zugesetzt werden, doch darf die Sauce keine dicke Konsistenz aufweisen, sondern muß so transparent sein, daß die später damit überzogenen Ingredienzen noch gut zu erkennen sind. Die auf einem pikant abgeschmeckten Eiersalat angerichteten Matjesfilets erhalten zuerst eine Auflage der vorbereiteten Orangenspalten, und darüber gibt man die Zwiebeln und einige Olivenscheiben. Kurz vor dem Service nappiert man das Ganze mit der vorbereiteten Sauce und vollendet mit ein wenig Pfeffermühle. Frisch gerösteter Toast ist hierzu eine passende Beilage.

Matjesfilets Fridtjof Nansen auf Bohnensalat

Nicht zu weich gekochte Prinzeßbohnen werden in drei Zentimeter lange Stücke geschnitten und mit feinen Zwiebeln, Essig, Öl, einer Spur Knoblauch sowie mit feinen Schinkenstreifen zu einem würzigen Salat angemacht. Der auf einem Teller angerichtete Salat wird mit zwei Matjesfilets belegt und mit einigen dünn geschnittenen, abgezogenen Tomatenscheiben garniert. Die Matjesfilets werden vor dem Auftragen mit einer Sauce nappiert, die man von Mayonnaise, Weißwein und geriebenem Meerrettich bereitet hat. Kleine, ganze, mit wenig Kümmel geröstete Kartoffeln sind hierzu eine gern genommene Beilage.

Geräucherte Gänsebrust mit griechischem Salat

Karotten und Sellerieknolle werden möglichst mit dem Buntmesser in kurze Stäbchen geschnitten, frische Artischockenböden in Achtel, Brokkoli und Blumenkohl in Röschen sowie rote und grüne Pfefferschoten in Streifen. All diese Gemüse werden in gesalzenem und gesäuertem Wasser krokant gekocht und nach dem Abschütten in folgender Marinade mariniert und zum Service so kalt wie möglich zu der mit Aspikwürfeln angerichteten geräucherten Gänsebrust serviert.
Marinade: 1 Liter Wasser, $1/8$ Liter Öl, $1/8$ Liter Weißwein, $1/8$ Liter Essig, Salz, Zitronensaft, eine Prise Zucker, Lorbeerblatt, Dill, gestoßene Pfefferkörner, Koriander, Fenchel und Thymian.

Spaghettisalat mit Orangenspalten und Corned beef in Zitronenrahm-Dressing

Spaghetti werden kernig weich gekocht, mit Eiswasser abgeschreckt und im Anschluß daran auf ein Sieb zum Abtropfen gegeben. Die Orangenspalten werden aus den Bindehäuten und das Corned beef in bleistiftdicke Streifen geschnitten. Zum Schluß bereitet man aus Crème fraîche und Sauerrahm ein Dressing mit Zitronensaft, grobgehacktem Basilikum, Salz, frisch gemahlenem schwarzem Pfeffer wie auch einer Prise Zucker. Beim Anmachen des Salats, bei dem alle Teile vorsichtig untereinandergehoben werden, ergänzt man den transparent zu haltenden Salat mit Öl und einem Teil des aufgefangenen Orangensaftes.

Riesengarnelen- oder Krevettensalat mit Papayascheiben, Melba-Toast

Gekochte, in Scheiben geschnittene Riesengarnelenschwänze oder ersatzweise Krevetten werden mit Streifen von frischer Gurke, krokant gekochtem Spargel und ebensolchen Morcheln gemischt und mit einer Mischung von Mayonnaise und Joghurt angemacht, die mit Zitronensaft und reichlich Tomatenwürfeln aufmontiert ist. Der Salat wird mit einem Dillsträußchen auf mit Zitronensaft beträufelten Papayascheiben angerichtet und erhält eine weitere Garnitur von Ei- und Tomatenscheiben.

Lauwarmes Schollenfilet, in Weinteig gebacken, mit Meerrettichschaum und Salaten

Von der Haut befreite und gewürzte Schollenfilets werden bemehlt, durch Weinteig gezogen, in heißem Öl gebacken und zum Abfetten auf Küchenkrepp gelegt. Für den kalten Meerrettichschaum drückt man das Eigelb von hartgekochten Eiern durch ein feines Sieb und rührt es mit Öl, einer Prise Zucker sowie Essig zu einer mayonnaiseartigen Emulsion auf. Zum Schluß ist die entsprechende Menge frisch geriebenen Meerrettichs beizufügen und die Sauce mit geschlagener Sahne fertigzustellen. Die begleitende Salatbeilage richtet sich nach dem Saisonangebot.

Gedünstete Lauchstauden oder Frühjahrszwiebeln in Vinaigrette mit Beilage von Parmaschinken oder geräucherter Gänsebrust

Natur zubereitete, nicht zu dicke Lauchstauden oder die ebenso zubereiteten Frühjahrszwiebeln werden in noch heißem Zustand mit einer würzigen Sauce vinaigrette übergossen und zum Durchziehen zur Seite gestellt. Zum Service werden die eingelegten Lauchstauden mit einer Garnitur von Tomatenscheiben und Eisechsteln sowie der Beigabe von geräucherter

Gänsebrust oder Parmaschinken angerichtet. Als weitere geschmackliche Variationen bieten sich neben der Sauce vinaigrette auch die Sauce gribiche, eine Westminstersauce wie auch die Tiroler Sauce oder die polnische Senfsauce zu den Lauchstauden an.

Verlorenes Ei mit Schinkentüten auf Avocadosalat mit Roquefortsauce

Die geschälten und entkernten, in Scheiben geschnittenen Früchte macht man mit folgender Sauce an: 500 Gramm dicke Mayonnaise werden mit 100 Gramm passiertem Roquefort, einem Eßlöffel gehackter Petersilie, dem Saft einer halben Zitrone, einer Prise Zucker und so viel Crème fraîche verrührt, bis ein dickliches Dressing entsteht. Die damit durchgeschwenkten Avocadoscheiben läßt man gut durchkühlen und richtet sie in einem Kranz von angemachtem Feldsalat an, den man mit grobgehackten Baumnüssen bestreut. Vier Scheiben zu Tüten gedrehter Lachsschinken bilden die weitere Garnitur.

Salat Cosmopolitain

Auf entsprechend großen Tellern werden kleine Buketts von Kopfsalat, Blumenkohlröschen, Keniaböhnchen, Spargelspitzen und roter Bete angerichtet. In die freigehaltene Mitte gibt man mit Zitronensaft und Öl angemachte Krevettenschwänze, eine Hummerscheibe, Langustenmedaillons oder etwas Ähnliches, wobei die Meeresfrüchte leicht mit nappierfähiger Zitronenmayonnaise überzogen werden. Als Krönung legt man eine entbartete frische Auster auf den Salat. Gesondert wird ein Lorenzo-Dressing gereicht. Dieses besteht aus einer Essig-Öl-Marinade, die mit englischem Senfpulver, Chilisauce und zerriebenem Knoblauch vollendet wird.

Krebs-und-Pfefferschoten-Salat nach kalifornischer Art

Krebsschwänze oder auch halbierte Scampi oder Krevetten werden eine Zeitlang mit Zitronensaft, Salz, Pfeffer, einer Prise Zucker, Öl und der gleichen Menge abgetropfter Ananaswürfelchen mariniert und später, nach leichtem Ausdrücken, mit Chilisauce gebunden. Den Salat auf grobgeschnittenen Streifen von Chicorée, der mit aus den Bindehäuten geschnittenen Orangenspalten durchsetzt ist, anrichten. Er wird zur Vollendung mit einem Löffelchen Crème fraîche bedeckt und mit einer reichen

Menge feiner Julienne von blanchierten und marinierten roten, grünen und gelben Pfefferschoten bestreut.

Salat Caprice

Frisch gekochte Riesengarnelen oder Langustenschwänze werden halbiert beziehungsweise in Scheiben geschnitten, vom Darm befreit und in einer Mischung von Zitronensaft und Walnußöl bereitgehalten. Geschälte Kiwis werden unter Beigabe von etwas Walnußöl, Salz, Zitronensaft, einer Prise Zucker und Cayennepfeffer fein püriert. Diese Sauce dient beim Anrichten des Salats als Unterlage für die Langusten- oder Riesengarnelenscheiben. Einige Scheiben Kakifeigen sowie die verschiedensten Salatsorten, die selbstverständlich je nach Vorrat austauschbar sind, ergänzen das sommerliche Salatangebot.

AUGUST

Fische und Krustentiere
Seezunge, Steinbutt, Heilbutt, Hering, Matjesfilets, Forelle,
alle Konsumfische, Fluß- und Seehecht, Krebse, Hummer,
Langusten, Krabben, Scampi

Gemüse
Auberginen, Bohnen, Gurken, Sellerie, Spinat, Pfefferschoten,
Tomaten, Zucchetti, Pfifferlinge, Champignons, Steinpilze, Karotten,
Wirsing, Weißkraut, Radieschen, Rettich, junge Zwiebeln, Kohlrabi,
Lauch, Bohnenkraut, Majoran, Kresse, Avocados, Kopfsalat,
Fenchel

Geflügel
Junge Ente, Poularde, Hähnchen, Suppenhuhn, Truthahn

Wild und Wildgeflügel
Wildschwein, Wildente

Schlachtfleisch
Außer dem üblichen Schlachtfleisch auch Hammel

Obst
Aprikosen, Äpfel, Trauben, Pflaumen, Birnen, Johannisbeeren,
Himbeeren, Brombeeren, Waldbeeren, Kirschen, Pfirsiche,
frische Feigen, Nektarinen, Zwetschen, Preiselbeeren,
Honigmelonen, Ogenmelonen, Wassermelonen, Grapefruit

Wenn die Gäste leichte Sommerkost verlangen

Kleine Speisefolgen für heiße Sommertage

*Daß die Speisekarte an den heißen Tagen der Sommerzeit vorteil-
hafterweise etwas anders gestaltet werden sollte als bei norma-
len Temperaturen, liegt in der Natur der Sache. So gilt es, während dieser Tage verschiedene Gerichte auf der Speisekarte
anzubieten, die dem sommerlichen Eßbedürfnis unserer Gäste
entsprechen.*

*Bei vielen Menschen stellt sich in dieser Zeit eine mehr oder
weniger ausgeprägte Abneigung gegen Fleischgerichte ein, und
sie bevorzugen leichte Fisch- oder Eierspeisen, frisches Gemüse,
viele Salate und frische Früchte. Dieses alles bietet uns der Markt
in reichlicher Auswahl und hervorragenden Qualitäten. Dem fin-
digen Küchenchef oder Koch wird es nicht schwerfallen, die
nachfolgenden Vorschläge beliebig zu erweitern. Mit dem Hinweis „Sommerliche Gerichte" in einer gesonderten Rubrik auf der
Speisekarte werden sie sicherlich auch dankbare Interessenten
finden. Unter den aufgeführten Beispielen erfrischender Sommerkost nehmen auch die säuerlich abgeschmeckten Gerichte einen
hervorragenden Platz ein. Die Beigabe von Zitronensaft, Essig,
Wein, Essiggemüsen oder säuerlichen Früchten bewirkt, daß
Speisen dieser Art den an heißen Tagen meist nur geringen
Appetit anzuregen vermögen. Allerdings sollte die säuerliche
Abstimmung der Gerichte nicht zu stark betont werden, denn all-
zuviel Säure würde über das hinausgehen, was die Gäste als
angenehm empfinden. Eine geschmacklich wie farblich harmonische Zusammenstellung ist auch bei diesem Angebot von Wich-
tigkeit und auch wohl die beste Werbung für diese Art leichter
Mahlzeiten.*

→ Erdbeerkaltschale

*

→ Blumenkohl
nach Mailänder Art
Gekochte
Schinkenbeilage
Petersilienkartoffeln

*

Schokoladencreme

———

1/2 Grapefruit
mit Kirschwasser

*

→ Verlorene Eier
in Schinken gehüllt und
mit geriebenem Käse
überbacken
Gedünstete
Kohlrabistäbchen
Kartoffelpüree

*

Eis-Baiser

———

→ Verschiedene pikante
Salate

*

→ Seehechtschnitte
in Ei gebraten
Schnittlauchbutter
Schwenkkartoffeln

*

→ Erdbeer-Sahne-
Schiffchen

———

3/2 Möweneier auf
Krabbensalat

*

Kalbskopf in Vinaigrette
lauwarm
Butterkartoffeln
Tomatensalat

→ Salat Annabella

*

→ Geschnetzelte
Kalbsleber mit
frischen Pilzen in Rahm
Grüne Nudeln

*

→ Rhabarberschnitte

———

Pilzrahmsuppe

*

Sommerl. Gemüseplatte
mit Rührei und
Würfelkartoffeln

*

Grießflammeri mit
Sauerkirschen

———

→ Gazpacho

*

→ Omelette Trouville
Dillkartoffeln
Kopfsalat

*

→ Vanilleeis mit
frischem Pflaumenmus

———

→ Frische Tomaten
mit Eiersalat gefüllt

*

→ Rotzungenfilet
auf Blattspinat
Butterkartoffeln

*

Aprikose Mireille

———

→ Matjesröllchen
in Sauerrahm

*

→ Gefüllte junge
Kohlrabi
Neue Dillkartoffeln

*

→ Überbackenes
Stachelbeertörtchen

→ Thunfischmayonnaise
auf Röstbrot

*

Paniertes
Jungschweinschnitzel
Schwäbischer
Kartoffelsalat

*

Apfelkompott

———

Geeiste Kraftbrühe
Madrilène

*

Gebackenes
Rotzungenfilet
Remouladensauce
Sommerliche Salatplatte

*

Vanillecreme mit
Erdbeeren

———

Kraftbrühe mit Flädle

*

Gekochte Eier in
Frankfurter grüner Sauce
mit frischen Salaten
garniert
Schwenkkartoffeln

*

Orangencreme

———

Tomatencocktail

*

→ Warme
Fleischpastete nach
Saarbrücker Art
Gemischte Salate

*

Frische Erdbeeren
mit Milch

Tomatensuppe

*

Kalte Ochsenbrust
in Vinaigrette
Röstkartoffeln
Feldsalat

*

Vanilleeis mit frischen
Himbeeren

———

Blumenkohlcremesuppe

*

Neue holländische
Matjesfilets auf Eis
mit frischen grünen
Bohnen und
Petersilienkartoffeln

*

Birne Helene

———

Schwedenteller

*

→ Frische Kalbszüngerl
mit Blumenkohlröschen
in Weißwein
Neue Kartoffeln

*

Fruchtcocktail

———

Gefüllte Lachstüten
auf Reissalat

*

→ Hammelkeule
gesotten
Kapernsauce
Grüne Bohnen
Dampfkartoffeln

*

Apfelküchle
mit Vanillesauce

Roastbeefröllchen
auf Gemüsesalat

*

→ Heilbuttschnitte
mit Champignons und
Spargel
in Weißwein
Butterreis

*

→ Rote Grütze
mit flüssiger Sahne

———————

Hühnerbrühe
mit Eierstich

*

Hausgemachte
Schweinskopfsülze
mit frischen Salaten und
Nußkartoffeln

*

Krokantcreme

———————

2/2 Eier
mit Senfmayonnaise
auf Kressesalat

*

Gebackenes
Goldbarschfilet
mit Krautsalat
Dillkartoffeln

*

Schokoladeneis
mit Erdbeeren

———————

Gefülltes
Schinkenröllchen
mit Sahnemeerrettich
auf Spargelsalat

*

Schweineschnitzel
mit Preiselbeerapfel
Lyoner Kartoffeln

*

Mokkacreme

→ Scotch Woodcock

*

→ Kalte Eier
mit Krebsschwänzen
auf Reissalat

*

Apfel im Schlafrock

———————

→ Steinbuttsalat
Waldorf

*

→ Kalbsfrikassee
mit Krebsen und Spargel
im Butterreisrand

*

Birne in Rotwein

———————

→ Russische Okroschka

*

→ Aalpastetchen
nach Hanseatenart
Kopf-, Tomaten- und
Gurkensalat

*

→ Frische Feigen
in Honiggelee

———————

→ Apfelkaltschale

*

→ Heilbuttsteak
nach englischer Art
→ mit Meerrettich-
mayonnaise
Kartoffel- und
Radieschensalat

*

Grießspeise mit frischem
Pflaumenkompott

Kalbsbries-Rahmsuppe
*
→ Ländlicher Teller
mit gekochtem
Ochsenfleisch
Sauce vinaigrette
Kartoffel- und Krautsalat
*
Apfelkrapfen
mit Aprikosensauce

———

Matjescocktail
*
Gefüllte Kalbsbrust
Salatplatte
*
Erdbeer-Joghurt

———

Russische Eier
auf Gemüsesalat
*
Kalte Poularde
mit Salaten garniert
Schwedische Apfelsauce
*
Ananasbeignets

———

Morcheln Florentine
*
Kalbsleberschnitte
mit Trauben
Petersilienkartoffeln
Kopf- und Selleriesalat
*
Frisches
Pflaumenkompott

Krebssuppe mit Spargel
*
Steinbuttschnitte
Rothschild
mit pochierten Austern
in Ricardorahm
Pistazienreis
Kopfsalat mit Melone
*
Birne nach Dijoner Art

———

Kraftbrühe Risi-Pisi
*
→ Lendenschnitte
auf ungarische Art
Nudelpastetchen
Frischer Blattspinat
mit Pernod
*
Eisbaiser

———

Salat von Thunfisch
und Sellerie
Toast
*
Barbenschnitte
in Marsala mit
frischen Champignons
Dillkartoffeln
Tomaten- und Feldsalat
*
Frische Himbeeren
auf Zitroneneis

———

Hühnerbrühe Celestine
*
→ Zürcher Zunftspieß
auf grünen Butterbohnen
Dampfkartoffeln
*
Birne Helene

Klare
Ochsenschwanzsuppe
mit altem Sherry
*
→ Kalbszunge
nach Chorherrenart
→ Selleriepüree
*
Pfirsichsalat in Portwein
Florentiner Gebäck

———————

→ Rahmsuppe Birgit
*
Hammelrippchen
Nelson
mit Zwiebelmus
überbacken
Frische Wachsbohnen
Fondantkartoffeln
*
→ Aprikosencreme

———————

Rosenkohlrahmsuppe
mit Basilikum
und gebackenen
Steinbuttstreifen
*
Überbackenes Kalbshirn
auf Toast
mit Baumnüssen
überbacken
*
→ Knoblauchsteak
mit Orangenspalten
und rosa Pfefferkörnern
in Püree
von Brunnenkresse
*
Erdbeeren
in Grand Marnier
→ mit einem Sabayon
von rotem Sekt

→ Legierte
Kalbfleischsuppe
mit feinen Kräutern
*
Garnelenschwänze
in Weinteig
Sauce rémoulade
*
→ Gefüllte
Kalbsleberschnitte
Petersilienkartoffeln
Salat von Wachsbohnen
*
→ Schokoladenapfelmus
mit Ingwersahne

———————

Artischockenrahmsuppe
*
→ Kalbshaxenfleisch
auf bürgerliche Art
auf frischem Blattspinat
Petersilienkartoffeln
*
Pistazieneis mit heißem
Hagebuttenmark

———————

→ Tomatenrahmsuppe
mit Minze
*
Kalbsbries
mit Apfelspalten
und geschlagenem
Gänseleberschaum
*
→ Wildentenbrust
mit Pfifferlingen
und jungen Zwiebeln
→ Maisfritters
*
Kirschen in Cassis
mit Schokoladenparfait
und weißer
Schokoladensauce

Erdbeerkaltschale

Die frischen, geputzten Erdbeeren werden zerdrückt und je nach Geschmack mit Läuterzucker, Weißwein und Zitronensaft auf die erforderliche Menge gebracht und kalt gestellt. Zwischenzeitlich läßt man, etwa 40 Gramm für einen Liter, Tapioka in kochendem Wasser quellen, läßt sie auskühlen und gibt sie unter die Kaltschale. Sie wird in gut gekühlten Tassen unter Beigabe von einigen kleinen Suppenmakronen serviert.

Legierte Kalbfleischsuppe

Diese Kalbfleischrahmsuppe wird nach dem Passieren und Legieren wie eine Kräuterrahmsuppe fertiggemacht. Sie erhält neben den Kräutern eine Einlage von feinen, gekochten Kalbsfußstreifen.

Rahmsuppe Birgit

Von Brandteig, der mit etwas Reibkäse vermischt ist, dressiert man auf ein gefettetes Papier kleine, erbsengroße Perlen und backt dieselben vor Gebrauch in der Fritüre aus. Ferner benötigt man kleine Wildfarceklößchen sowie kleinwürfelig geschnittene Karotten, die in Butter zu dünsten sind. Mit dieser Einlage wird die mit Weißwein, Rahm und Eigelb legierte Rahmsuppe versehen.

Blumenkohl nach Mailänder Art

Der gekochte und gut abgetropfte Blumenkohl wird in entsprechenden Portionen angerichtet und mit einer dicken Tomatenrahmsauce überzogen. Man bestreut ihn dann reichlich mit geriebenem Käse und Reibbrot, gibt einige Butterflocken darauf und überbackt ihn im Salamander.

Verlorene Eier, in Schinken gehüllt

Die heißen Eier werden auf einem Tuch abgetropft und in dünn geschnittene Scheiben von gekochtem Schinken gehüllt. Man überzieht sie angerichtet mit etwas dünner gemachter Sauce hollandaise und bestreut sie zum Überbacken mit Reibkäse.

Verschiedene pikante Salate

Bei dieser sommerlichen Vorspeise kann man beliebig variieren, es sollten aber immer drei bis vier Salate sein, die als

Vorgericht angerichtet werden. So können zum Beispiel Spargel, Eiersalat, Waldorfsalat, Fischsalat, Rettich, frische Radieschen, rote Rüben, Fleischsalat, Heringssalat, Tomaten, Kresse, Gurkensalat und viele andere mehr in farblich harmonischer Kombination Verwendung finden.

Seehechtschnitte, in Ei gebraten

Seehecht oder ein beliebiger anderer Seefisch wird in Portionsstücke geschnitten und eine Zeitlang mit Zitronensaft, Worcestershiresauce, Salz, Pfeffer, gehackter Petersilie und etwas Öl mariniert. Zum Gebrauch wendet man die Schnitten in Mehl, zieht sie durch geschlagenes Ei und brät sie beiderseitig in geklärter Butter. Beim Anrichten gibt man etwas leicht gebräunte Butter darüber, unter die man ein wenig Zitronensaft sowie feingeschnittenen Schnittlauch gegeben hat.

Salat Annabella

Feine Streifen von Sellerie, Schinken und Äpfeln sowie Würfel von Ananas und Orangenfilets werden mit Zitronensaft, Salz, schwarzem Pfeffer, wenig Mayonnaise und geschlagenem Rahm angemacht. Der Salat wird in drei halbe, abgezogene und ausgehöhlte Tomaten gefüllt, mit einem grünen Salatblatt angerichtet und mit gerösteten Mandelsplittern bestreut.

Geschnetzelte Kalbsleber

Abgehäutete und entsehnte Kalbsleber wird in Streifen geschnitten, mit Salz und Pfeffer gewürzt und in heißem Öl auf flottem Feuer rasch sautiert. Die Leber gibt man dann auf ein Sieb zum Abtropfen und löscht den Bratensatz mit etwas Weißwein ab. Alsdann gibt man ein wenig braune Sauce, den abgetropften Fond sowie frische Sahne dazu und läßt das Ganze sämig einkochen. Die Sauce wird dann durch ein Siebchen passiert, mit blätterig geschnittenen Champignons oder Pfifferlingen versetzt, noch einmal aufgekocht und, mit gehackter Petersilie unterschwenkt, über die angerichteten sautierten Leberstreifen gegeben.

Frische Tomaten, mit Eiersalat gefüllt

Hartgekochte Eier werden grob gehackt, mit einigen Kapern, kleinen Schinkenwürfelchen, feingeschnittenen Pfefferschoten und Mayonnaise pikant angemacht. Diesen Salat füllt man in abgezogene, ausgehöhlte Tomaten, die man zuvor mit Salz und Pfeffer gewürzt hat.

Matjesröllchen in Sauerrahm

Einen Tag vor Gebrauch stellt man eine Marinade von englischem Senf, einer Prise Zucker, grünem Pfeffer, Muskat und Sauerrahm her, in die man die gewässerten und wieder gut abgetrockneten Matjesfilets einlegt. Die Matjesröllchen, man rechnet zwei Stück für eine Portion, richtet man auf einem Salatblatt an, überzieht sie leicht mit dem vorhandenen Sauerrahm und bestreut sie mit feingeschnittenen Apfelstreifen.

Rotzungenfilets auf Blattspinat

Die in Ei gebratenen Rotzungenfilets placiert man auf grob durchgehacktem Blattspinat, der mit Salz, Pfeffer und etwas Muskatblüte in Butter angeschwenkt wurde. Die Filets nappiert man nun mit wenig eingekochter Sahne, bestreut sie mit Reibkäse und läßt das Ganze unter dem Salamander überkrusten.

Gefüllte junge Kohlrabi

Junge Kohlrabi werden geschält und in Salzwasser fast weich gekocht. Nach kurzem Abkühlen deckelt man sie ab und höhlt sie mit einem Teelöffel so aus, daß noch ein genügend dicker Rand stehenbleibt. Für die Füllung schwitzt man feingeschnittene Zwiebeln in etwas Butter an, gibt das gehackte Innere der Kohlrabi dazu sowie in Würfel geschnittenes, pochiertes Kalbshirn. Nach kurzem Durchrösten bindet man das Gemisch mit etwas Béchamelsauce, schmeckt es mit Salz, Pfeffer, Muskat und Zitronensaft ab und füllt es in die ausgehöhlten Kohlrabi. Mit dem wieder aufgelegten Deckel rangiert man die so vorbereiteten Kohlrabi in ein gebuttertes Geschirr, überzieht sie mit einer nicht zu dicken Käsesauce und läßt sie im Rohr fertig werden und überbacken.

Thunfischmayonnaise auf Röstbrot

Konservierter Thunfisch wird in kleine Stücke zerpflückt und mit Zitronensaft beträufelt. Auf eine gebutterte Toastscheibe legt man ein frisches Salatblatt, placiert den Thunfisch darauf, überzieht ihn mit einer leichten Senfmayonnaise und garniert ihn mit einem Eisechstel und Olivenscheiben.

Frische Kalbszüngerl mit Blumenkohlröschen in Weißwein

Die Kalbszungen werden mit Wurzelwerk, Zwiebeln, einigen Gewürzkörnern und Speckschwarte gekocht, in kaltem Wasser abgezogen und sofort wieder in die heiße Brühe zurückgelegt. Aus Butter und Mehl bereitet man eine helle Schwitze, die man mit einem Teil der Zungenbrühe sowie mit Weißwein auffüllt und gut 20 Minuten auskochen läßt. Nach dieser Zeit passiert man die Sauce durch ein Tuch, schmeckt sie mit Salz ab und schärft sie noch mit Zitronensaft. Die der Länge nach aufgeschnittene Kalbszunge bedeckt man mit gekochten Blumenkohlröschen und nappiert sie mit der gut deckenden Sauce.

Lendenschnitte auf ungarische Art

100 Gramm Zwiebeln werden in Butter leicht angeröstet, mit mildem Paprika nebst Salz bestreut, ein kleines Gewürzsträußchen und 1/4 Liter Weißwein hinzugefügt und das Ganze bis zur Hälfte eingekocht. Nach dem Entfernen des Gewürzsträußchens gibt man etwas Kalbsvelouté sowie 1/2 Liter dicke Sahne hinzu und streicht die ungefähr 10 Minuten verkochte Sauce durch ein Haarsieb oder Mousselinetuch. Die wie üblich zubereiteten Lendenschnitten werden nach dem Anrichten mit dieser Sauce, die noch mit etwas frischer Butter vollendet wurde, überzogen. Die Sauce muß eine leicht rötliche Farbe zeigen und schön glänzen.

Nudelpastetchen

Zu 8 geschlagenen Eiern gibt man 1 Liter kochende Milch und 500 Gramm gekochte Nudeln, die noch im heißen Zustand untergehoben werden, damit sich die Masse bindet. Unter die mit Salz und Muskatblüte abgeschmeckten Nudeln mischt man noch feine Schinkenstreifen, die in Butter leicht angeröstet wurden, und füllt die Masse in gebutterte Dariolenförmchen, die dann im Wasserbad zum Stocken gebracht werden.

Zürcher Zunftspießchen

Das Kalbfleisch, zu kleinen Plätzchen aus der Keule geschnitten, wird dünn plattiert. Die Kalbsleber schneidet man in zwei Finger breite dünne Scheiben. Von beiden Teilen braucht man je drei oder vier pro Gast. Die ausgebreiteten Kalbfleischplätzchen werden mit Salz und Pfeffer gewürzt, mit den ebenfalls gewürzten Leberschnitten belegt und zu Röllchen zusammengesteckt und auf dem Grill oder in der Pfanne etwa 12 Minuten gebraten. Die Spießchen werden auf Butterbohnen angerichtet und leicht mit Madeirasauce nappiert.

Kalbszunge nach Chorherrenart

Aus dem guten Fond der gekochten Kalbszungen sowie einer Beigabe von trockenem Weißwein bereitet man eine Velouté. Nach dem sorgfältigen Auskochen und Passieren wird diese Sauce mit Sahne und Eigelb legiert, wobei darauf zu achten ist, daß sie nicht zu dick ist. Zur Vollendung schlägt man die Sauce mit etwas frischer Butter auf, gibt einige Morcheln und kleine Perlzwiebeln dazu und überzieht damit die der Länge nach in Scheiben geschnittenen Zungen.

Gefüllte Kalbsleberschnitte

Für die Füllung der Leber läßt man einige feine Schalottenwürfel mit Butter und feingeschnittenem Magerspeck anziehen, gibt gewürfelte Champignons, gehackte Petersilie und Schnittlauch hinzu und würzt alles mit Salz, Pfeffer, Salbei und Muskatblüte. Diese Masse stellt man dann kalt und mischt sie anschließend mit etwas Brät und Sahne. Die 1 cm dick geschnittenen Lebertranchen werden mit einem scharfen Messer seitlich zu einer Tasche eingeschnitten, wobei die Schnittöffnung nach dem Einfüllen der oben beschriebenen Masse mittels Zahnstocher zugeheftet wird. Die gefüllte Leberschnitte wird in heißer Butter beiderseitig sorgfältig gebraten und hernach mit etwas Weißwein abgelöscht und bei mäßiger Hitze noch einige Minuten fertiggedünstet. Die Leberschnitte wird herausgenommen und angerichtet. In dem reduzierten Fond läßt man einige Magerspeckstreifen sowie Perlzwiebeln glacieren, löscht mit etwas gebundenem Kalbsfond ab und gibt die gut durchgekochte Sauce über die Leber.

Kalbshaxenfleisch auf bürgerliche Art

Das ausgelöste Kalbshaxenfleisch wird in längliche Stücke zu 180 Gramm geschnitten und nach dem Würzen mit feinen Zwiebeln und gemischten Küchenkräutern in Butter gedünstet. Kurz vor der Fertigstellung gibt man grobgeschnittene, abgezogene und ausgedrückte Tomaten sowie Pfifferlinge dazu und läßt das Fleisch gar werden. Das Fleisch wird auf angeschwenktem Blattspinat angerichtet, mit der Sauce überzogen und zur Vollendung mit goldgelb gerösteten Weißbrotwürfelchen bestreut.

Selleriepüree

Geschälte Sellerieknollen werden in Scheiben geschnitten und mit kochendem Wasser gebrüht. Dann richtet man sie in ein gebuttertes Geschirr, gibt ein wenig Zucker und weiße Kalbsbrühe darauf und läßt zugedeckt weich dünsten. Zum Schluß wird der Sellerie durch ein Sieb passiert und mit Butter, Rahm und Kartoffelpüree locker aufgeschlagen.

Hammelkeule, gesotten

Die total ausgelöste Hammelkeule wird unter Beigabe von einem Gemüsebündel, Zwiebeln und etwas Kümmel gekocht; im letzten Drittel des Kochprozesses läßt man sie am Herdrand fertigziehen. Von heller Mehlschwitze, dem Hammelfond sowie etwas Sahne bereitet man die Sauce, die man nach der Zugabe von Salz und Kapern noch mit Zitronensaft abschmeckt. Die Fleischtranchen, die mit den grünen Bohnen, die nur in Salzwasser gekocht und in Zwiebelbutter angeschwenkt werden, angerichtet werden, sind mit dieser Sauce zu überziehen.

Heilbuttschnitte mit Champignons und Spargel in Weißwein

Die geschnittenen Heilbutttranchen werden, gesalzen und mit Zitrone beträufelt, etwa 20 Minuten zum Marinieren zur Seite gestellt. Zwischenzeitlich bereitet man mit einer hellen Zwiebel-Mehlschwitze sowie den gleichen Teilen Brühe, Fischfond und Milch eine Sauce, die gut durchzukochen und nach dem Passieren mit Sahne und Eigelb zu legieren ist. Die pochierten Heilbutttranchen werden mit den angeschwenkten Champignonscheiben und Spargelstücken angerichtet und mit der Sauce überzogen.

Scotch Woodcock

Eine geröstete Toastscheibe wird mit Senfbutter bestrichen und mit locker zubereitetem Rührei belegt. Der Toast ist dann mit einer recht dünn gehaltenen Sauce hollandaise zu überziehen, mit einigen Sardellenfilets zu belegen und, mit etwas geriebenem Käse bestreut, schnell zu überbacken.

Kalte Eier mit Krebsschwänzen auf Reissalat

Klar gewaschener Reis ist in reichlichem Salzwasser etwa 18 Minuten zu kochen, gut auszuspülen und zum Ablaufen auf einen Durchschlag zu schütten. Inzwischen schwitzt man feingewürfelte Zwiebeln, kleingewürfelte rote, grüne und gelbe Pfefferschoten sowie kleine Schinkenwürfel in Öl an, gibt etwas Currypaste daran und löscht das Ganze mit der nötigen Menge Essig und Weißwein ab. Nun gibt man den abgetropften Reis sowie kleine Gewürzgurken, Tomatenwürfel sowie etwas Mayonnaise hinzu und macht das Ganze zu einem gut abgeschmeckten und saftigen Salat an. Die halbierten Eier werden mit Krebsschwänzen belegt und mit zartem Weinaspik überzogen.

Steinbuttsalat Waldorf

Kalte, gekochte Steinbuttreste werden mit feinen Sellerie- und Apfelstreifen sowie mit etwas Zitronensaft, Salz, Pfeffer, Mayonnaise und ungesüßter, geschlagener Sahne angemacht. Den Salat richtet man auf einer Unterlage von mariniertem Kopfsalat an, garniert ihn mit Ei und Tomatensechsteln und bestreut ihn mit grobgehackten Walnüssen.

Kalbsfrikassee mit Krebsen und Spargel

Das in nicht zu kleine Stücke geschnittene Kalbfleisch, tunlichst verwendet man hierzu die Schulter, wird brühartig unter Beigabe der Zunge nicht zu weich gekocht und zur Seite gestellt. Von kleineren Kalbsabgängen bereitet man kleine Klößchen und schwenkt ebenso gedünstete Champignons, Spargelstücke und Krebsfleisch zur Bereitstellung an. In dem auf den Teller gestürzten Reisrand werden die Bestandteile, also Fleisch, eine Zungenscheibe, Fleischklößchen, Krebsfleisch, Spargel und Champignons, trocken angerichtet und erst dann mit der Frikasseesauce überzogen, die mit Sahne und Eigelb legiert sowie mit Salz und Zitronensaft abgeschmeckt wurde.

Erdbeer-Sahne-Schiffchen

Die Erdbeeren werden gewaschen und geputzt, auf einem Tuch getrocknet sowie mit Staubzucker und Orangensaft eine kurze Zeit mariniert. Diese vorbereiteten Erdbeeren gibt man in blind-gebackene Mürbteigschiffchen, streicht sie mit geschlagener Sahne zu und garniert sie mit Sahne, Erdbeeren und gestoße-nem Krokant.

Rhabarberschnitte

Entrindetes Kastenweißbrot wird in zentimeterdicke Scheiben geschnitten und beiderseitig wie Zwieback geröstet. Geputzter und geschälter Rhabarber wird in Läuterzucker weich gedün-stet und mit Weizenpuder zu einem gebundenen Kompott abge-zogen. Beim Anrichten des Desserts gibt man eine Scheibe Toast auf einen Glas- oder Dessertteller, gibt, je nach Größe, einen guten Eßlöffel Rhabarberkompott darauf, überzieht das Ganze mit etwas Erdbeermark und garniert mit einem Sahne-tupfen.

Überbackene Stachelbeertörtchen

Blindgebackene Mürbteig-Torteletten füllt man mit Vanille-creme und belegt sie recht dick mit kalten Stachelbeeren, die in noch grünem Zustand in Läuterzucker blanchiert und anschlie-ßend mit Weizenpuder gebunden wurden. Im Anschluß daran werden die so vorbereiteten Torteletten mit einer Baisermasse zugestrichen, mit Puderzucker besiebt und im Ofen über-backen.

Rote Grütze

Rote und schwarze Johannisbeeren, Himbeeren und Erdbeeren werden mit etwas Wasser aufgekocht und im Anschluß daran durch ein Sieb gestrichen. Dieser erhaltene Saft wird mit der nötigen Zuckerbeigabe und Tapioka zu einer Grütze gekocht, die zum Schluß eventuell noch mit etwas angerührtem Weizen-puder zu binden ist. Nach leichtem Abkühlen füllt man die Grütze in Glasschalen oder Förmchen und serviert sie gut gekühlt mit flüssiger Sahne oder Vanillesauce.

Vanilleeis mit frischem Pflaumenmus

Frisch gekochtes und passiertes Pflaumenmus rührt man unter Beigabe von Orangensaft und Zwetschgenwasser zu einer dekkenden Sauce auf, mit der man das angerichtete Vanilleeis überzieht. Ein Sahnetupfen sowie einige geröstete Hobelmandeln sind die weitere Garnitur.

Omelette Trouville

Die wie üblich bereitete Omelette wird angerichtet, aufgeschnitten und mit in Nantuasauce geschwenkten Muscheln und Scampi gefüllt.

Aalpastetchen nach Hanseatenart

Der sauber vorgerichtete Aal wird in drei bis vier Zentimeter lange Stücke geteilt und mit Suppengrün, Gewürzen sowie wenig Salbei und einem Thymiansträußchen gar gekocht. Die aus der Brühe genommenen Fischstücke werden entgrätet und in wenig Fond warm gestellt. Von der passierten und entfetteten Aalbrühe bereitet man eine gut deckende Sauce, die gut auszukochen ist und mit Sahne und Eigelb legiert wird. Die Sauce wird dann mit frisch gemahlenem Pfeffer und Zitronensaft abgeschmeckt. Beim Anrichten füllt man die Aalstücke in hochrandige Blätterteigpastetchen wie folgt ein: Die unterste Lage bilden einige Aalstücke, alsdann eine Garnitur von einigen Krebsschwänzen, Fischklößchen sowie grünen Erbsen und darauf die zweite Lage Aalstücke. Zuletzt nappiert man das Ganze mit der vorbereiteten Sauce und bestreut die Pastetchen mit feingehacktem und ausgewaschenem Salbei.

Russische Okroschka

Joghurt und Sauerrahm verrührt man mit Senf, Salz und Pfeffer und vermischt ihn mit kleinwürflig geschnittenen Gurken, Tomaten, Radieschen, Kalbsbraten, Hühnerfleisch, Zunge, Schinken und Krebsschwänzen. Die Okroschka wird in Tassen, mit reichlich gehacktem Dill und einem Stückchen Roheis versehen, serviert.

Heilbuttsteak nach englischer Art

Von einem vorbereiteten Heilbuttfilet schneidet man entsprechende Tranchen ab, die man mit Salz, Zitronensaft, Öl und wenig Paprika einige Zeit zum Marinieren zur Seite stellt. Bei Gebrauch brät man die in Mehl getauchten Fischstücke in heißem Öl gar. Die angerichteten Heilbuttsteaks belegt man alsdann mit kroß gebratenen, geräucherten Magerspeckscheiben,

bestreut sie reichlich mit grobgehackter Petersilie und begießt
sie mit dem ausgebratenen Speckfett.

Meerrettichmayonnaise

Mitteldick gehaltene, pikant abgeschmeckte Mayonnaise vollendet man mit folgenden Zutaten: Sardellenfilets, hartgekochte
Eigelbe, Kapern, feine Zwiebeln, Essiggürkchen, Estragon
sowie Schnittlauch werden fein gehackt, ausgedrückt und nebst
der entsprechenden Menge geriebenem Meerrettich unter die
Mayonnaise gemischt. Sie ist pikant und harmonisch abzuschmecken.

Feigen in Honiggelee

Geschälte, vollreife Feigen sind in Läuterzucker zu pochieren
und in ihrem Fond gut auszukühlen. Von 400 ccm des Fonds,
zwei Eßlöffeln Honig sowie fünf Blatt eingeweichter Gelatine
bereitet man ein zartes Gelee, das man mit etwas Kirschwasser
aromatisiert und durch ein Tuch passiert. Die gut abgetropften
Feigen schneidet man je nach Größe in Hälften oder Viertel, gibt
sie portionsweise in Schalen und bedeckt sie mit dem Gelee.
Geschlagene Sahne, der abgeriebene Orangenschale sowie
einige Spritzer Cointreau unterzogen wurden, gibt man gesondert dazu.

Ländlicher Teller

Kalte Scheiben von gekochter Ochsenbrust oder Tafelspitz richtet man mit harten Eischeiben an und übergießt sie mit einer
Vinaigrettesauce, der man, neben der bekannten Einlage, noch
kleine Würfel von grünen Pfefferschoten und Tomaten beigibt.

Apfelkaltschale

Geschälte Äpfel werden mit Zucker, Zitronensaft, einem Stückchen Stangenzimt sowie Weißwein gar gedünstet und durch ein
Sieb passiert. Das erhaltene Fruchtpüree wird dann mit Apfelsaft zur gewünschten Suppenkonsistenz aufgerührt, mit Zucker
sowie Zitronensaft nachgeschmeckt und nach Wunsch mit
gekochtem Tapioka vermischt. Die Suppe wird zum Schluß mit
kleinen, weißgedünsteten Apfelwürfeln vollendet.

Morcheln Florentine

Grobgehackter Blattspinat wird in Butter geschwenkt, mit Salz sowie Muskatblüte gewürzt und bis zur halben Höhe in feuerfeste Kokotten gefüllt. Im Anschluß daran gibt man darauf einen guten Eßlöffel voll Morcheln in Rahm, bestreut das Kasserölchen mit gebutterten Weißbrotwürfelchen und überkrustet sie rasch unter dem Salamander.

Gazpacho

450 Gramm abgezogene und ausgedrückte Tomaten, 250 Gramm Paprikaschoten, 60 Gramm Zwiebeln, 10 Gramm Paprikapulver, 350 Gramm frische, geschälte und von den Kernen befreite Gurke, 25 Gramm Salz, eine Knoblauchzehe, frisch gemahlener Pfeffer, ein Mittellöffel Zucker sowie eine Prise Cayennepfeffer werden zusammengemischt und nach und nach im Mixer fein püriert. Ist alles durchgelaufen, verrührt man das Püree auf 300 ccm Wasser, 70 ccm Essig sowie 200 Gramm Öl und serviert das Ganze in gut gekühlten Gläsern mit einer Beigabe von Salzkräckern.

Warme Fleischpastete nach Saarbrücker Art

Ein Kilogramm Schweinehals sowie die gleiche Menge sehnenfreies Kalbfleisch wird in Würfel geschnitten und ist mit Salz, Pfeffer, Pastetengewürz, feinen Zwiebeln, gehackter Petersilie und einem guten Schuß trockenem Saarwein etwa zwei Tage zu marinieren. Nach dieser Zeit bereitet man von einem Viertel der Fleischmenge, 200 Gramm fettem Speck sowie einigen Eiern und Sahne eine Fleischfarce, die man mit den restlichen Fleischwürfeln zu einer gut bindenden Füllung verarbeitet. Inzwischen hat man aus 300 g Mehl, Hefe, Milch, Salz und 80 Gramm Butter einen Teig bereitet, mit dem man eine gefettete Kastenform auslegt, die dann mit der vorbereiteten Fleischmasse gefüllt wird. Mit dem restlichen Teig verschließt man die Form, versieht sie mit einem Abzugsloch für den Dampf, bestreicht sie mit geschlagenem Ei und backt die Pastete in mittelheißem Rohr.

Schokoladenapfelmus mit Ingwersahne

2/3 mildes Apfelmus wird mit 1/3 aufgelöster Kuvertüre vermischt, in Glasschälchen angerichtet und mit Ingwersahne garniert.

Aprikosencreme

1 Kilo dickes Aprikosenmark wird je nach Geschmack mit Läu-
terzucker gesüßt und mit 11 Blatt eingeweichter und aufgelöster
Gelatine und dem Saft von zwei Zitronen vermischt. Diese
Masse schlägt man auf Eis schaumig, zieht kurz vor dem Stok-
ken steif geschlagene Sahne darunter und richtet die Speise in
Portionsschalen an.

Knoblauchsteak mit Orangenspalten und rosa Pfefferkörnern in Püree von Brunnenkresse

Kleine, aus der Mitte des Filets geschnittene Steaks im Gewicht
von maximal 130 Gramm werden in Butter rosa gebraten, aus
der Pfanne genommen und mit einem Butterpapier bedeckt
warm gehalten. Den Bratensatz kocht man mit Weißwein los,
gibt ihn durch ein Siebchen in eine Schwenkkasserolle, fügt
noch etwas frische Butter, Zitronensaft und geriebene Schalotten hinzu und vollendet mit wenig Crème fraîche und dem Kres-
sepüree, zu dem man die Kresse kurz blanchiert und im Mixer
püriert hat. Die warm gehaltenen Steaks werden mit in Weinbrand erwärmten und aus den Bindehäuten geschnittenen
Orangenspalten belegt, auf dem Kresseschaum angerichtet
und mit einigen rosa Pfefferkörnern bestreut.

Tomatensuppe mit Minze

250 Gramm Zwiebeln, 900 Gramm abgezogene und von den
Kernen befreite Tomaten werden mit 30 Gramm Zucker und
einem guten Eßlöffel getrockneter Minze in Butter gedünstet.
Man gibt dann Salz, zerriebenen Knoblauch, Pfeffer, einen vier-
tel Liter trockenen Sherry wie auch, je nach der Dicke der
Suppe, die gewünschte Fleischbrühmenge dazu und läßt das
Ganze etwa 30 Minuten kochen. Anschließend gibt man die
Suppe in den Mixer und streicht sie nochmals durch ein Sieb.
Das Püree wird mit frischer Sahne vollendet und mit einem fri-
schen Minzblatt serviert.

Wildentenbrust mit Pfifferlingen und jungen Zwiebeln

Ausgelöste Wildentenbrust rautenmäßig ziselieren und für
24 Stunden in Walnußöl und Rotwein marinieren.
Die Brüste werden mit der Hautseite nach unten gebraten,
wobei man für die Hautseite zehn Minuten und für die Fleischseite fünf Minuten zu Grunde legt. Danach nimmt man die Brüste aus der Pfanne und hält sie zwischen zwei Tellern im Rohr
warm. Auf diese Art wird das Entenfleisch besonders zart. Der

Bratensatz wird mit wenig Weinessig, feinen Schalotten und Crème fraîche zur Sauce eingekocht, durch ein Siebchen gegeben und mit frischen Butterflocken aufgeschlagen.
Die Pilze und die jungen Frühjahrszwiebeln dienen als Beilage, sie werden in Butter gedünstet und zum Schluß mit etwas Honig glasiert.

Maisfritters

Von einer Dose Gemüsemaiskörnern (ohne Fond), 30 Gramm Mehl, einem ganzen Ei, einer Teelöffelspitze Backpulver, Salz, einer Prise Cayennepfeffer und gehackter Petersilie bereitet man einen mittelfesten Teig, von dem man in einer Mischung von Butter und Öl kleine Plätzchen zur schönen Farbe backt.

Sabayon von rotem Sekt

Sechs Eigelbe, 150 Gramm Zucker, $1/3$ Liter roter Sekt, zwei Zitronensäfte, fünf Blatt geweichte und aufgelöste Gelatine. Die Zutaten werden zunächst warm, dann wieder kalt geschlagen und zum Service mit einem $1/4$ Liter geschlagener Sahne untergezogen.

SEPTEMBER

Fische und Krustentiere
Seezunge, Steinbutt, Heilbutt, Stör, Hecht, Hering, Schellfisch,
Goldbarsch, Makrele, Kabeljau, Seelachs, Forelle, Saibling, Felchen,
Seewolf, Hummer, Languste, Rotzunge, Krevetten

Gemüse
Auberginen, Pfefferschoten, Peperoni, Blumenkohl, Bohnen,
Kartoffeln, Karotten, Kresse, Kohlrabi, Lauch, alle Kohlarten,
Steinpilze, Champignons, Austernpilze, Sellerie, Meerrettich,
Kopfsalat, Gurken, Tomaten, alle Küchenkräuter, Pfifferlinge,
Artischocken, Avocados

Geflügel
Junge Gans, Poularde, Hähnchen, Suppenhuhn, junge Ente

Wild und Wildgeflügel
Reh, Hirsch, Wildschwein, Junghase, Rebhuhn, Wildente, Fasan

Schlachtfleisch
Außer dem üblichen Schlachtfleisch auch Hammel

Obst
Äpfel, Ananas, Birnen, Feigen, Grapefruit, Heidelbeeren,
Preiselbeeren, Bananen, Zwetschen, Melonen, Weintrauben,
Wassermelonen, Orangen

→ Hühnerrahmsuppe
Gounod

*

Rinderschwanzstück
in Südwein
Kartoffelpuffer
Apfel- und
Preiselbeerkompott

*

Mandelsahnecreme

———

→ Edelpilzrahmsuppe

*

Griechischer Hirtenspieß
mit Pfefferschoten und
Zwiebeln in Pfeffersauce
Gemüsereis
Kopf- und Tomatensalat

*

→ Erdbeer-
Halbgefrorenes

———

Perlgräupchensuppe
mit Gemüsen
und Hühnerfleisch

*

Gepökelte Ochsenbrust
mit Meerrettichsauce
Bouillonkartoffeln
Pikante Beilagen

*

Reissahnecreme
mit Sauerkirschen

———

Cremesuppe Argenteuil

*

Wildschweinschlegel
in Burgunder
mit kleinen Würstchen
und Maronen
Eierspätzle

*

Birne Alice

Melonencocktail

*

Kraftbrühe
mit Lebernocken und
Ochsenmark

*

→ Langustinenschwänze
mit Spargel
in Nantuasauce
Blätterteighalbmonde
Butterreis

*

Zitronencreme

———

→ Dänische
Bohnensuppe

*

Gefüllte
Hammelschulter
mit Ochsenzunge
in Rotwein
Spargelgemüse
Schwenkkartoffeln

*

→ Erdbeeren Melba

———

→ Hirncremesuppe
Dorina

*

Langustinenschwänze
nach amerikanischer Art
Butterreis
Kopfsalat

*

Halbgefrorenes
Grand Marnier

²/₂ Eier mit Krabbensalat
im Kressenest

*

→ Hühnerbrühe
Madrilène

*

Wiener
Zwiebelrostbraten
Frische Wachsbohnen
Würfelkartoffeln

*

Kleiner Eierkuchen
mit Vanilleeis
und Schokoladensauce

———

→ Grießsuppe
Leopold

*

→ Mexikanisches
Feuersteak
Gebratener Magerspeck
Wachsbohnen
→ Maiskrusteln

*

Früchteeisbecher

———

→ Hühnerbrühe
Madrilène

*

→ Rumpsteak
Westmoreland
Petersilienkartoffeln
→ Kopfsalat
Elisabeth

*

Mokkacreme

Lauchcremesuppe

*

Jungschweineschnitzel
nach Pariser Art
in Ei gebraten
Grillierte Tomate
Überkrusteter
Blumenkohl
Dampfkartoffeln
mit Bröselbutter

*

Zitroneneisbecher
mit Früchten

———

→ Geflügelcreme
nach Regentenart

*

→ Truthahnschnitzel
mit Steinpilzen und
gebratenem
Magerspeck
Risi-Pisi
Feingemischte Salate

*

→ Birne
auf Karamelcreme

———

→ Rinderkraftbrühe
Mirette

*

→ Kalbsschnitzel
Grandseigneur
mit Krebsschwänzen
in Nantuasauce
Safranreis
Kopfsalat
mit Melonenwürfeln

*

→ Kirschtörtchen

Rahmsuppe Molière
mit Kalbsbries
und Spargelspitzen

*

Lammkoteletts vom Grill
→ Braune
Sardellenbutter
Grillierte Tomate
Schwäbische
Butterbohnen
Schmelzkartoffeln

*

→ Savarin
mit Weinschaumsauce

———

Kraftbrühe mit Tapioka
und
→ Markcroûtons

*

Schweinelendchen
Écarlate
Pariser Karotten
Macairekartoffeln

*

→ Erdbeeren
in Portwein mit Sahne

———

→ Hühnerbrühe
Tortula

*

Rehmedaillons
mit frischen Pfifferlingen
auf gebratenen
Apfelscheiben
Überbackener
Preiselbeerpfirsich
Grüne Nudeln

*

Vanillecreme
mit Ananaswürfeln
und Makronen

Rinderbrühe
mit Flädle

*

Ochsenzunge
in Kapernsaucé
Junge Gemüse
Nußkartoffeln

*

Kirschen Imperial

———

Kraftbrühe mit Tapioka
und Eierstich

*

→ Schweineschnitzel
St. Germain
Grünes Erbsenmus
Glasierte Karotten
Fondantkartoffeln

*

Rote Grütze
mit flüssiger Sahne

———

Legierte
Kartoffelsuppe
mit Kresse

*

→ Glaciertes
Kalbsfrikandeau
Alt-Frankfurt
Frische Butterkohlrabi
Gebackene Reiskrusteln

*

→ Birne auf Roquefort
überbacken

Frische Melone
mit Lachsschinken

*

Krebssuppe Prinzeß

*

→ Hühnerbrüstchen
Carmen
Champignonreis
Feldsalat
mit Magerspeckstreifen
und Krüstchen

*

Zitroneneis
mit frischen Himbeeren

———

Reiscremesuppe
mit Currysahne
überbacken

*

Gebratene Wildente
mit Pfifferlingen
und Magerspeck
Frischer Wirsing
Kartoffelbällchen

*

Fruchtsalat
mit Vanilleeis

Wildentenkraftbrühe
mit Pistazienklößchen

*

→ Steinbuttfilet
nach Grenobler Art
Dampfkartoffeln
Salat Lorette

*

→ Birne Editha

———

Hühnerbrühe
Harlekin

*

→ Kalbszunge Esterházy
im Wurzelsud
Geriebener Meerrettich
Kartoffelpüree

*

Geflämmte
Stachelbeertörtchen

———

Rindfleischsuppe Xavier

*

→ Rehmedaillons
mit Schinken- und
Steinpilzstreifen
auf Blattspinat
Kartoffelkrusteln

*

Williamsbirnenragout
mit Zwetschgeneis

Hühnerbrühe Xavier
*
→ Kasseröllchen
mit Hummerragout
*
→ Rehfiletspießchen
Diana
Burgunderkraut
Rahmpüree
*
Vanilleeis mit frischer
Pflaumensauce

Leberknödelsuppe
*
→ Kalbskopf
mit verlorenem Ei
in Zitronensauce
Paprikareis
Feldsalat
mit Magerspeckstreifen
*
Obstsalat
mit Maraschino
Kleingebäck

Curryrahmsuppe
*
→ Artischockenböden
nach Metzgerart
→ Eierreisfladen
Tomatensalat in
Vinaigrette
*
→ Melone
mit Vanillecreme

Bohnenrahmsuppe
*
→ Kalbsnüßchen
auf Tessiner Art
Breite Nudeln
Gemischte Salate
*
Birne mit Himbeermark
auf Krokantcreme

→ Schwäbische
Käsespätzlesuppe
*
Kalbssattelstück
mit Nierchen
Portweinjus
Frischer Blumenkohl
überbacken
Petersilienkartoffeln
*
Schokoladeneis
mit Aprikosen
und Weinschaum

→ Geflügelcremesuppe
mit Krebsschwänzen
*
→ Kalbsbries vom Rost
*
Gedämpfte
Lammschulter
Grüne Bohnen
Macairekartoffeln
*
Turiner Kirschenspeise

Hühnerrahmsuppe Gounod

Eine mit Weißwein und Eigelb legierte Hühnerrahmsuppe wird mit Erbspüree aufgezogen und mit kleinen Hühnerfleischwürfeln sowie einem Teelöffel geschlagener Sahne serviert.

Edelpilzrahmsuppe

Champignonfond und Hühnerbrühe sind die Grundlage der wie üblich angesetzten Rahmsuppe. Sie ist mit einer Liaison von Weißwein, Sahne und Eigelb zu legieren und wird nach dem Passieren mit Champignon- und Pökelzungenstreifen vollendet.

Dänische Bohnensuppe

Die durch ein Sieb gestrichene Püreesuppe von grünen Bohnen wird mit Zwiebelmus und etwas frischer Sahne verrührt und mit einer Einlage von gebratenen Zwiebel- und Magerspeckwürfeln versehen.

Hirncremesuppe Dorina

Eine mit Sahne, Kalbshirn sowie hellem Kalbsfond verkochte Cremesuppe streicht man durch ein Sieb und versieht sie mit einer Einlage von gedünsteten Gurkenstreifen und schmeckt sie mit Salz, Pfeffer sowie mit etwas Currypaste ab.

Hühnerbrühe Madrilène

Die mit einer Prise Cayennepfeffer abgeschmeckte Hühnerbrühe wird mit Tapioka und Tomatenwürfeln angerichtet.

Grießsuppe Leopold

In eine kräftige Rindfleischsuppe läßt man so viel Weizengrieß einlaufen, daß eine schwache Bindung entsteht. Man legiert sie mit Sahne und Eigelb und versieht sie mit einer kurzgeschnittenen Kopfsalatjulienne.

Rinderkraftbrühe Mirette

Die Kraftbrühe wird mit wenig Muskat abgeschmeckt und hat eine Einlage von Fleischklößchen und Kopfsalatstreifen. Serviert wird sie mit gesondert gereichten warmen Käsestangen.

Geflügelcremesuppe mit Krebsschwänzen

Die mit Sahne und Eigelb legierte und nicht zu stark gebundene Geflügelcremesuppe ist mit einer Einlage von Krebsschwänzen zu versehen, die man der Länge nach halbiert hat. In dieser Art ist die Einlage erkennbar und die Suppe optisch besser ausgestattet, als wenn die Krebsschwänze etwa aus Sparsamkeitsgründen fein gehackt würden.

Schwäbische Käsespätzlesuppe

500 Gramm Mehl, ¹/₄ Liter Wasser, 4 Eier, 100 Gramm geriebener Käse, Salz. Das gesiebte Mehl wird mit den Eiern, dem Wasser und dem Käse zu einem Spätzleteig geschlagen, der in reichlich siedendes Salzwasser geschabt wird. Die Spätzle werden mit warmem Wasser abgespült und bilden so die Einlage für eine kräftige Fleischsuppe.

Markcroûtons

Kleine, rechteckige oder rund ausgestochene Weißbrotscheibchen werden einseitig getoastet und mit dünnen, blanchierten Markscheibchen belegt. Man würzt sie mit Salz und Pfeffer, bestreut sie mit gehackter Petersilie sowie geriebenem Käse und läßt sie unter dem Salamander leicht Farbe nehmen. Je zwei dieser Croûtons gibt man separat zu der mit Tapioka versehenen Kraftbrühe.

Geflügelcreme nach Regentenart

Die passierte und mit Sahne und Eigelb legierte Hühnercremesuppe wird mit Krebsbutter aufgeschlagen und mit kleinen Geflügelklößchen serviert.

Geflügelklößchen

125 Gramm schaumig gerührte Butter sind nach und nach mit zwei Eigelben und vier ganzen Eiern, 125 Gramm gesiebtem Mehl, Salz und wenig geriebenem Muskat sowie mit feingehackten Abgängen von Hühnerfleisch zu vermischen. Von dieser Masse sind alsdann mit dem Teelöffel kleine Nocken abzustechen und in Fleischbrühe gar zu machen.

Hühnerbrühe Tortula

Besteht je zur Hälfte aus Hühnerbrühe und Schildkrötensuppe. Separat gereichte Käsestangen sind hierzu eine obligatorische Beilage.

Birne Alice

Die halbe Dunstbirne wird gut abgetropft in einem Kressenest angerichtet und mit einem Krevettensalat gefüllt, der mit frischen Gurkenwürfelchen, gehacktem Ei und Currymayonnaise angemacht ist. Sie erhält ferner eine Garnitur von Tomaten- und Eisechstel sowie einer Spargelspitze.

Langustinenschwänze mit Spargel in Nantuasauce

Die gefroren in den Handel kommenden Schwänze werden zur Bereitstellung in leichtem Salzwasser unter Beigabe von Kümmel sowie einem Petersilien- und Dillsträußchen gar gezogen und zum Erkalten in dem Sud beiseite gestellt. Nach dem daran anschließenden Ausbrechen werden die Schwänze in leicht gesalzenem Zitronenwasser bis zur Weiterverarbeitung aufbewahrt. Für die Langustinenschwänze mit Spargel werden die entsprechenden Schwänze in Butter, Brühe und etwas Weinbrand warm gelegt, in einem passenden Geschirr oder auch in einem Reisrand angerichtet und mit folgender Sauce nappiert: Zwei Teile einer Béchamelsauce werden mit einem Teil frischer Sahne zu einer deckenden Sauce verkocht, die man durch ein feines Tuch passiert und im Anschluß daran mit Krebsbutter aufschlägt. Die so gerichteten Schwänze werden mit dieser Sauce überzogen und erhalten eine Garnitur von Spargelstükken, die zuvor leicht in Butter und gehackter Petersilie geschwungen wurden.

Für die Zubereitung nach **amerikanischer Art** werden die Langustinenschwänze im rohen Zustand geschält, vom Darm befreit und bis zum Gebrauch in wenig gesalzener Milch aufgehoben. Bei Bestellung erhitzt man in einer Schwenkkasserolle eine entsprechende Menge Butter und Öl, gibt die abgetrockneten Langustinenschwänze dazu und läßt sie unter Schwenken anziehen. Öl und Butter werden dann weitestgehend abgegossen und die Schwänze mit Weinbrand flambiert. Im Anschluß daran gibt man pro Person einen guten Eßlöffel feinste Gemüsewürfelchen, einen Eßlöffel Tomatenconcassé, etwas Zwiebel, eine Spur Knoblauch sowie guten Fischfond und einen Teil Tomatensauce daran und läßt das zugedeckte Gericht im Rohr fertig werden. Zum Schluß unterschwenkt man das Ganze mit wenig Hummerbrühe und grobgehackter Petersilie und richtet es unpassiert in einer Servierkasserolle an.

Mexikanisches Feuersteak

Ein Filet- oder Rumpsteak spickt man quer zur Faser mit scharfen roten oder grünen Peperoni und brät sie entweder in der Pfanne oder auf dem Grill zart rosa. Das angerichtete Steak wird mit Pfeffersauce kurz nappiert und erhält eine Auflage von kroß gebratenen Magerspeckscheiben.

Pfeffersauce

In Würfel geschnittenes Wurzelgemüse und Zwiebeln werden in Butter zur leichten Farbe geröstet und mit Johannisbeergelee, etwas Essig und Rotwein deglaciert. Die Deglacage füllt man dann mit braunem Fond sowie mit brauner Grundsauce auf und läßt das Ganze, unter öfterem Abschäumen, eine gute Stunde langsam kochen. Kurz vor dem Passieren der zur richtigen Konsistenz verkochten Sauce gibt man einige grob zerstoßene Pfefferkörner bei, die der Sauce eine milde Schärfe vermitteln sollen.

Maiskrusteln oder Maisküchlein

200 Gramm Weizenmehl, einen Teelöffel Backpulver, zwei Eigelb, etwas flüssige Sahne sowie 350 Gramm gekochte und gut abgetropfte Maiskörner verrührt man unter Beigabe von Salz und Pfeffer zu einem dickflüssigen Pfannkuchenteig, dem man zum Schluß die beiden zu festem Schnee geschlagenen Eiweiße unterzieht. Von diesem Teig backt man in heißem Öl kleine knusprige Maisküchlein. Sollen als Beilage Maiskrusteln gegeben werden, so stellt man diese aus Brandteig her, dem man nach der bekannten Fertigstellung ein wenig Backpulver sowie den abgetropften Mais unterzieht. Von dieser Masse gibt man teelöffelgroße Nocken in die heiße Fritüre und backt sie zur schönen Farbe.

Kalbsschnitzel Grandseigneur

Das durch Mehl und geschlagenes Ei gezogene Kalbsschnitzel wird mit nicht zu dicker Nantuasauce überzogen und erhält eine Auflage von in Butter und gehackter Petersilie geschwenkten Krebsschwänzen und Spargelstücken.

Rumpsteak Westmoreland

Eine kräftige Schmorbratensauce verkocht man mit saurer Sahne zu einer gut deckenden hellen Rahmsauce, die mit in gefällige Stücke geschnittenen Essiggemüsen vollendet wird.

Braune Sardellenbutter

Leicht gebräunte Butter wird am Herdrand mit einigen Tropfen Essig und Weißwein versehen und mit gehackter Petersilie und der Paste von durchgedrückten Sardellen vollendet.

Truthahnschnitzel mit Steinpilzen

Geputzte und gewaschene frische Steinpilze werden in Scheiben geschnitten und in einer Schwenkkasserolle mit feinen Zwiebeln und Butter gar gedünstet. Zum Schluß legiert man die Pilze mit Sahne und Eigelb, gibt Salz und Pfeffer sowie reichlich gehackte, gut ausgedrückte Petersilie dazu und nappiert damit die in Ei gebratenen Truthahnschnitzel. Ausgebratene Magerspeckstreifen und etwas gebundene Kalbsjus vervollständigen das angerichtete Schnitzel.

Kalbsbries vom Rost

Gut gewässerte Kalbsbrieschen werden pochiert und leicht gepreßt. Nun schneidet man sie der Länge nach in Scheiben, salzt sie, beträufelt sie mit Öl und brät sie auf dem Rost. Die fertigen Brieschen werden portionsweise angerichtet, mit zerlassener Kräuterbutter beträufelt und mit gegrilltem, magerem Räucherspeck garniert.

Kasseröllchen mit Hummerragout

Kleine Porzellannäpfchen werden mit einem Salpikon von Hummer und Champignons gefüllt, das mit einer Liaison von Eigelb und Sahne gebunden ist. Das Näpfchen wird mit flüssiger Hummerbutter beträufelt, mit Reibbrot und Reibkäse bestreut und unter dem Salamander überbacken. Frische, noch warme Käsestangen aus Blätterteig oder auch Safranreis können als Beigabe gegeben werden.

Rehspießchen Diana

Für dieses Gericht verwendet man die kleine Nuß der Keule und die Rehfilets. Man schneidet sie in Medaillons, die man mit Thymian und Rosmarin würzt und mit kleinen Magerspeckscheiben sowie Steinpilzköpfen auf Spießchen zieht. Nach dem Braten werden die angerichteten Spießchen mit einer Mischung von gebratenen Apfelspalten und kleinen Pfifferlingen, die in Colbertbutter durchgeschwenkt wurden, übergossen. Pikant abgeschmecktes Burgunderkraut oder je nach der Jahreszeit auch frischer Rosenkohl ergänzen das Gericht vorteilhaft.

Kalbskopf mit verlorenem Ei in Zitronensauce

Der gekochte Kalbskopf wird gut abgetropft und in einem Plat russe angerichtet. Er wird mit einem Gemisch von kleinen, ganzen Champignons und Zungenstreifen bedeckt und mit Zitronensauce, der man blanchierte Zeste von grüner Zitrone untergezogen hat, nappiert. Das obenauf plazierte Ei wird mit Sauce hollandaise überzogen und das Ganze unter dem Salamander überbacken.

Kalbsnüßchen auf Tessiner Art

Die aus dem Rücken geschnittenen Kalbsnüßchen, man rechnet pro Gast 2 Stück à 70 Gramm, werden leicht geklopft, mit Salz und Pfeffer gewürzt, in Mehl und Ei gewendet und in heißer Butter beidseitig schön goldbraun gebraten. In Butter leicht gedünstete Peperoni, vermischt mit kleinwürfelig geschnittenen Tomaten, gibt man auf jedes einzelne Nüßchen und bekränzt das Ganze mit gebundener Kalbsjus.

Artischockenböden nach Metzgerart

Die gekochten Böden werden mit einer Fleischfarce, der kleine Leber-, Zungen- und Champignonwürfel untergezogen sind, gefüllt. In ein gebuttertes Geschirr rangieren, die Böden mit etwas Fleischbrühe angießen, mit einem Butterpapier bedecken und im Rohr langsam fertigdünsten. Von dem entstandenen Fond und Crème fraîche zieht man eine Sauce, mit der die fertigen Böden zu nappieren sind.

Eierreisfladen

Pro Gast werden zwei Eßlöffel gekochter Reis mit einem geschlagenen Ei vermischt, mit Salz und Cayenne gewürzt und in Butter zu kleinen Fladen gebacken.

Rehmedaillons mit Schinken- und Steinpilzstreifen auf Blattspinat

Auf mit Speck und Zwiebeln angeschwenktem Blattspinat werden die gewürzten und rosa gebratenen Rehmedaillons angerichtet, mit Großjägermeistersauce überzogen und mit angerösteten Schinken- und Steinpilzstreifen bedeckt.

Großjägermeistersauce

Zwei Teile fertige Pfeffersauce werden mit Johannisbeergelee und einem Teil brauner Wildsauce verkocht und zum Schluß mit einem Drittel der Menge dicker, süßer Sahne vollendet. Nach dem Prüfen des Geschmacks schärft man die Sauce mit etwas Zitronensaft und passiert sie durch ein feines Haarsieb

Kopfsalat Elisabeth

Der mit Rahm und gehackten Salatkräutern angemachte Kopfsalat wird mit feinen Apfelstreifen bestreut, die man zuvor mit Zitronensaft und einem Tropfen Öl benetzt hat.

Steinbuttfilet nach Grenobler Art

In Portionen geschnittene Steinbuttfilets werden gesalzen und mit Zitronensaft und Öl beträufelt etwa eine Stunde mariniert. Bei der Bestellung taucht man sie in Milch und Mehl und brät sie in einer Mischung von Butter und Öl. Zwischenzeitlich röstet man kleine Weißbrotwürfelchen in brauner Butter, gibt gehackte Petersilie, kleine, würfelig geschnittene Zitronenfilets sowie einige Kapern hinzu und gibt diese Mischung über den mit wenig Jus angerichteten Fisch.

Schweineschnitzel Saint Germain

Das in Ei gebratene und mit Salz und Pfeffer gewürzte Schweineschnitzel wird beim Anrichten mit schön grünem Erbsenmus, das man von frischen oder gefrosteten Erbsen zubereitet hat, bedeckt und erhält eine Garnitur von ausgebratenem Magerspeck und gerösteten Weißbrotstreifen.

Glaciertes Kalbsfrikandeau Alt-Frankfurt

Ein leicht pariertes Kalbsfrikandeau wird der Länge nach mit Frankfurter Würstchen gespickt, mit Salz, Pfeffer, Rosmarin und Basilikum gewürzt und allseitig angebraten. In einem verschließbaren Geschirr röstet man zunächst würfelig geschnittenes Wurzelwerk bis zur leichten Farbe an, gibt das angebratene Frikandeau, etwas Tomatenmark sowie braune Brühe und Weißwein dazu und schiebt das zugedeckte Geschirr ins heiße Rohr. Nach einer angemessenen Bratzeit entfernt man den Deckel und läßt den Braten unter fleißigem Begießen fertig werden und Farbe nehmen. Der entstandene Fond wird mit wenig Mehlbutter zu einer leicht gebundenen Sauce verkocht, durch ein Tuch passiert und mit Portwein oder Madeira im Geschmack gehoben und vervollständigt.

Kalbszunge Esterházy

Die gekochten und in ihrem Fond heiß gelegten Kalbszungen werden portionsweise der Länge nach aufgeschnitten und mit in feine Streifen geschnittenem, gedämpftem Wurzelgemüse von Karotten, Zwiebeln, Lauch und Sellerie bedeckt. Man übergießt die Zunge mit dem leicht abgezogenen Fond der Gemüse sowie der Zunge und bestreut das Ganze mit grobgehackter Petersilie und reichlich frisch geriebenem Meerrettich.

Hühnerbrüstchen Carmen

In Butter und Weißwein weißgedünstete Hühnerbrüstchen richtet man auf einer gebratenen Schinkenscheibe an und übergießt sie mit einer gut deckenden Sauce, die von dem Dünstfond unter Beigabe von Sahne und rotem Paprikamark hergestellt wurde. Eine Garnitur von gedünsteten grünen Pfefferschotenstreifen und gerösteten Pinienkernen vervollständigt das gut heiß zu servierende Gericht.

Erdbeeren Melba

Auf einer Kugel Vanilleeis richtet man die in etwas Staubzucker und Kirschwasser marinierten Erdbeeren an und überzieht sie mit Erdbeermark.

Grundmasse für Halbgefrorenes

10 Eigelbe, 6 ganze Eier, 350 Gramm Zucker sowie das Ausgeschabte einer Vanillestange werden über schwach kochendem Wasserbad geschlagen, bis die Masse schaumig-steif geworden ist. Man schlägt sie dann bis zum vollständigen Erkalten weiter, setzt dann fünf Blatt aufgelöste Gelatine zu und hebt zum Schluß einen Liter ungesüßte Schlagsahne darunter. Diese

Masse, die verschiedentlich aromatisiert werden kann, wie zum
Beispiel mit Erdbeermark, Schokolade, Karamel, Kirschwasser,
Grand Marnier oder dergleichen, füllt man in Portions- oder Zie-
gelformen und friert sie im Tiefkühlgerät.

Kirschtörtchen

Blindgebackene Mürbteig-Torteletten füllt man zunächst mit
einem Tupfer Vanillecreme, die man mit etwas Kirschwasser
verrührt hat, und bedeckt das Ganze mit gebundenen Sauerkirschen. Zum Service garniert man die Törtchen mit einer Sahnerosette und bestreut sie mit geraspelter Schokolade.

Savarin mit Weinschaumsauce

Die in leichtem Rum-Läuterzucker getränkten Savarinringe werden angerichtet und mit einer warmen Weinschaumsauce nappiert, die wie folgt zubereitet wird: Vier Eigelbe schlägt man mit
100 Gramm Zucker und einem viertel Liter trockenem Weißwein
über Dampf so auf, daß eine dicke, cremige Masse entsteht.
Sollte die Sauce für kalte Desserts Verwendung finden, so setzt
man der hier angegebenen Menge zwei Blatt aufgelöste Gelatine zu und schlägt die Masse kalt.

Erdbeeren in Portwein mit Sahne

Ausgesuchte, geputzte und gewaschene Erdbeeren mariniert
man mit Staubzucker und Portwein und stellt sie bis zum
Gebrauch recht kühl. Angerichtet werden sie mit dem Portwein-
fond in entsprechenden Gläsern und erhalten als Garnierung
eine Sahnerosette.

Birne auf Karamelcreme

Eine halbe, in Vanillesirup pochierte Birne oder auch Kompottbirne läßt man gut abtropfen und placiert sie auf der angerichteten Karamelcreme. Die Birne wird dann mit einer Aprikosensauce, die mit Arrak aromatisiert ist, überzogen und mit etwas
gestoßenem Krokant bestreut.

Birne Editha

Eine pochierte oder Kompottbirne wird etwas trockengetupft und auf Krokanteis angerichtet. Sie erhält dann einen Überzug von Vanillecremesauce und als Garnitur einen Tupfen Mokka-sahne.

Vanillecremesauce

Ein Liter kochende Milch wird mit 40 Gramm angerührtem Wei-zenpuder abgezogen und mit der aufgeschlagenen Masse von 5 Eigelben, 250 Gramm Zucker sowie dem Inneren einer Vanil-leschote vermischt.

Birne auf Roquefort, überbacken

Auf eine halbe Scheibe Buttertoast legt man eine Scheibe Roquefortkäse sowie eine halbe, mit Preiselbeeren gefüllte Birne mit der gewölbten Seite nach oben. Den so vorbereiteten Toast überzieht man mit einer nappierfähigen Sauce hollan-daise, bestreut ihn mit geriebenem Käse und überbackt ihn unter dem Salamander.

Melone mit Vanillecreme

Eine wie üblich zubereitete Vanillecreme wird mit Melonenwür-feln durchsetzt und zum Schluß mit fest geschlagener Sahne aufgezogen. Für die dazu zu reichende Sauce versetzt man passiertes Melonenmark mit Zucker, Weißwein sowie etwas Kirschwasser und überzieht damit die gut gekühlte Speise.

Turiner Kirschenspeise

Entsteinte frische Sauerkirschen werden mit etwas Zucker im eigenen Saft pochiert und mit Maraschino aromatisiert. Die abgekühlten Kirschen werden in Gläser gefüllt, mit zerdrückten Makronen bestreut und mit Weinschaumsauce bedeckt unver-züglich serviert.

OKTOBER

Fische und Krustentiere
Seezunge, Steinbutt, Heilbutt, Stör, Hecht, Hering, Schellfisch, Goldbarsch, Lachs, Austern, Hummer, Langusten, Krevetten, Muscheln, Makrelen, Seelachs, Forellen, Felchen, Seewolf, Rotzungen

Gemüse
Auberginen, Pfefferschoten, Tomaten, Karotten, Kopfsalat, Rettich, Kartoffeln, Radieschen, Artischocken, Avocados, Rosenkohl, Rotkraut, Sellerie, Meerrettich, Chicorée, Schwarzwurzeln, Gurken, Feldsalat, Kohlrabi, Maronen, Herbstpilze (Herbsttrompete, violetter Ritterling, nebelgrauer Trichterling)

Geflügel
Junge Gans, Poularde, Hähnchen, Suppenhuhn, Ente

Wild und Wildgeflügel
Hase, Reh, Hirsch, Wildschwein, Rebhuhn, Wildente, Fasan

Schlachtfleisch
Außer dem üblichen Schlachtfleisch auch Hammel

Obst
Äpfel, Birnen, Ananas, Orangen, Feigen, Melonen, Grapefruit, Trauben, Quitten, Klementinen

→ Rahmsuppe
Monte Christo

*

Grillierte Lendenschnitte
nach Hofmeisterart
Mailänder Blumenkohl
Dauphinekartoffeln

*

Halbgefrorenes
Nesselrode

———

Klare
Ochsenschwanzsuppe
→ mit Markklößchen
und Eierschwämmchen

*

→ Gebratene
Hirschkeule
nach Jägermeisterart
Dunstapfel
mit Preiselbeeren
Kartoffelkrusteln

*

→ Wiener Nocken

———

→ Legierte
Rebhuhnsuppe
mit Wildklößchen
und Eierstich

*

Glacierte
Kalbsschulter
→ Frische
Champignons
in Rahm
Bernykartoffeln
Salat Waldorf

*

→ Erdbeersorbet

Doppelte Kraftbrühe
→ mit Käsecroûtons

*

→ Hühnerbrüstchen
mit Krebsschwänzen
Pistazienreis
→ Salat Leopold

*

→ Topfen-
palatschinken

———

Doppelte Kraftbrühe
mit Ei und Mark

*

Ochsenlendenbraten
in Marsala
Junge Gemüse
Rissoléekartoffeln

*

Elsässer Kirschtörtchen

———

Legierte Grießsuppe

*

Hammelbraten
Perlbohnen
Lyoner Kartoffeln

*

→ Cremekrapfen
Grand Marnier

———

Geflügelkraftbrühe
mit Markklößchen
und Kerbel

*

→ Kalbsleber
mit Zwiebelmus
im Schweinsnetz
Grüne Bohnen
Kartoffelpüree

*

Geeiste Orangenfilets
auf Pistazieneis

Schwäbische
Spätzlesuppe

*

→ Hammelrippchen
nach Neapolitaner Art
Tomatenrahmsauce
Käsespaghetti
Endiviensalat

*

Pfirsich Weiße Dame

→ Butternockensuppe

*

Frische Rinderbrust
gesotten
Wirsingkohl, rote Bete
Geschabter Meerrettich
Schwenkkartoffeln

*

→ Glacierte
Eierkuchen
mit Ananascreme

Passierte Linsensuppe
mit Rauchfleisch

*

→ Grillierte
Poulardenkeule
nach Teufelsart
→ Noilly-Prat-Sauce
Schloßkartoffeln
Kopfsalat Mimosa

*

Johannisbeer-Quarkspeise

→ Rahmsuppe Garbure

*

Prager Schinken
in Burgunder
→ Grießstrudel
Warmer Krautsalat

*

→ Kompott
von frischen Feigen
Löffelbiskuit

→ Legierte
Kalbsschwanzsuppe

*

→ Rehsteak
mit Hagebuttensauce
→ Meerrettichnocken
Feldsalat

*

→ Schwedenfrüchte
mit Sahne

Doppelte Kraftbrühe
mit Geflügelklößchen
und Eierstich

*

Kasseler Rauchrücken
mit Waldpilzen
Junge Erbsen
Pfeffersauce
Kartoffelbällchen

*

→ Aprikose Condé

→ Kraftbrühe
mit Profiterolen

*

→ Sardellenschnitzel
vom Mastkalb
Gedünstetes
Palmenmark
mit Rahm und
→ Haselnußbutter
gratiniert
Safranreis

*

Vanilleeis
mit heißer Schokolade

→ Kraftbrühe
nach Hirtinart

*

Nordsee-Steinbutt
→ mit Muscheln
in Genfer Sauce
Dampfkartoffeln
Kopf- und Selleriesalat

*

Blätterteig-
Cremeschnitte

→ Cremesuppe
Kardinal

*

Kalbskotelett
in Butter gebraten
Geschmorte Gurke
in Dill
Butterkartoffeln

*

→ Birnenkrapfen
mit Karamelsauce

→ Braune Windsorsuppe
à la royale

*

Rauchrückensteak
in Pfeffersauce
Grillierte Tomate
Junge dicke Bohnen
Gebratene Kartoffeln

*

→ Französische
Apfeltörtchen

→ Amerikanische
Muschelsuppe

*

Glacierter Schinken
in Madeira
Blattspinat
Kartoffelpüree

*

Ananas
mit Kirschwasser
und Sahne

→ Fasanen-Kraftbrühe
mit Nocken

*

→ Gedünsteter
Chicorée
mit gebackenen Austern

*

→ Filet Mignon
nach Tiroler Art
Nußkartoffeln
Frische Salate

*

Mandelmilchcreme

Fasanen-Rahmsuppe
→ mit Wildklößchen

*

Schnecken
in Kräuterbutter

*

→ Kalbsfilet Carlton
mit verlorenem Ei
Sauce béarnaise
Macairekartoffeln

*

→ Frische
Orangenspalten
nach Burgfrauenart

Legierte Tomatensuppe
mit Fadennudeln
und Fleischklößchen

*

Glaciertes
Schweinskarree
nach Bäckerinart
Schwarzwurzeln in Creme

*

→ Schlosserbuben

Legierte Steinpilzsuppe

*

Kalbsleberfilets
in Kräutersahne
Mousselinekartoffeln
Salate der Saison

*

→ Birne Castiglione

Kraftbrühe Célestine

*

→ Grenadin
vom Damhirsch
mit Steinpilzen
→ Timbale Royal
→ Speckpfannkuchen
und Apfelmus

*

→ Geflämmte
Traubentörtchen

Kraftbrühe
mit Markcroûtons

*

→ Geschnetzeltes
Schweinefilet
mit Steinpilzen
in Wodkarahm
Breite Nudeln
Apfelmus
mit Preiselbeeren

*

Mandelcreme
mit Karamelsauce

Hühnerkraftbrühe
mit Leberklößchen
und Eierstich

*

Rehnüßchen
mit Steinpilzen
→ Gedünsteter
Staudensellerie
mit Gorgonzola
überglänzt
Preiselbeeren
Eierspätzle

*

Zitronencreme
mit Weinschaumsauce

Hühnerbrühe Tortula

*

→ Jungschweinsbrust
nach dänischer Art
mit Apfelroyale gefüllt
Paprikakraut
Kartoffelpüree

*

→ Haselnuß-
kabinettpudding

→ Räucherlachsmus
mit Dillsahne
Melbatoast

*

Schwammerlsuppe
mit Butterkrüstchen

*

→ Rehsteak
mit Datteltrauben
Serviettenknödel

*

Frische Ananas, mit
Kirschwasser mazeriert
Himbeersahne
Feines Gebäck

Maiscremesuppe

*

→ Überbackene Austern
auf Blattspinat
im Näpfchen
Chesterstangen

*

→ Gebeizte
Hirschkalbschnitzel
Gedünstete Zucchini
Mousselinekartoffeln

*

Zitroneneis
mit Mokkasabayon

Kürbissuppe
mit Krebsschwänzen
und Tomatenrahm

*

Riesengarnelen
vom Grill
Pfefferbutter

*

→ Gefüllte Wildtauben
auf Steinpilzen
in Rotwein

*

In Gin gebeizte Spalten
von Ogenmelone
Löffelbiskuit

Klare Tomatensuppe
mit Blätterteighörnchen

*

Piccata vom Steinbeißer
auf frischem Lauch

*

Kalbsfilet
in Walnußrahm
Brokkoli mit Eibutter
Kresse-Eiernudeln

*

Zimtcreme
mit gedünsteten Feigen

Rahmsuppe Monte Christo

Von geschnittenem Wurzelwerk, Zwiebeln, Butter und Mehl
stellt man eine blonde Schwitze her, die man mit einer hellen
Kalbsbrühe auffüllt und etwa eine Stunde gut auskocht. Die
passierte Suppe ist dann mit Sahne und Eigelb zu legieren
sowie mit kleinen Würfeln vom gekochten Kalbskopf, Blumenkohlröschen und einigen Spritzern Weinbrand zu vollenden.

Eierschwämmchen

125 Gramm pomadige Butter verrührt man nach und nach mit
sechs rohen Eigelben, zwei durch ein Sieb gedrückten, gekochten Eigelben sowie einem ganzen Ei und drei Eßlöffeln gesiebtem Mehl zu einem mittelfesten Teig. Hiervon sticht man mit
einem Teelöffel kleine Nocken ab, die man in heißer Fleischbrühe langsam gar ziehen läßt.

Legierte Rebhuhnsuppe
mit Wildklößchen und Eierstich

Einige ältere Rebhühner sowie kleingehackte Karkassen von
ausgebratenen Rebhühnern läßt man in einer Mischung von
Hühnerfett und Butter hellblond anrösten. Dann gibt man die
nötigen Aromate, geschnittenes Wurzelwerk, Lorbeerblatt, ein
Sträußchen Thymian sowie eine winzige Menge Tomatenmark
oder auch frische Tomaten dazu, staubt das Ganze mit Mehl
und füllt nach kurzem Durchrösten mit je zur Hälfte Kalbs- und
Hühnerbrühe auf. Nach etwa zweistündiger Kochzeit wird die
Suppe durch ein Tuch passiert und mit Sahne und Eigelb
legiert. Mit einer kleinen Prise Zucker, Salz, Pfeffer und Weinbrand abschmecken und die Suppe mit einer Einlage von kleinen Wildklößchen und Eierstich anrichten.

Wildfleischklößchen

200 Gramm rohes Reh- oder Hirschfleisch sowie 50 Gramm fetter Räucherspeck werden mit Salz und Pfeffer gewürzt sowie
mit einigen frischen Champignons, gedünsteten Zwiebeln und
der entsprechenden Menge Petersilie vermischt. Dieses
Gemisch läßt man zweimal durch die feinste Scheibe des
Fleischwolfes und verarbeitet es gut unter Beifügung von zwei
Eiern sowie 80 Gramm der nachstehenden abgekühlten Mehl-

panade zu einer geschmeidigen Klößchenmasse. Die hiervon geformten Klößchen läßt man in kochendem Salzwasser gar ziehen, oder man backt sie in der heißen Fritüre zur hellen Farbe.

Mehlpanade, eine Lockerungsbeigabe zu den verschiedensten Fleisch- und Fischklößchen

Einen Liter Wasser bringt man mit wenig Salz und 200 Gramm Butter zum Kochen, gibt unter Rühren 500 Gramm gesiebtes Weizenmehl hinzu und röstet so lange ab, bis sich die Masse vom Geschirr löst. Wenn diese Masse erkaltet ist, mischt man das entsprechende Quantum unter die Fleischfarce.

Panade von Brot

Die Art findet am vorteilhaftesten bei der Bereitung von Fischfarcen Verwendung und wird folgendermaßen hergestellt: Das von der Rinde befreite Weißbrot wird in grobe Würfel geschnitten, in Milch eingeweicht, gut ausgedrückt und mit Butter auf dem Feuer abgerührt, bis sich die Masse vom Geschirr löst. Die Weiterverarbeitung geschieht dann wie vorstehend.

Käsecroûtons als Suppeneinlage

Geschlagenes Ei wird mit geriebenem Käse, pomadiger Butter und etwas flüssiger Sahne vermischt und unter Beigabe von einer Prise Cayennepfeffer sowie gegebenenfalls etwas Weißwein zu einer streichfähigen Masse gerührt. Abgerindete Weißbrotscheiben werden auf nur einer Seite getoastet, die ungetoastete Seite dagegen erhält einen messerrückendicken Aufstrich der vorstehenden Käsemasse. Die im heißen Rohr oder unter dem Salamander hellbraun überbackenen Toaste werden in Rauten oder kleine Rechtecke geschnitten und in der heißen Kraftbrühe serviert.

Butternocken

200 Gramm Butter rührt man mit acht Eigelben und zwei ganzen Eiern, welche man nach und nach dazugibt, recht schaumig. Zum Schluß gibt man 150 Gramm gesiebtes Weizenmehl dazu und arbeitet es leicht unter die Buttermasse. Von dieser

mit Salz, Muskatnuß sowie feingehackter Petersilie abgeschmeckten Masse sticht man mit einem Teelöffel Nocken ab
und läßt diese in siedendem Salzwasser, ohne kochen zu lassen, stocken. Die Nocken müssen sich während des Stockens
ausflachen, ohne aber zu zerfallen. Sind sie bei der Probe zu
fest, fügt man etwas Milch oder Sahne bei, sind sie zu weich, so
gibt man noch ein Eigelb oder etwas Mehl dazu.

Rahmsuppe Garbure

Die von Rinderbrühe gekochte und legierte Rahmsuppe erhält
nach dem Passieren eine reichliche Einlage von kleinen, gedünsteten Gemüsewürfeln.

Kraftbrühe mit Profiterolen

Von fertig abgerührtem Brandteig dressiert man mittels Spritzbeutel und Lochtülle gut erbsengroße Tupfen auf ein leicht
gefettetes Blech und backt sie in mäßig heißem Rohr. Diese
Profiterolen gibt man beim Anrichten mit grobgehackter Petersilie auf die heiße Suppe.

Brandteig

Man kocht einen halben Liter Wasser mit einer Prise Salz und
mit 150 Gramm Butter auf, schüttet 250 Gramm gesiebtes Weizenmehl in die kochende Flüssigkeit und rührt das Ganze so
lange mit einem Holzlöffel, bis sich ein Ballen bildet und die
Masse sich vom Kessel löst. Mit dem Einrühren von acht ganzen Eiern, das nach und nach geschehen muß, macht man den
Brand- oder Brühmassenteig am Herdrand gebrauchsfertig.

Kraftbrühe nach Hirtinart

Die geklärte und mit Salz und Muskat abgeschmeckte Kraftbrühe erhält eine Einlage von Tapioka sowie feinen Streifen von
gekochtem Kalbfleisch und Steinpilzen.

Braune Windsorsuppe à la royale

Kleingehackte Kalbsknochen läßt man mit geschnittenem Wurzelwerk lichtbraun angehen, staubt sie mit Mehl, gibt ein Sträußchen Schildkrötenkräuter hinzu und füllt das Ganze mit brauner
Kalbsbrühe und Wasser auf. Unter mehrmaligem Abschäumen
läßt man die Suppe etwa zwei Stunden kochen und vollendet sie
nach dem Passieren mit einer Beigabe von Madeira und Würfeln von Eierstich.

Fasanennocken

250 Gramm schaumig gerührte Butter wird nach und nach mit
vier Eigelben und sechs ganzen Eiern, 250 Gramm gesiebtem
Weizenmehl, Salz, etwas Muskatblüte sowie mit fein durchgedrehten Abgängen von gebratenen Fasanen zu einer geschmeidigen Masse verarbeitet. Hiervon sticht man mit dem Teelöffel
kleine Nocken ab, die in siedender Fleischbrühe gegart werden.

Cremesuppe Kardinal

Die legierte Fischsuppe ist mit etwas Krebs- oder Hummerbutter
aufzuschlagen und hat als Einlage kleine Fisch- und Hummerklößchen. Für die Hummerklößchen kann vorstehende Rezeptur
Verwendung finden, man ersetzt dabei natürlich das Fasanen-
mus durch ein Mus von Hummerabgängen.

Amerikanische Muschelsuppe

Kleine Kartoffelwürfel werden unter Beigabe von Muschelfond
in halb Milch und halb heller Kalbsbrühe gekocht und mit Salz,
Muskat sowie einer Prise Cayennepfeffer abgeschmeckt. Die
Suppe wird zum Schluß mit etwas Mehlbutter gebunden und mit
einer reichlichen Einlage von gekochten Muscheln versehen.

Hirschkeule nach Jägermeisterart

Die zugerichtete und in ihre Teile zerlegte Hirschkeule wird mit
Salz, Pfeffer, Basilikum sowie Rosmarin gewürzt, rundum in
heißem Fett angebraten und des weiteren mit geschnittenem
Röstgemüse sowie einer Beigabe von Rotwein im heißen Rohr
fertiggeschmort. Den Bratensatz deglaciert man mit etwas Rotwein und gibt den passierten Bratensaft unter eine fertiggestellte Jägermeistersauce, mit der die Fleischportionen beim
Anrichten zu nappieren sind.

Frische Champignons in Rahm

Frische, geputzte und gewaschene Champignons werden roh in Scheiben geschnitten und auf gutem Feuer mit wenig Butter und feingeschnittenen Zwiebeln angebraten. Man würzt die Champignons dann mit wenig Knoblauchsalz, Pfeffer, Zitronensaft sowie gehackter Petersilie und schwenkt dann einige Schinkenstreifen und Tomatenwürfel darunter. Nun verkocht man das Ganze mit frischer Sahne zur bündigen Konsistenz und vollendet die Champignons zum Schluß mit etwas Sauce hollandaise.

Hühnerbrüstchen mit Krebsschwänzen

Die gewürzten und weißgedünsteten Hühnerbrüstchen werden zum Service mit einer Nantuasauce überzogen und erhalten eine Garnitur von in Krebsbutter warm gelegten Krebsschwänzen.

Salat Leopold

Die kurz angemachten Chicoréeblätter erhalten eine Auflage von abgezogenen Tomatenscheiben und reichlich Ananaswürfeln. Sie werden mit einer gut abgeschmeckten Marinade übergossen, die man von Sauerrahm, Zitronensaft, Öl, Salz, Pfeffer sowie einer Prise Zucker zubereitet hat.

Kalbsleber mit Zwiebelmus im Schweinsnetz

Nicht zu dick geschnittene Kalbslebertranchen werden gesalzen, gemehlt und in Butter von einer Seite gebraten. Die gebratene Seite bestreicht man nun dick mit weißem Zwiebelmus und hüllt die Lebertranchen in zurechtgeschnittene Stücke vom Schweinsnetz. Die so vorbereitete Leber brät man nun beiderseitig in Butter fertig und überzieht sie beim Anrichten leicht mit einer gebundenen Madeirajus.

Weißes Zwiebelmus

In grobe Scheiben oder in Stücke geschnittene Zwiebeln brüht man zunächst in kochendem Salzwasser und dünstet sie im Anschluß daran mit Butter, hellem Fond und einer Beigabe von Reis recht weich. Das Ganze ist dann im Mixer zu pürieren oder durch ein Sieb zu streichen und mit Salz, Pfeffer sowie mit Rahm und frischer Butter zu vervollständigen.

Hammelrippchen nach Neapolitaner Art

Dick geschnittene und gut parierte Hammelrippchen werden mit Salz, Pfeffer sowie einer Prise Knoblauch gewürzt, durch Mehl und Ei gezogen und in geriebenem Käse paniert. In steigender Butter brät man die Rippchen schön rosa und richtet sie auf Spaghetti an, die man zuvor mit geriebenem Käse und etwas ungesüßter, geschlagener Sahne vermengt hat. Die dazugehörende Tomatensauce ist separat zu servieren.

Grillierte Poulardenkeule nach Teufelsart

Gewürzte und angebratene Poulardenkeulen bestreicht man mit Senf, der mit Eigelb verrührt ist, und paniert sie in weißer Brotkrume. Die Keulen werden dann mit flüssiger Butter beträufelt und vorsichtig auf dem Grill gebraten.

Geschnetzeltes Schweinefilet mit Steinpilzen in Wodkarahm

Das in Scheiben geschnittene Fleisch von enthäuteten Schweinelendchen wird in heißem Öl mit feingeschnittenen Schalottenwürfeln kurz ansautiert. Das Fleisch wird dann mit etwas Streuwürze und edelsüßem Paprika gewürzt und mit Wodka flambiert. Die Lendchen läßt man dann auf einem Sieb abtropfen. Der Bratensatz der Pfanne wird mit dem entstandenen Fond und Weißwein abgelöscht und zur Hälfte eingekocht. Hierzu gibt man etwas braune Grundsauce und frische Sahne und verkocht das Ganze bis zur gewünschten Konsistenz. Zum Schluß wird die Sauce mit Zitronensaft und Wodka abgeschmeckt und mit frischer Butter aufmontiert. Das warm gehaltene Fleisch wird mit ansautierten Steinpilzen und frisch gehackter Petersilie in der Sauce durchgeschwenkt und in einer Kokotte angerichtet.

Jungschweinsbrust nach dänischer Art mit Apfelroyale gefüllt

Eine magere Jungschweinsbrust mit Schwarte wird in der üblichen Art von den Rippenknochen befreit und zwischen den Bindehäuten so untergriffen, daß eine Tasche entsteht. Die Brust wird dann innen wie außen mit Salz, Pfeffer und Majoran gewürzt. Geschälte und vom Kerngehäuse befreite Äpfel werden in Achtel geschnitten und mit in Rum mazerierten Rosinen

vermischt. In einer Pfanne läßt man inzwischen feine Zwiebelwürfel in etwas Butter angehen, gibt die Apfel-Rosinen-Mi-
schung dazu, würzt sie leicht mit etwas Salz, einer Prise Zucker
sowie Majoran und stellt sie zum Abkühlen zur Seite. Als nächstes reibt man entrindetes Weißbrot zu Mie de pain, vermischt
dieses mit einigen aufgeschlagenen Eiern, gibt grobgehackte
Petersilie dazu und bindet die vorbereiteten Äpfel mit diesem
Gemisch. Die mit dieser Masse gefüllte Schweinsbrust, deren
Schwartenseite leicht ziseliert und die Öffnung vernäht wird,
brät man unter regelmäßigen Begießen gar. Der mit Apfelwein
losgekochte Bratenfond wird passiert, mit etwas Grundsauce
verkocht und beim Service gesondert gereicht.

Noilly-Prat-Sauce

Feingehackte Zwiebeln werden mit Noilly Prat aufs Feuer gegeben und bis auf ein Drittel der Menge einreduziert. Unter Beigabe von etwas Fleischglace, einigen Eigelben und flüssiger
Butter schlägt man das Ganze wie eine Sauce hollandaise auf,
würzt sie mit Salz, Pfeffer sowie einigen Tropfen Zitronensaft
und passiert sie zum Schluß durch ein Tuch.

Grießstrudel

Unter 100 Gramm schaumig gerührte Butter werden nach und
nach zwei ganze Eier, drei Eigelbe, 300 Gramm Weizengrieß,
etwas Salz und ein halber Liter saure Sahne gearbeitet und
zuletzt der Schnee von drei Eiweißen untergezogen. Diese
Masse streicht man auf den dünn ausgezogenen Strudelteig fingerdick auf und rollt das Ganze zu einer nicht zu dicken Rolle
zusammen. Von dieser Rolle werden etwa drei Zentimeter
breite schräge Scheiben geschnitten, die man in kochendem
Salzwasser etwa 15 Minuten ziehen läßt.

Strudelteig

250 Gramm Mehl, 10 Gramm Schmalz, ein ganzes Ei und
100 ccm lauwarmes Wasser werden zu einem festen, glatten
Teig verarbeitet. Man formt eine Kugel, bestreicht den Teig mit
etwas Öl und deckt ihn mit einer erwärmten Schüssel ab. Nach
einer halbstündigen Ruhezeit rollt man den Teig auf einem
gemehlten Tuch etwas aus, um ihn dann, nach allen Seiten hin,
papierdünn auszuziehen.

Meerrettichnocken

Einen halben Liter Fleischbrühe läßt man mit 80 Gramm Butter sowie einer Prise Salz und Zucker kochen, gibt 160 Gramm feinen Weizengrieß hinzu und rührt das Ganze am Herdrand gut ab. Nach kurzem Abkühlen verrührt man den Grieß mit vier ganzen Eiern sowie zwei Eigelben zu einer glatten Masse, unter die man zum Schluß etwas Muskatblüte und 80 Gramm frisch geriebenen Meerrettich gibt. Mit einem Eßlöffel formt man hiervon Nocken in entsprechender Größe, die man in siedender Fleischbrühe gar ziehen läßt.

Hagebuttensauce

Diese Sauce wird, wie in der Rezeptur für Großjägermeister angegeben, anstelle des Johannisbeergelees mit Hagebuttenmark verkocht und bekommt später eine Einlage von gerösteten Mandelsplittern.

Sardellenschnitzel vom Mastkalb

Das in Butter gedünstete Kalbsschnitzel wird zunächst warm gestellt und mit einem Butterpapier bedeckt. Den Dünstfond reduziert man ein wenig ein, löscht ihn mit einem Spritzer Weißwein ab und verkocht ihn mit einer Velouté zu einer deckenden Weißweinsauce. Nach dem Passieren vollendet man die Sauce mit Sardellenpaste und ein wenig Sauce hollandaise und überzieht damit das warm gestellte Schnitzel.

Palmenmark, mit Rahm und Haselnußbutter gratiniert

Das Palmenmark wird in gut gewürzter, fetter Fleischbrühe erwärmt und erhält beim Anrichten einen Überzug von etwas eingekochtem Rahm, der zum Schluß mit einem rohen Eigelb zu verrühren ist. Das so angerichtete Palmenmark wird nun mit gebutterten Weißbrotwürfelchen sowie gestoßenen Haselnüssen bestreut und unter dem Salamander gratiniert.

Steinbutt mit Muscheln in Genfer Sauce

Kleingehackte Fischgräten und Fischabgänge schwitzt man in Butter mit Zwiebeln, Karotten, Petersilienstengeln, Lorbeerblatt, Pfefferkörnern und Champignonabfällen an und läßt das Ganze etwa 20 Minuten dünsten. Danach füllt man mit Rotwein und einer braunen Grundsauce auf und passiert die Sauce nach einer Kochzeit von 30 Minuten. Die Sauce wird dann mit Zitronensaft, Sardellenmus und Cayennepfeffer abgeschmeckt und mit frischen Butterflocken aufgeschlagen. Der braisierte Steinbutt wird mit gekochten Muscheln belegt, mit der Sauce nappiert und einen Moment unter dem Salamander glaciert.

Gedünsteter Chicorée mit gebackenen Austern

Die geputzten und vorbereiteten Chicoréestauden werden in ein gebuttertes Geschirr gesetzt, mit feinen Zwiebeln, Streifen von gekochtem Schinken sowie mit blanchierten Magerspeckwürfeln bestreut und unter Beigabe von Salz, Zitronensaft und etwas Hühnerbrühe im verschlossenen Geschirr gedünstet. Die angerichteten Chicoréestauden werden mit dem gebundenen Fond knapp überzogen und mit panierten und gebackenen Austern serviert.

Filet Mignon nach Tiroler Art

120 Gramm schwere Filetscheiben, die von der Filetspitze oder vom -kopf geschnitten werden, sind in Butter rosa zu braten und mit geschmolzenen Tomaten bedeckt anzurichten. Die Filets werden des weiteren mit einer gebundenen Jus umkränzt und mit Zwiebelringen belegt, die in Bierteig getaucht und in der heißen Fritüre herausgebacken wurden.

Schweinskarree nach Bäckerinart

Kleine Karotten, ebensolche Zwiebelchen sowie zurechtgeschnittene halbierte oder geviertelte Kartoffeln werden im Bratfond des Fleisches mitgegart und bilden die obligatorische Beilage.

Grenadin vom Damhirsch

Die aus dem Hirschrücken geschnittenen Grenadins werden leicht plattiert, über Kreuz mit fetten Brustspeckstreifen gespickt, mit Salz und Pfeffer gewürzt und in Butter recht schön rosa gebraten. Beim Anrichten nappiert man die Grenadins mit der an anderer Stelle beschriebenen Pfeffersauce.

Steinpilztimbale à la royale

Frische oder auch konservierte Steinpilze werden gewürfelt und mit feinen Zwiebeln in Butter leicht angeröstet. Man würzt sie mit Salz und Pfeffer und gibt die Pilze in gut gebutterte, feuerfeste Kokotten, die dann mit einer Eiermilch (Royale) aufgefüllt werden. Die Näpfchen werden dann im Wasserbad gestockt und nach dem Stürzen mit Sauce hollandaise und Reibekäse überbacken.

Speckpfannkuchen

Den von ausgebratenen Magerspeckscheiben und Eierkuchenteig hergestellten Speckpfannkuchen schneidet man in Losanges und schwenkt sie noch einmal kurz in gehackter Petersilie und Butter nach.

Gedünsteter Staudensellerie, mit Gorgonzola überglänzt

Von dem kurzgehaltenen Fond des gekochten Staudenselleries bereitet man eine helle Buttersauce, die man mit Salz, Pfeffer sowie Zitronensaft würzt und mit etwas flüssiger Sahne und gehackter Petersilie vollendet. Der heiß gestellte, gut abgetropfte Staudensellerie wird mit dieser Sauce knapp überzogen, mit zerbröckeltem Gorgonzolakäse bestreut und im heißen Rohr oder unter dem Salamander überglänzt.

Kalbsfilet Carlton

Das etwa 120 Gramm schwere Kalbsfilet wird leicht plattiert, mit Salz und Pfeffer gewürzt und auf dem Grill saftig gebraten. Beim Anrichten belegt man das Fleisch mit einem pochierten Ei, überzieht es mit Sauce béarnaise und bestreut es mit feingeschnittenen Zungen- und Champignonstreifen.

Kalbsleberfilet in Kräutersahne

Nachdem die gesalzenen und gemehlten Kalbsleberfilets gebraten sind — man rechnet pro Gast zwei Scheiben je 65 Gramm —, gibt man zum Anschwitzen in die Bratbutter feine Zwiebeln, rohe Champignonscheiben, kleine Tomatenwürfel und genügend gehackte Petersilie. Das Ganze löscht man mit einem Spritzer Weißwein ab und verkocht diese Mischung mit gebundenem Bratensaft und wenig Sahne zu einer bündigen Sauce, mit der die gebratenen Leberfilets zu nappieren sind.

Glacierte Eierkuchen mit Ananascreme

Kleine Eierkuchen füllt man mit Vanillecreme, der man reichlich
Ananaswürfel unterzogen hat, klappt sie zur Hälfte zusammen
und pinselt sie mit Butter. Zum Service besiebt man sie leicht
mit Puderzucker und glaciert sie im Salamander.

Aprikose Condé

Eine halbe Dunstaprikose placiert man auf Reiscreme und überzieht sie mit Aprikosensauce.

Französische Apfeltörtchen

Kleine, nicht zu flache Tortelettförmchen werden mit Mürbteig
ausgelegt und blind angebacken. Danach füllt man die Törtchen
mit dickgekochtem Apfelmus und bedeckt sie mit dünngeschnittenen Apfelscheiben. Man bäckt sie nun im mittelheißen Rohr
fertig und aprikotiert sie noch im heißen Zustand.

Feigenkompott

Die frischen Feigen werden halbiert und in Portwein und Läuterzucker pochiert. Man serviert sie gut gekühlt mit dem Fond
sowie einer separaten Beigabe von Löffelbiskuit oder Tee-
gebäck.

Schwedenfrüchte

Alle Arten frischer Früchte der Saison, die möglichst recht farbig
gemischt sein sollen, werden geschnitten und mit Staubzucker
und Schwedenpunsch mazeriert. Sollte kein Schwedenpunsch
zur Hand sein, tut es auch eine Mischung von Arrak und Kirschwasser. Beim Anrichten werden die Früchte in Gläser oder
Cocktailschalen gefüllt und mit einer Haube von halb aufgeschlagener Sahne versehen.

Schlosserbuben

Von eingeweichten und gekochten Trockenpflaumen wird der
Kern entfernt und durch eine geschälte Mandel ersetzt.
Die so hergerichteten Pflaumen legt man auf ein Tuch zum
Abtrocknen, zieht sie bei Bedarf durch Weinteig und bäckt sie in
der Fritüre aus. In noch warmem Zustand werden die Schlosser-
buben in einer Mischung von geriebener Schokolade und
Staubzucker gewälzt.

Weinteig

250 Gramm Mehl, 20 Gramm Hefe, 200 ccm Weißwein, ein Eßlöffel Öl, etwas Wasser, ein Eigelb und fünf zu festem Schnee geschlagene Eiweiße.

Geflämmte Traubentörtchen

Blindgebackene Mürbteigtörtchen füllt man mit etwas Weincreme und belegt sie mit einer reichlichen Menge entkernter Weintrauben. Alsdann werden die Törtchen kuppelartig mit Baisermasse aufgestrichen, mit grobgehackten Nüssen bestreut und im heißen Rohr abgeflämmt.

Birne Castiglione

Die gut abgetropften halben Dunstbirnen richtet man auf Mürbteigtörtchen an, die mit Orangencreme gefüllt sind, und überzieht das angerichtete Dessert mit einer gut deckenden Weinschaumsauce.

Orangenspalten nach Burgfrauenart

Geschälte und aus den Bindehäuten geschnittene Orangenspalten mazeriert man mit etwas Staubzucker sowie Grand Marnier und richtet sie auf Nußeis an. Das Dessert ist dann mit Orangensauce zu überziehen und mit einem Sahnetupfen zu garnieren.

Wiener Nocken

250 Gramm weiche Butter verrührt man nach und nach mit 12 Eigelben und 6 Eßlöffeln Mehl zu einer cremigen Masse, unter die man zum Schluß den festgeschlagenen Schnee von vier Eiweißen zieht. Von dieser Masse sticht man mit einem Eßlöffel längliche Nocken ab, die in siedender Vanillemilch gegart werden. Die fertigen Nocken werden gut abgetropft auf einem gebutterten Geschirr angerichtet und leicht gebuttert sowie mit Zucker bestreut unter dem Salamander oder im heißen Rohr glaciert. Zu dieser warm zu servierenden Süßspeise reicht man gesondert eine kalte Orangensauce.

Cremekrapfen Grand Marnier

40 ccm Grand Marnier, 12 Eigelbe, 400 Gramm Zucker, 130 Gramm Weizenmehl sowie eine Prise Salz verrührt man glatt und füllt unter Rühren nach und nach mit einem Liter kochender Milch auf. Das Ganze wird dann noch einmal zum kurzen Durchkochen aufs Feuer gebracht und im Anschluß daran etwa zwei Zentimeter hoch auf ein Blech gestrichen. Nach völligem Auskühlen sticht man halbmondförmige Krapfen aus, die in geschlagenem Ei und geriebenem Zwieback paniert werden und in der heißen Fritüre flott zu backen sind. Die Krapfen werden mit vanilliertem Staubzucker besiebt warm zu Tisch gegeben.

Erdbeersorbet

In Sorbetgläser angerichtetes Erdbeereis wird mit einem nicht zu herben Rotwein aufgefüllt und serviert.

Topfen-Palatschinken

Dünn gebackene Eierkuchen werden mit der nachfolgenden Quarkmasse eingestrichen und zusammengerollt in ein gebuttertes Geschirr eingesetzt. Die so vorbereiteten Eierkuchen übergießt man dann mit einer Eiermilch, zu der man einen Liter Milch mit fünf ganzen Eiern sowie mit 80 Gramm Zucker verrührt hat, und backt das Ganze im heißen Rohr. Zum Service werden die einzelnen Palatschinken ausgehoben und mit Staubzucker besiebt warm serviert.

Quarkfüllmasse

500 Gramm passierten Quark verrührt man mit einem viertel Liter Sauerrahm, 125 Gramm Zucker sowie 3 ganzen Eiern zu einer glatten Masse und gibt zum Schluß 100 Gramm gequollene Rosinen, das Abgeriebene von zwei Zitronen sowie etwas Vanille hinzu.

Haselnußkabinettpudding

Kleine Portionsförmchen oder feuerfeste Kokotten werden gut gebuttert und mit einer Mischung von gestoßenem Zwieback und ebensolchen, gerösteten Haselnüssen dreiviertel vollgefüllt. Die Förmchen werden dann mit leicht gesüßter Eiermilch aufgegossen und bei mäßiger Hitze im Wasserbad zum Stocken gebracht.

Räucherlachsmus

Würfel von Räucherlachs im Mixer pürieren. Sahne mit Salz steif schlagen und unter das Lachspüree mischen. Desgleichen geweichte, ausgedrückte und aufgelöste Gelatine. Man füllt die Masse in ein passendes Geschirr und gibt sie in den Kühlschrank zum Stocken. Zum Service werden mit einem Eßlöffel Nocken ausgestochen, die man mit einem Dillsträußchen auf halb aufgeschlagener Dillsahne anrichtet.

Rehsteak mit Datteltrauben

Die aus dem Rücken geschnittenen Steaks werden in Butter rosa gebraten und beim Anrichten möglichst auf einen dünnen, in Butter gebratenen Weißbrotcroûton gesetzt. In den Bratfond gibt man abgezogene und entkernte Datteltrauben, die mit einigen Preiselbeeren vermischt und mit einigen Spritzern Cordial-Médoc (Rotweinlikör) mazeriert sind. Unter die heißen Trauben schwenkt man zum Schluß noch etwas frische Butter sowie eine Prise Zimt und gibt das Ganze über die angerichteten Steaks.

Gebeizte Hirschkalbsschnitzel

Aus dem Rücken oder der kleinen Nuß geschnittene Schnitzel werden ein wenig flach gedrückt und für einen Tag in etwas Weißwein, Thymian, Pfeffer, Öl und zerdrücktem Lorbeerblatt gebeizt. Trockengetupft brät man die Schnitzel dann in steigender Butter, überzieht sie mit Wildrahmsauce und gibt eine Garnitur von kleinen Pfifferlingen darüber, die mit Magerspeckstreifen sowie einigen grünen Pfefferkörnern geröstet werden.

Gefüllte Wildtäubchen

Die gesäuberten und trockengetupften Täubchen werden leicht gesalzen und gepfeffert. Für die benötigte Füllung schwitzt man Schalottenwürfel mit den gehackten Lebern und Herzen der Tauben an, gibt Ei, gehackte Petersilie wie auch geriebenes Weißbrot hinzu und verarbeitet das Ganze zu einer geschmeidigen Masse, mit der dann die Täubchen gefüllt werden. Sie sind von allen Seiten anzubraten, mit geschnittenen Steinpilzen aufzufüllen und mit Rotwein abzulöschen. Die Täubchen läßt man etwa 30 Minuten unter Verschluß fertigschmoren und bindet zum Schluß den Fond mit etwas Mehlbutter zur gewünschten Bindung.

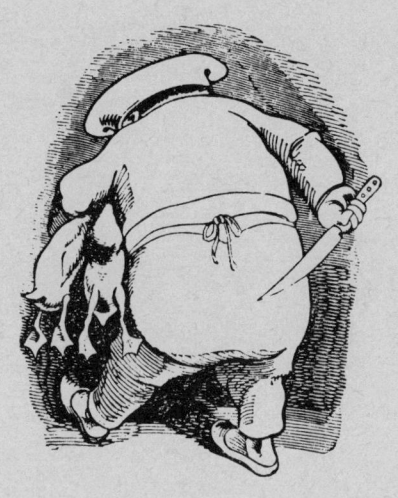

NOVEMBER

Fische und Krustentiere
Seezunge, Steinbutt, Heilbutt, Hecht, Hering, Merlan, Forelle,
Felchen, Schleie, Makrele, Goldbarsch, Kabeljau, Schellfisch,
Schnecken, Hummer, Krevetten, Austern, Muscheln, Langusten,
Scampi, Karpfen

Gemüse
Auberginen, Pfefferschoten, Tomaten, Rettich, Lauch, Wirsing,
Rotkraut, Chinakohl, Chicorée, Staudensellerie, Knollensellerie,
Feldsalat, Tomaten, Kopfsalat, Eskariolsalat, Gurken, Maronen,
Sauerkraut, Rosenkohl, Brokkoli, Schwarzwurzeln, rote Rüben

Geflügel
Ente, Gans, Poularde, Truthahn, Suppenhuhn, Hähnchen,
Stubenküken

Wild und Wildgeflügel
Hase, Hirsch, Reh, Wildschwein, Fasan, Rebhuhn, Wildente,
Schneehuhn

Schlachtfleisch
Außer dem üblichen Schlachtfleisch auch Hammel

Obst
Äpfel, Birnen, Ananas, Trauben, Orangen, Mandarinen,
Klementinen, Feigen, Melonen, Grapefruits, Kokosnüsse

→ Gebundene
Mockturtlesuppe

*

→ Gedämpftes
Schweinelendchen
in Sahne
Butterreis
Tomaten- und Feldsalat

*

Fruchtsalat

———————

→ Grüne Erbsensuppe
mit Sauerampfer
und Reis

*

→ Hammelnüßchen
Robert
Butterbohnen
Blumenkohl
auf polnische Art
Grillierte Tomate
Nußkartoffeln

*

→ Kabinett-Pudding
mit Weinschaumsauce

———————

Kraftbrühe
mit Nudeln
und Lebernocken

*

Gerollte
Hammelschulter
→ Pilze
in Kümmelrahm
Kartoffelbällchen
Frische Salate

*

→ Orangenapfel
auf Mandelcreme

Doppelte Kraftbrühe
→ mit Biskuitschöberl

*

→ Wildpastetchen
Diana

*

Kalbsrückensteak
vom Rost
→ Walnußbutter
Lorettekartoffeln
Chicoréesalat
mit Orangenspalten

*

→ Kleiner Eierkuchen
nach Wiener Art

———————

Kartoffelsuppe
mit feinen Kräutern
und Schinkenstreifen

*

Kalbsblanquette
mit Blumenkohlröschen
Breite Nudeln
in Paprikabutter
Kopfsalat
mit Melonenwürfeln

*

Zitroneneis mit Früchten

———————

→ Französische
Selleriesuppe

*

Tournedos
mit Marksauce
Pariser Karotten
Gedünsteter
Staudensellerie
Macairekartoffeln

*

Birne auf Zitroneneis
mit Pistaziensahne

Fasanenkraftbrühe
*
Gefüllter Eierkuchen
→ mit Morcheln
und Crabmeat
*
→ Kalbsleberschnitte
mit Trauben
Kartoffelkrusteln
Kopfsalat
in Joghurtdressing
*
Orangensalat
mit Baumnüssen

Kalbskopf-Rahmsuppe
mit Semmelklößchen
*
Schweinerückensteak
vom Grill
Sauce béarnaise
Gebackene
Kartoffelstäbchen
Frische Salate
*
Vanillecreme Tuttifrutti

Lauchcremesuppe
→ mit Käsekrusteln
*
→ Rumpsteak
nach Budapester Art
in Paprikarahm
Herzoginkartoffeln
*
Früchtereis

Rindfleischsuppe
→ mit Leberreis
*
Gebratenes
Heilbuttmedaillon
→ Sardellenbutter
*
Gespickte Rinderlende
Madeirajus
Erlesene Gemüse
Gebackene
Kartoffelstäbchen
*
Weincreme mit Früchten

→ Wildcremesuppe
mit Linsen
*
→ Seezungenfilets
mit Champignons
und gedünsteten
Zwiebelchen in Riesling
Pistazienreis
*
→ Quarkknödel
mit Pflaumenkompott

→ Froschschenkel
in Vinaigrette
*
Doppelte Kraftbrühe
mit Grießnocken
*
→ Lendenschnitte
nach Lütticher Art
Marksauce
Grüne Bohnen
Macairekartoffeln
*
Kirschen
auf Schokoladencreme

→ Kraftbrühe
mit Schinkenklößchen

*

→ Frischer Flußaal
mit Krevettenschwänzen
und Champignons
in Dill
Butterreis
Gurkensalat

*

→ Auflaufkrapfen
mit Vanillesauce

Hühnerbrühe Xavier

*

→ Überbackene
Muscheln auf Röstbrot

*

→ Kalbsnüßchen
nach andalusischer Art
→ Rosinenreis
Sellerie- und
Tomatensalat

*

→ Gefüllte
Brandteigkrapfen

→ Bologneser
Gemüsesuppe

*

→ Rebhuhnbrüstchen
auf Lebercroûton
→ Honigkraut
mit Ananaswürfeln
Kartoffelpüree
mit Zwiebelschmälze

*

Mokka-Sahne-Creme

→ Mailänder Fischsuppe

*

Omelette
mit Wildragout gefüllt

*

Kalbskotelett
natur gebraten
Frische Gurken in Dill
Schwenkkartoffeln

*

Nugatcreme

Klare
Ochsenschwanzsuppe
mit
→ Kalbshirnklößchen

*

→ Spinatsoufflé
mit Parmaschinken

*

→ Poulardenkeulchen
Marengo
Eierspätzle
Feldsalat

*

Gebackene Apfelspalten
Erdbeersauce

Wildkraftbrühe
mit Eierstich
und Zungenstreifen

*

Gespicktes Hirschsteak
nach Elsässer Art
→ Kirschensauce
→ Geschmorter
Fenchel
Kartoffelpuffer

*

→ Halbgefrorenes
von Tee und Rum

Doppelte
Hühnerkraftbrühe
mit Safranreis

*

Vierländer Mastgans
gebraten
Grünkohl
Kartoffelknödel

*

Pfirsich auf Haselnußeis
Heiße Hagebuttensauce

———

Morchelrahmsuppe

*

Gekochte Hammelkeule
Kapernsauce
Pariser Karotten
Spinatnocken

*

Melonencreme

———

Butternockensuppe

*

Ostseelachs, gesotten
Austernsauce

*

→ Wildschwein-
medaillons mit Orangen
→ Überkrusteter
Staudensellerie
Bernykartoffeln

*

Birne auf Vanillecreme
mit Erdbeermark

———

Rahmsuppe Florentine

*

→ Hasenrückenfilet
Backpflaumen in Sahne
Apfelrotkraut
mit Maronen
Kartoffelbällchen

*

Bayerische
Krokantcreme

———

→ Gratinierte
Gemüsesuppe

*

→ Gedünsteter
Rostbraten
→ mit Pilzallerlei
Überbackener
Preiselbeerapfel
Kartoffelkrusteln

*

Arrakkirschen
auf Vanilleeis

———

→ Curry-Gemüsesuppe
mit Backpflaume

*

Gebratener
Schweinerücken
in Kümmelglace
→ Fränkische
Speckknödel
Krautsalat

*

Ananasbeignets
Vanillesauce

Artischockenherzen
mit gehackten
Baumnüssen
in Roquefortrahm
*
Fasanenkraftbrühe
mit Ingwerstäbchen
*
→ Kalbsleberschnitten
mit Zwiebelmus
im Schweinsnetz
Zitronenrahm
Paprikareis
Kopfsalat mit Melone
*
Kleiner
Apfelpfannkuchen

———

Rahmsuppe
von Edelfischen
gewürzt mit Safran
und Lauchstreifen
*
Frischlingsrücken
rosa gebraten
mit Holundersauce
Brüsseler Sprossen
Serviettenknödel
*
Maronencreme
mit Eierlikör

———

Kerbelrahmsuppe
mit Lachsnocken
*
Entenbrust
rosa gebraten
auf Pommes dauphinoise
Brokkoli in Vinaigrette
*
Karamelcreme

Kraftbrühe à la royale
*
Garnelenschwänze
am Spießchen
auf frischem
Lauchgemüse
*
→ Lammkoteletts
nach Schwarzwälder Art
Safrannudeln
*
Chicoréesalat
in Zitronendressing
*
Eisprofiterole Suchard

———

Bündner
Perlgräupchensuppe
mit Fleischwürfeln
und frischen Kräutern
*
Hasenrückenschnitten
in Korianderrahm
mit Rotweinbirne
und Maisfritters
*
Vanillehalbgefrorenes
mit heißer
Ingwerschokolade

———

Brokkolirahmsuppe
mit Morcheln
und Lachsstreifen
*
Kalbsleber mit Zwiebeln
und Baumnüssen
auf Apfelrösti
Kopfsalat
mit Joghurtdressing
*
Vanilleeis
mit Pflaumenmus

Gebundene Mockturtlesuppe

Kleingeschnittenes Wurzelgemüse wird mit Butter und wenig
Mehl hellbraun angeschwitzt und mit braunem Kalbsfond sowie
Kalbskopfbrühe aufgefüllt. Unter Beigabe von Champignonabfällen sowie einem Sträußchen Schildkrötenkräutern läßt man
den Ansatz während zweier Stunden gut auskochen und passiert das Ganze im Anschluß daran durch das Passiertuch. Die
Suppe wird dann mit Weizenpuder, der mit Madeira angerührt
ist, gebunden und erhält nach dem Abschmecken mit Salz und
einer Prise Cayennepfeffer eine Einlage von gekochten Kalbs-
kopf- und Champignonwürfeln.

Grüne-Erbsen-Suppe mit Sauerampfer und Reis

Eine von geschälten Erbsen hergestellte Püreesuppe wird mit
der Einlage von gekochtem Reis, grünen Erbsen sowie in Butter
gedünsteten Sauerampferstreifen vollendet.

Gratinierte Gemüsesuppe

Die nicht zu dünn gehaltene Gemüsesuppe, die mit all ihrem
Gemüse durch ein Sieb zu passieren ist, wird legiert und mit in
Butter gerösteten Weißbrotwürfeln belegt. Die Suppe wird dann
mit leicht papriziertem Reibkäse bestreut, mit Butter beträufelt
und im Salamander überbacken.

Wildcremesuppe mit Linsen

Wildknochen, Karkassen von Fasan oder alten Rebhühnern
werden gehackt und mit wenig Butter im Rohr angebraten. Alsdann gibt man Röstgemüse sowie eine kleine Menge Tomatenmark hinzu, füllt das Ganze mit Wildfond sowie vorgekochten
Linsen mit ihrer Brühe auf, bestreut es mit Salz und Pfeffer und
läßt die Suppe so weit kochen, daß die verkochten Linsen die
nötige Bindung ergeben. Sie wird zum Schluß durch ein Sieb
gestrichen und ist mit frischer Butter und etwas Sahne zu vollenden.

Französische Selleriesuppe

Scheiben von geschältem, rohem Sellerie und Zwiebeln läßt
man in Butter anschwitzen, staubt etwas Mehl daran und füllt
den Ansatz mit heller Brühe auf. Nach einiger Zeit würzt man
die Suppe mit Salz, Pfeffer und geriebenem Muskat, gibt in
Scheiben geschnittene rohe Kartoffeln dazu und läßt das Ganze
sämig kochen. Die Suppe wird dann durch ein Sieb gestrichen,
mit gedünsteten, gehackten Sellerieblättern versehen und mit
einigen frischen Butterflocken vollendet.

Biskuitschöberl

Acht Eiweiße schlägt man mit einer Prise Salz zu festem Schnee und meliert im Anschluß daran 150 Gramm gesiebtes Mehl sowie die acht Eigelbe flott darunter. Diese Biskuitmasse streicht man fingerdick auf ein mit Papier ausgelegtes Blech und backt sie im mittelheißen Rohr. Für die Suppeneinlage wird der Biskuit später in Rauten geschnitten.

Käsekrusteln

Eine von geriebenem Käse, Eigelben, Paprika und etwas geschlagener Sahne angemachte streichfähige Masse streicht man auf einseitig getoastete Weißbrotscheiben, gibt sie auf ein gebuttertes Blech und gratiniert sie im heißen Rohr. In kleine drei- oder rechteckige Krusteln geschnitten, gibt man sie separat zu der Suppe.

Leberreis

Die mit Eiweiß und Sahne weicher gemachte Farce, wie sie unter Lebernocken beschrieben ist, drückt man durch einen nicht zu großlöcherigen Durchschlag in die schwach kochende Suppe.

Schinkenklößchen

Unter eine fertig zubereitete Semmelknödelmasse gibt man eine entsprechende Menge fein durchgedrehten Schinken und etwas Eiweiß. Die zu kleinen Klößchen geformte Masse läßt man in siedendem Salzwasser gar ziehen.

Kalbshirnklößchen

Rohes Kalb- oder Hühnerfleisch wird mit einem Drittel der Menge pochiertem Kalbshirn durch die feine Wolfscheibe gedreht und im Anschluß daran durch ein Sieb gestrichen. Die so erhaltene Masse würzt man mit Salz und Muskat und verarbeitet sie mit Eiweiß und Sahne zu einer gut bindenden Farce. Die mit dem Teelöffel abgestochenen Nocken werden in siedendem Salzwasser gegart.

Mailänder Fischsuppe

Die gut gewürzte und geklärte Fischsuppe erhält eine Einlage von in Öl gedünsteten Gemüsestreifen wie Karotten, Lauch und Sellerie sowie geschnittene Spaghetti und kleine Fischklößchen. Je nach Wunsch reicht man gesondert ein Schälchen Reibkäse dazu.

Bologneser Gemüsesuppe

Feingeschnittene Gemüse wie Karotten, Zwiebeln, Lauch, Kohlrabi und Sellerie werden in Hühnerfett gedünstet, ohne Farbe nehmen zu lassen. Man gibt eine kleine Menge Tomatenmark daran und füllt das Ganze mit guter Rinderbrühe auf. Inzwischen zieht man recht feste, aber reife Tomaten ab, entkernt sie, schneidet sie in zentimetergroße Würfel und gibt sie mit einigen grünen Erbsen sowie gekochtem Reis in die mit Salz und Muskat abgeschmeckte Suppe.

Curry-Gemüsesuppe mit Backpflaume

Zwiebel- und Apfelscheiben werden mit fetten Schinkenabgängen in Butter angeschwitzt, mit Mehl und Currypulver durchgerührt sowie mit Hühnerbrühe aufgefüllt und fertiggekocht. Die Suppe wird dann durch ein Tuch passiert, mit Sahne legiert und erhält eine Einlage von in Butter gedünsteten Gemüsewürfelchen. Beim Anrichten gibt man in jede Tasse eine heiß gelegte, gekochte Backpflaume.

Froschschenkel in Vinaigrette

In feine Würfel geschnittene Zwiebeln werden in Öl angedünstet und unter Beigabe von Zitronensaft, feingeschnittenem Knoblauch, Koriander, frisch gemahlenem Pfeffer und feinen Pfefferschotenwürfeln mit Weißwein und etwas Wasser aufgefüllt. Nach etwa 15minütiger Kochzeit legt man die Froschschenkel ein und läßt sie gar ziehen. Die im Sud erkalteten Froschschenkel werden beim Anrichten mit etwas von dem Fond übergossen und mit gehacktem Ei und einigen Zwiebelringen garniert.

Spinatsoufflé mit Parmaschinken

Passierter und trockengedünsteter Spinat wird mit Salz, Pfeffer, geriebenem Käse, etwas Muskat und mit wenig dick gehaltener Béchamelsauce nebst einigen Eigelben verrührt sowie mit festgeschlagenem Eiweiß untergezogen. Die Masse füllt man dann in gebutterte kleine Kokotten oder Mokkatassen und pochiert sie zugedeckt im Wasserbad. Die gestürzten Soufflés überzieht man beim Anrichten mit ein wenig Sauce hollandaise und überbackt sie, mit etwas Käse bestreut, unter dem Salamander. Der dünn aufgeschnittene Schinken ist separat zu servieren.

Überbackene Muscheln auf Röstbrot

Die gekochten und ausgebrochenen Muscheln unterschwenkt man mit etwas Nantuasauce und Eigelb, gibt sie auf eine gebutterte Röstbrotscheibe, bestreut das Ganze mit geriebenem Käse sowie Weißbrotbröseln und überbackt den Toast unter dem Salamander.

Sardellenbutter zum Heilbuttmedaillon

200 Gramm geputzte und entgrätete Sardellen streicht man durch ein feines Sieb und vermischt die Paste mit 500 Gramm pomadig gerührter Butter.

Walnußbutter

300 Gramm geschälte Walnüsse werden fein zerrieben und mit sechs hartgekochten Eigelben durch ein feines Sieb gestrichen. Die erhaltene Paste wird mit etwas Weinbrand unter 500 Gramm leicht schaumig gerührte Butter gezogen und anschließend mit einer Spur Cayennepfeffer gewürzt.

Gedämpftes Schweinelendchen in Sahne

Das ganze oder auch in Medaillons geschnittene Lendchen wird gewürzt, in Butter gebraten und unter Beigabe von ansautierten frischen Champignons sowie etwas gebundener Jus einige Minuten gedünstet. Zum Schluß schmeckt man mit Salz, Pfeffer sowie etwas Zitronensaft ab und vollendet das Gericht durch Unterschwenken von ungesüßter, geschlagener Sahne.

Hammelnüßchen Robert

Aus dem Rücken geschnittene Nüßchen, man rechne zwei Stück im Gewicht von 80 Gramm pro Gast, werden mit Pfeffer und Knoblauchsalz gewürzt, recht rosa gebraten und beim Anrichten mit einer Sauce Robert nappiert, die man wie folgt hergestellt hat:
Feingeschnittene Zwiebeln röstet man in Butter zur leichten Farbe an, gibt wenig grobgemahlenen Pfeffer hinzu und löscht das Ganze mit Essig und etwas braunem Fond ab. Nachdem alles bis zur Hälfte eingekocht wurde, füllt man die Reduktion mit brauner Grundsauce auf, passiert sie nach kurzer Kochzeit und vollendet sie mit Senf, der mit Weißwein glattgerührt wurde.

Rumpsteak nach Budapester Art

Das rosa gebratene Rumpsteak wird beim Anrichten mit nicht zu dünn gehaltener Paprikarahmsauce überzogen und mit gebratenen Magerspeck- sowie roten und grünen Pfefferschotenstreifen belegt.

Seezungenfilets mit Champignons und gedünsteten Zwiebelchen in Riesling

Kleine, junge Zwiebelchen oder Schalotten läßt man in Butter etwas angehen und füllt sie mit etwas Fischfond und Riesling im Verhältnis eins zu eins auf. In diesem Fond pochiert man die Seezunge, die man beim Garpunkt entgrätet auf einem gebutterten Plat russe mit gebratenen Champignonköpfen sowie mit den Zwiebelchen anrichtet und zunächst mit einem Butterpapier bedeckt warm stellt. Den Pochierfond kocht man bis zur Hälfte ein, montiert ihn mit Sahne sowie Sauce hollandaise und passiert das Ganze durch ein feines Siebchen. Die Sauce wird mit Salz und Zitronensaft abgeschmeckt und über die angerichtete Seezunge gegeben.

Frischer Flußaal mit Krevettenschwänzen und Champignons in Dill

Frische, in Scheiben geschnittene Champignons läßt man in Butter etwas angehen, staubt sie mit wenig Mehl und verkocht sie mit passiertem Aalfond zur leicht bindenden Konsistenz. Die Sauce wird dann mit frischer Sahne und Sauce hollandaise aufgezogen sowie mit frischem gehacktem Dill und etwas Zitronensaft vollendet. Die heiß gelegten, gut abgetropften Krevettenschwänze und Aalstücke werden angerichtet, mit der Sauce überzogen und vor dem Auftragen noch einen Augenblick unter dem Salamander glaciert.

Lendenschnitte nach Lütticher Art

Die leicht plattierte Lendenschnitte wird mit Salz und schwarzem Pfeffer gewürzt und in Butter noch etwas blutig gebraten. Nach dem Anrichten überzieht man sie mit einer deckenden Madeirasauce, der man reichlich Markwürfel und grobgehackte Petersilie unterzogen hat.

Rebhuhnbrüstchen auf Lebercroûtons

Die rosa gebratenen Rebhühner werden ausgebrochen und die Brüstchen in einem mit Butterpapier bedeckten Geschirr zur Seite gestellt. Das ausgelöste Keulchenfleisch sowie etwas ansautierte Geflügelleber gibt man durch die feine Scheibe des Fleischwolfes und bereitet davon eine würzige Farce, die man zentimeterdick auf herzförmig ausgestochene und in Butter gebratene Weißbrotcroûtons streicht. Von den Karkassen hat man zwischenzeitlich eine feine Sahnesauce gekocht, mit der man die auf die Croûtons gesetzten Brüstchen überzieht. Zum Schluß bestreut man die Brüstchen mit feinen Streifen von gebratenem Magerspeck.

Honigkraut

Unter das schön weißgekochte, mit wenig Pfeffer und Salz abgeschmeckte sowie mit geriebener Kartoffel leicht gebundene Sauerkraut gibt man kleine Ananaswürfel und einen kleinen Teil Bienenhonig zur Abrundung des Geschmacks.

Poulardenkeulchen Marengo

Die gewürzten Poulardenkeulchen werden in Öl gedünstet und, wenn sie ein wenig Farbe genommen haben, mit Weißwein abgelöscht. Nun gibt man frische, in Scheiben geschnittene Champignons sowie eine reichliche Menge Tomatenconcassé und eine Spur Knoblauch dazu und läßt die Keulchen fertig werden. Angerichtet wird das Gericht mit der unpassierten Sauce sowie mit einer Beilage von gebackenem Ei, einigen Krebsschwänzen, Oliven und in Butter gebratenen, herzförmigen Weißbrotcroûtons.

Kalbsnüßchen nach andalusischer Art

Aus dem Rücken geschnittene Kalbsnüßchen werden mit Salz und Paprika gewürzt, durch Mehl und Ei gezogen und in steigender Butter gebraten. Beim Anrichten überzieht man die Nüßchen mit gut abgeschmeckter, gebundener Paprikajus und bedeckt sie mit angeschwenkten grünen Paprikastreifen.

Rosinenreis

Unter einen gut gewürzten Safranreis schwenkt man einige gequollene Rosinen und eine in kleinste Würfelchen geschnittene rote Pfefferschote.

Wildschweinmedaillons mit Orangen

Die gewürzten und leicht gemehlten Wildschweinmedaillons sind saftig zu braten, auf der Oberseite mit Johannisbeergelee zu bestreichen und mit aus den Bindehäuten geschnittenen Orangenfilets zu belegen. Die so vorbereiteten Medaillons richtet man in einem feuerfesten Geschirr an, bestreut sie leicht mit Zucker und läßt sie unter dem Salamander glacieren. Eine Großjägermeistersauce, die mit blanchierten feinen Orangenschalenstreifen angereichert ist, gibt man gesondert dazu.

Überkrusteter Staudensellerie

Der gegarte, frische Staudensellerie — außerhalb der Saison kann ebensogut die Konserve Verwendung finden — wird gut abgetropft in ein gebuttertes Geschirr eingesetzt und reichlich mit geriebenem Käse bestreut. Mit zerlassener Butter beträufelt, wird der Staudensellerie im heißen Rohr fertiggemacht und zur schönen Farbe überkrustet.

Geschmorter Fenchel

Die gut gereinigten und sorgfältig gewaschenen Fenchelknollen werden in beliebig große Stücke geschnitten, einige Minuten gebrüht und mit feinen Zwiebeln, gebratenen Magerspeckstreifen sowie etwas Fleischbrühe zugedeckt ins Rohr gegeben. Nach kurzer Zeit gibt man etwas Sahne dazu und läßt das Ganze langsam gar schmoren. Ist dieser Punkt erreicht, bindet man, wenn nötig, den Fond mit etwas Mehlbutter, schmeckt ihn mit Salz, Pfeffer sowie Muskat ab und gibt ihn über den Fenchel.

Kirschensauce zu Hirsch- und Wildschweingerichten

Kleinwürfelig geschnittenes Wurzelwerk sowie eine reichliche Menge entsteinter Kirschen läßt man in Butter angehen, löscht mit Rotwein ab und kocht alles bis zur Hälfte der Menge ein. Nun füllt man die Reduktion mit Pfeffersauce und Wildfond auf und läßt das Ganze gut auskochen. Die Sauce ist dann durch ein feines Sieb zu streichen, mit Zitronensaft zu schärfen und mit einer Einlage von gedünsteten Sauerkirschen zu vollenden.

Hasenrückenfilet mit Backpflaumen

Die in Scheiben geschnittenen und leicht plattierten Hasenrük-
ken werden gewürzt, beiderseitig rasch in Butter gebraten und
in einer Servierkasserolle angerichtet. Den Bratensatz kocht
man mit etwas Madeira los, gibt frische Sahne sowie einen kleinen Teil Wildsauce dazu und verkocht dies zu einer sämigen
Wildsahnesauce. Zum Schluß läßt man in der passierten Sauce
pro Gast drei gekochte Backpflaumen heiß werden und gibt das
Ganze über die angerichteten Hasenrückenschnitten.

Gedünsteter Rostbraten mit Pilzallerlei

Etwa 180 Gramm schwere Fleischscheiben, die sowohl aus
dem Roastbeef als auch von der Kluft geschnitten werden können, werden gewürzt und beiderseitig in der Pfanne angebraten. Die so vorbereiteten Rostbraten rangiert man in ein Bra-
isiergeschirr, übergießt sie mit einer gut abgeschmeckten Rotweinsauce und dünstet sie zugedeckt im Rohr weich. Der Rostbraten ist mit der Sauce anzurichten und mit folgendem Pilzallerlei zu bedecken.

Pilzallerlei

Feine Zwiebeln läßt man in Butter anlaufen und gibt dazu eine
reichliche Menge rohe, geschnittene Pilze, die sich aus den verschiedensten Sorten zusammensetzen kann. Man würzt mit
Salz, Pfeffer und Zitronensaft, füllt die Pilze mit fetter Hühnerbrühe bis zu einem Viertel der Menge auf und läßt sie fertig werden. Zum Schluß bindet man das Ganze mit ein wenig angerührtem Weizenpuder und vollendet es mit etwas Sahne oder
Sauce hollandaise.

Fränkische Speckknödel

250 Gramm geräucherter, magerer und gewürfelter Speck wird
hellbraun gebraten und zum Abtropfen auf ein Sieb gegeben. In
dem erhaltenen Speckfett werden zwei feinwürfelig geschnittene Zwiebeln sowie zehn feingewürfelte Semmeln oder die entsprechende Menge Weißbrot geröstet, die man anschließend in
eine Schüssel zum Abkühlen gibt. Ist dies erreicht, fügt man die
gebratenen Speckwürfel hinzu, ferner einen viertel Liter Sauerrahm nebst fünf ganzen Eiern. Dies alles wird dann mit 250
Gramm Mehl, Salz, Pfeffer und Muskat zu einem Teig verarbeitet. Er wird zu Knödeln abgedreht, die in leichtem Salzwasser
zu kochen sind.

Kabinettpudding

Kleine Portionsförmchen oder feuerfeste Kokotten werden gut
gebuttert und mit Biskuitwürfeln, Rosinen sowie mit einigen
geschnittenen kandierten Früchten gefüllt. Die Förmchen werden dann mit leicht gesüßter Eiermilch aufgegossen und im
Wasserbad bei mäßiger Hitze pochiert.

Orangenapfel auf Mandelcreme

Vom Kerngehäuse befreite und geschälte Äpfel werden halbiert
und in einer Mischung von Orangensaft und Weißwein pochiert.
Nachdem man sie vom Feuer genommen hat, gibt man etwas
Grand Marnier in den Fond und läßt die Äpfel darin erkalten.
Beim Anrichten setzt man die Apfelhälften auf Mandelcreme
und überzieht sie mit Orangensauce.

Kleine Eierkuchen nach Wiener Art

Kleine, hell gebackene Eierkuchen werden mit einer beliebigen
Konfitüre gefüllt, zusammengerollt, mit Zucker bestaubt und
rasch unter dem Salamander glaciert.

Quarkknödel

200 Gramm Butter werden mit 10 Eiern schaumig gerührt und
mit 10 abgerindeten sowie in Würfel geschnittenen trockenen
Semmeln, 500 Gramm passiertem Quark, einer Prise Salz,
200 Gramm Mehl und etwas flüssiger Sahne zu einer bindenden Masse verarbeitet. Die abgedrehten Knödel werden in Salzwasser gekocht, abgetropft und in einer Mischung von Zimtzuk-
ker und Butterbröseln gewälzt.

Gefüllte Brandteigkrapfen

Von leicht gezuckertem Milchbrandteig sticht man mit dem Teelöffel kleine Krapfen in die mäßig heiße Fritüre und backt sie hell
aus. Die abgekühlten Krapfen werden dann mittels Spritzbeutel
und Lochtülle mit einer beliebigen Creme oder auch mit Sahne
gefüllt und mit Aprikosen-, Vanillecremesauce oder mit Weinschaumsauce serviert.

Halbgefrorenes von Tee und Rum

Von schwarzem Tee bereitet man einen sehr starken Teeauf-
guß, siebt ihn ab, versetzt ihn mit 200 Gramm feinem Zucker
und schlägt das Ganze mit sechs Eigelben und drei ganzen
Eiern im heißen Wasserbad zu einer dicken Masse auf. Im
Anschluß daran wird die Masse wieder kalt geschlagen, mit
Rum versetzt und mit einem Liter fest geschlagener Sahne auf-

gezogen. Die so hergestellte Masse füllt man in Portions- oder
Ziegelformen und läßt sie im Tiefkühlgerät frieren. Zum Service
garniert man das Halbgefrorene mit einem Tupfen geschlagener Sahne und gibt eine stark mit Rum aromatisierte Aprikosensauce dazu.

Kalbsleberschnitten mit Zwiebelmus im Schweinsnetz

Zunächst brüht man die in grobe Scheiben oder Stücke
geschnittenen Zwiebeln in kochendem Salzwasser und dünstet
sie im Anschluß daran mit Butter, hellem Fond und etwas Reis
recht weich. Das Ganze ist dann im Mixer zu pürieren oder
durch ein Sieb zu streichen und mit Salz, Pfeffer sowie mit
Rahm und frischer Butter zu vervollständigen.
Die nicht zu dick geschnittenen Kalbslebertranchen werden mit
einer Mischung von Salz, Majoran und Pfeffer gewürzt, leicht
gemehlt und in Butter von einer Seite gebraten. Die gebratene
Seite bestreicht man nun dick mit dem Zwiebelmus und füllt die
so vorbereiteten Lebertranchen in zurechtgeschnittene Stücke
vom Schweinsnetz. Zum Service brät man die Stücke nun beiderseitig in Butter fertig.
Zitronenrahm: Von einem weißen Roux und heller Kalbs- oder
Geflügelbrühe setzt man wie üblich eine Velouté an, die mit
dünngeschälter Zitronenschale und einem Kräuterbündel langsam auskochen muß. Nach dem Passieren durch ein Tuch
legiert man die Sauce mit Sahne und Eigelb und schmeckt sie
mit Salz, weißem Pfeffer, reichlich Zitronensaft und gehackter
Petersilie ab.

Lammkoteletts nach Schwarzwälder Art

Vom gut enthäuteten und parierten Lammrücken schneidet
man Koteletts (2 Stück je Gast) und schabt den Knochen frei.
Sie werden nun mit Salz, Pfeffer, Basilikum und etwas Thymian
gewürzt, leicht mit Mehl gestäubt, rosa gebraten und im
Anschluß daran mit Kirschwasser flambiert. Die Koteletts werden dann in einem warmen Geschirr angerichtet und zunächst
mit einem Butterpapier bedeckt. Der entstandene Bratensatz
wird mit Weißwein abgelöscht, losgekocht, mit Rahm aufgefüllt
und zur deckenden Konsistenz verkocht. Inzwischen läßt man
Sauerkirschen in Butter kurz angehen und gibt sie ohne den
Fond der Sauce bei. Diese wird mit Salz, Pfeffer, gehackter
Petersilie und wenig Zitronensaft abgeschmeckt und mit etwas
Kirschwasser parfümiert. Im letzten Moment vor dem Service
zieht man geschlagene Sahne unter die Sauce und nappiert sie
über die angerichteten Koteletts.

DEZEMBER

Fische und Krustentiere
Stör, Seezunge, Steinbutt, Heilbutt, Seehecht, Hering, Merlan, Makrelen, alle Konsumfische, Lachs, Hummer, Langusten, Scampi, Krevetten, Austern, Sterlett, Karpfen, Kaviar, Muscheln

Gemüse
Artischocken, Blumenkohl, Chinakohl, Rosenkohl, Maronen, Champignons, Chicorée, Rotkraut, Meerrettich, rote Rüben, Staudensellerie, Schwarzwurzeln, Tomaten, Spinat, Lauch, Gurken

Geflügel
Gänse, Enten, Truthahn, Poularden, Stubenküken, Suppenhühner, Hähnchen, Gänse- und Truthahnleber

Wild und Wildgeflügel
Hase, Hirsch, Reh, Wildschwein, Fasan, Wildente und Rebhuhn (ansonsten läuft die Saison für das Wildgeflügel aus)

Schlachtfleisch
Außer dem üblichen Schlachtfleisch auch Hammel

Obst
Äpfel, Ananas, Birnen, Feigen, Mandarinen, Klementinen, Orangen, Trauben, Grapefruits, Melonen, Kokosnüsse, Walnüsse, Haselnüsse, Datteln

Vorschläge für kleinere und größere Festmenüs

Zu den traditionellen Gerichten für die Festtage von Weihnachten, Silvester und Neujahr gehören Karpfen, Ente, Gans, Poularde, Truthahn, Hase, Reh und Wildgeflügel. Sie bilden im allgemeinen den Grundstock für die Zusammenstellung einer festlichen Speisefolge.

Da das festliche Geschehen sich nicht überall in den eigenen vier Wänden der Gäste abspielt, beginnt auch schon recht frühzeitig in den Küchen unserer Hotels, Restaurants und Gaststätten die Suche nach der am besten zu vertretenden Lösung, die bei der Aufstellung von Extra- oder Festtagsmenüs zu berücksichtigen ist.

Es ist sicher nicht für jeden Betrieb wirtschaftlich, nur die Traditionsgerichte zu führen, aber was bieten wir unseren Gästen zu den Festtagen?

Es bedarf nicht immer luxuriöser Speisen, zumal nicht jeder Gast gewillt ist, nur die teuersten Gerichte zu wählen. Deshalb werden Menüs entworfen und wieder verworfen, aus alten Kartenbeständen neue erdacht oder umgewandelt. Aber mit allem dem, was sich uns in der Hetze der Zeit oder mit viel Überlegung als Festtagsmenü anbietet und uns einfällt, sind wir meist nicht zufrieden. Denn oft genug sind Kenntnisse, die wir uns im Laufe der Jahre erworben haben, verdrängt oder in Vergessenheit geraten, andererseits muß berücksichtigt werden, daß auch viele Gäste zu weiteren Kenntnissen der Gerichte und damit zu neuen Essensgepflogenheiten gekommen sind.

Diese Überlegungen verlangen auch, innerhalb dieses Ratgebers größere Speisenfolgen zur fachlichen Unterstützung aufzuzeigen und eine Auswahl zu treffen, die der Art eines jeden Betriebes und auch der mehr oder weniger starken Geldbörse der Gäste angepaßt ist.

Rahmsuppe Dubarry
*
Junge Vierländer Gans
mit Beifuß
und Äpfeln gefüllt
*
→ Französischer
Kirschpudding

———

Gebundene Wildsuppe
*
→ Hühnerbrüstchen
Epikur mit
Kalbsbries und Austern
Zitronensauce
Ingwerreis
Tomaten- und
Chicoréesalat
*
Schokoladen-
Halbgefrorenes

———

Selleriecremesuppe
*
Tafelspitz in Marsala
→ Gedünsteter Fenchel
mit Waldpilzen
Kartoffelkrusteln
*
Nußeis
mit Himbeermark

———

Hühnerbrühe
mit Eierflädle
*
Gespicktes Hirschsteak
nach Jägerart
mit Steinpilzen
und Trauben
Gedünsteter Apfel
mit Preiselbeeren
und Meerrettich gefüllt
Nußkartoffeln
*
Mandelcreme

→ Maiscremesuppe
*
→ Rinderfilet
Wellington
in Blätterteig gebacken
Erlesene Gemüse
Nußkartoffeln
*
Fruchtsalat mit Sahne

———

Rahmsuppe Jackson
*
Hasenkeule
in Rotwein geschmort
Kleine Pfifferlinge
Semmelknödel
Apfelmus
*
Vanilleeis
mit heißer Schokolade

———

Fasanenkraftbrühe
*
→ Zwischenrippenstück
Strindberg
Grillierte Tomate
Grüne Bohnen
Würfelkartoffeln
*
Rumfrüchte
mit Vanilleeis

———

Erbscremesuppe
*
Kalbssattelstück
mit frischem Blumenkohl
überbacken
Macairekartoffeln
*
Zitroneneis
mit Erdbeersahne

→ Schwarzwälder
Pilzrahmsuppe

*

→ Gedünsteter
Karpfen
auf Fenchel
Dampfkartoffeln
Tomatensalat

*

Kleiner Windbeutel
mit Vanilleeis
Schokoladensauce

Champignonkraftbrühe
mit Fleischklößchen

*

Filetspitzen Hubertus
mit Pfifferlingen
Frischer Rosenkohl
mit Parmesan
überbacken
Kartoffelbällchen

*

Mokka-Sahne-Creme

Rehrahmsuppe
mit Steinpilzen

*

→ Zimtschweinebraten
Vallé d'Auge
mit Apfelspalten und
glasierten Zwiebelchen
Kartoffelnocken
Krautsalat

*

Birne auf Karamelcreme

Legierte Reissuppe

*

→ Steirisches
Krenfleisch
mit Gemüsestreifen
Schneekartoffeln
Kopf-, Tomaten- und
Chicoréesalat

*

Orangenspalten
mit Rumsauce
auf Schokoladeneis

Vorschläge für größere und kleinere Festtagsmenüs

→ Meeresfrüchte-
cocktail
mit Hummer, Krevetten
und Avocadoscheiben
Toast

*

Klare Wildsuppe
mit Petersilienklößchen

*

Paillard
von Ochsenlende
mit Gemüsen
und Reibkäse überglänzt
→ Portweincreme
Herzoginkartoffeln

*

Flambierte Feigen
mit Pistazieneis

Perlhuhnkraftbrühe
mit Grießklößchen

*

Riesengarnelen
in Hummercreme
mit gebratenen
Apfelscheiben
und kleinen Zwiebeln

*

Kalbsmedaillons
mit grünen Spargelspitzen
in Ingwersahne
Wilder Reis
mit gerösteten
Pinienkernen

*

Birne in Rotwein
Zimtparfait

3 Stück
Limfjordaustern
Chesterschnitten

*

Steinpilzessenz

*

Seezungenfilet
mit Langustinen
Krebssauce
Butterreis

*

→ Vierländer Mastente
mit Feigen
in Portwein
Nußkartoffeln
Kopf- und Tomatensalat

*

→ Pfefferminzparfait

———

→ Rahmsuppe
nach Gastrosophenart

*

Frischer Nordlandsalm
vom Grill
→ Venezianische
Butter
Gurkensalat

*

→ Hasenlendchen
in Haselnußcreme
Gedünsteter Sellerie
Bernykartoffeln

*

Birne Helene

———

Geräuchertes
Forellenfilet
Sahnemeerrettich
Toast und Butter

*

Fasanenkraftbrühe

*

Filet Mignon vom Rost
Brokkoli mit Eibutter
Macairekartoffeln

*

Haselnußparfait

———

→ Kalter Karpfen
nach Tessiner Art

*

Klare
Ochsenschwanzsuppe

*

→ Gefüllte Mastgans
nach besonderer Art
Apfelrotkraut
Kartoffelknödel

*

Mokka-Sahne-Creme

———

Überbackene
Ochsenschwanzsuppe

*

→ Hechtklößchen
Nantua
mit Krevettenpastetchen

*

Knusprige
Weihnachtsgans
Rosenkohl
Kartoffelschnee
Selleriesalat

*

Eisroulade

Geflügelcremesuppe
mit Pistazien

*

→ Seezungenfilet
mit Banane
auf Curryreis

*

Lendenschnitte mit
frischen Champignons
Nußkartoffeln
Salate der Saison

*

Halbgefrorenes
Grand Marnier
Feines Backwerk

———

Bornholmer
Räucherlachs
auf Toast

*

Artischockenrahmsuppe

*

Glacierte Rehnüßchen
→ Gedünstete Tomate
mit Brokkolimus
Herzoginkartoffeln

*

Fürst-Pückler-
Halbgefrorenes

———

Melone
mit Räucherlachs

*

Klare Steinpilzsuppe

*

Gespickte Rehkeule
Kirschsauce
Artischockenherzen
in Rahm
Mandelkartoffeln

*

Orange Surprise

Klare Wildkraftbrühe
mit Marsala
Käsestange

*

→ Seezungenfilet
mit Bries
in Hummersauce

*

→ Truthahnkeule
Chipolata
mit Magerspeckstreifen,
kleinen Würstchen,
Maronen und
Perlzwiebeln
Rosenkohl
Pariser Karotten
Nußkartoffeln

*

→ Champagnersorbet

———

→ Kalte Salmschnitte
Doria
→ Ravigotesauce
Toast und Butter

*

Doppelte Kraftbrühe
à la royale

*

Ochsenrippenstück
nach Weinhändlerart
Spinattimbale
Grillierte Tomate
Blumenkohl
auf polnische Art
Dauphinekartoffeln

*

Haselnuß-
Halbgefrorenes
Nugatsauce

Hamburger
Krebssuppe

*

Steinbuttfilet
in Champignonrahm

*

→ Junge Ente
nach normannischer Art
Bernykartoffeln
Selleriesalat

*

Warmer
Apfelstrudel

———

Getrüffelte
Wildpastete
in der Kruste
→ Apfel-Ananas-Salat
→ Oxfordsauce

*

→ Palmensprossen-
Rahmsuppe

*

Hühnerbrüstchen
vom Rost
Gegrillter Magerspeck
Sauce béarnaise
Rissoléekartoffeln
Salate der Saison

*

Pistazienparfait
Florentiner Gebäck

Wildkraftbrühe
mit Tapioka

*

→ 3 Stück Austern
auf frischem Blattspinat
überbacken

*

Hafermastgans
gebraten
Apfelspalten
und Backpflaumen
Kartoffelknödel
Chicoréesalat in Sahne

*

→ Geeister
Plumpudding
Weinschaumsauce

———

Hühnerkraftbrühe
mit Grießnocken

*

Seezungenröllchen
auf Krabbenreis
Mousselinesauce

*

→ Kalbsmedaillon
auf Ananas
Choronsauce und
gebackene Auster
Feine Erbsen mit
Schinkenstreifen
Lorettekartoffeln

*

Schwedische
Rumfrüchte
mit Vanilleeis

→ Hausgemachtes
Forellenparfait Zarina
Toast und Butter

*

Fasanenkraftbrühe

*

→ Poulardenbrust
in Apfel-Currysauce
Kreolenreis
Frische Salate

*

Zitroneneis mit
frischem Himbeermark

———————

Grapefruitcocktail
Washington

*

Fasanenpunsch
mit Sahne

*

→ Langustinenschwänze
nach Seemannsart

*

Pariser Kalbsschnitzel
in Ei gebraten
Brokkoli
mit Mandelbutter
Mousselinekartoffeln

*

Apfeltimbale Eden

———————

→ Geflügelrahmsuppe
Sultan

*

Karpfen im Wurzelsud
Sahnemeerrettich
Dillkartoffeln

*

Hirschrückensteak mit
gerösteter frischer
Ananas und Walnüssen
Fenchel in Marksauce
Kartoffelkrusteln

*

Schwarzwälder Eisbecher

Legierte
Schildkrötensuppe

*

Truthahnleberspießchen
Safranreis
Teufelssauce

*

→ Rebhuhnbrüstchen
nach Brabanter Art
mit kleinen Würstchen
Rosenkohl und Maronen
Sahnesauce
Macairekartoffeln

*

Eisschale Imperial

———————

Hühnerkraftbrühe
mit Markklößchen

*

→ Karpfenschnitte
à la royale

*

Wildschweinkotelett
Sankt Hubertus
Gedünsteter Sellerie
Kartoffelbällchen
Apfelmus
mit Preiselbeeren

*

Dunstbirne
auf Karamelcreme

→ Dänischer
Matjestoast

*

Braune
Windsorsuppe

*

Gesottene
Schweineschulter
Esterházy
mit Gemüsestreifen
und geriebenem
Meerrettich
Dampfkartoffeln
Kürbiskompott
und Preiselbeeren
Petersilienkartoffeln

*

Kleiner Pfannkuchen
Marquardt

→ Amerikanische
Tomatensuppe

*

Zanderfilet
mit Muscheln
→ Dijoner Senfsauce

*

Kalbssattelstück
Dubarry
mit frischem Blumenkohl
überbacken
Grillierte Tomate
Lorettekartoffeln
Salat Mimosa

*

Frische Kiwifrüchte
mit Erdbeermark
auf Zitroneneis

Gebundene
Ochsenschwanzsuppe

*

→ Karpfenmilcher
nach Pariser Art

*

Rebhuhnbrüstchen
mit Kirschensauce
Brüsseler Sprossen
mit Parmesan
überbacken
Florentiner Kartoffeln

*

Birnensalat
auf Krokanteis

→ Hausgemachte
Hasenterrine
Cumberlandsauce
Salat Waldorf

*

Klare
Ochsenschwanzsuppe
mit Sherry

*

→ Suprême vom Fasan
im Schweinsnetz
Sahnesauce
Glacierte Maronen
Prinzeßbohnen
Dauphinekartoffeln

*

Pralinenparfait
mit heißer Schokolade

Schwarzwälder Pilzrahmsuppe

Von kräftiger Fleischbrühe, den üblichen Aromaten sowie Grünkern kocht man eine Rahmsuppe, die nach dem Passieren mit Sahne und Eigelb zu legieren ist. Bei Fertigstellung erhält sie eine Einlage von Eierstich und gedünsteten Steinpilzstreifen.

Maiscremesuppe

Die mit Wurzelgemüsen und Maiskörnern angesetzte Geflügelcreme wird nach dem Auskochen durch ein Sieb gestrichen, mit Weißwein, Sahne sowie Eigelb legiert und mit einer Prise Zucker, Salz und einer Spur Cayennepfeffer abgeschmeckt. Die Suppe wird dann mit etwas frischer Butter aufgeschlagen und mit einer Einlage von winzigen Schinken- und roten Pfefferschotenwürfeln versehen.

Rahmsuppe nach Gastrosophenart

Eine etwas dicker gehaltene Geflügelcremesuppe wird passiert und legiert und mit der gleichen Menge Schildkrötensuppe vermischt. Als Einlage gibt man in jede Tasse eine in Krebsbutter warm gelegte, pochierte Auster und einen Krebsschwanz. Kleine warme Käsecroûtons werden gesondert dazu gereicht.

Klare Steinpilzsuppe

In guter Consommé getrocknete Steinpilze etwa 1 bis 2 Stunden ziehen lassen. Passieren und mit Streifen von frischen Steinpilzen und Gemüsen servieren.

Palmensprossen-Rahmsuppe

Angedünstete Zwiebelwürfel und Wurzelwerk staubt man mit Mehl und füllt den Ansatz mit weißem Kalbsfond sowie dem Fond der Palmensprossen und den weichen Teilen der Konserve auf. Nach mehrmaligem Abschäumen und gutem Auskochen streicht man die Suppe durch ein Sieb, gibt etwas Sahne dazu und legiert sie mit Weißwein und Eigelb. Nach dem Abschmecken mit Salz und Muskatblüte vollendet man die Suppe mit Würfelchen von Schinken und Palmensprossen.

Geflügelrahmsuppe Sultan

Feingeriebene Mandeln kocht man etwa 15 Minuten in Milch und gibt diese in eine fast ausgekochte Geflügelrahmsuppe. Die Suppe wird durch ein Tuch passiert, mit Pistazienbutter aufgeschlagen und mit Geflügelklößchen garniert.

Amerikanische Tomatensuppe

Die Suppe ist eine Mischung von je zur Hälfte Hummer- und Tomatensuppe. Sie wird mit Sahne und Weinbrand verkocht und bekommt eine Einlage von Hummer- und Spargelstückchen.

Hausgemachte Hasenterrine

Die zur Verwendung kommenden Hasen werden entbeint und entsehnt, in gefällige Würfel geschnitten und mit Salz, Pfeffer, Pastetengewürz sowie Weinbrand mariniert. Einen Teil dieses Fleisches sowie frischen fetten Speck gibt man mehrmals durch die feine Scheibe des Wolfes und streicht die erhaltene Masse durch ein feines Sieb. Diese Prozedur ist zwar etwas langwierig, dafür erhält man aber eine tadellose Farce, die man mit einigen Eigelben und frischer Sahne aufzieht. Zum Schluß arbeitet man unter diese Farce die marinierten Fleischwürfel sowie grobgehackte Pistazien und die Hasenleber, die man in kleine Würfel geschnitten und leicht ansautiert hat. Eine feuerfeste Terrine aus Steingut oder Porzellan wird am Boden und an den Seiten mit dünnen Scheiben von frischem Speck ausgelegt, mit der gut durchgearbeiteten Farce gefüllt und wiederum mit Speckscheiben abgedeckt. Die oberen Speckscheiben belegt man dann mit einem oder zwei Lorbeerblättern sowie einem Thymiansträußchen und verschließt die Terrine mit einem Pastetenteigdeckel. Der Deckel wird mit Ei gestrichen und die Terrine im mittelheißen Rohr gebacken. Die Backzeit richtet sich nach der Größe der Form, wird aber in den meisten Fällen eine bis zwei Stunden in Anspruch nehmen. Nach völligem Auskühlen füllt man die Terrine mit Madeiraaspik zu und sticht sie zum Service portionsweise aus.

Hechtklößchen Nantua

Ausgelöstes und von allen Gräten befreites Hechtfleisch wird mit einem Teil Nierenfett vermischt und fein durchgedreht. Im Anschluß daran gibt man es mit gestoßenem Eis, Eiweiß,

Gewürzen und Panade in den Kutter oder Mixer und verarbeitet die Masse mit frischer Sahne zu einer gut gebundenen Farce. Die oval geformten Klößchen läßt man in Fischfond oder leicht gesalzenem Wasser gar ziehen, nappiert sie beim Anrichten mit Nantuasauce und garniert sie mit Blätterteigpastetchen, die mit einem Krevettenragout gefüllt sind.

Seezungenfilet mit Banane auf Curryreis

Das in Ei gebratene Seezungenfilet erhält eine Auflage von einer halben, längs geteilten, gebratenen Banane und ist, mit einer leichten Weißweinsauce nappiert, auf einem kleinen Curryreissockel anzurichten.

Seezungenfilet mit Bries in Hummersauce

Die ganze, in Fischfond und Weißwein pochierte Seezunge wird filiert und die Filets mit warm gelegten Briesscheiben garniert. Das Ganze überzieht man mit Hummersauce, der man den kurzgekochten Pochierfond sowie etwas Sauce hollandaise untergezogen hat, bestreut mit etwas geriebenem Käse und glaciert die Filets einen Augenblick unter dem Salamander.

Apfel-Ananas-Salat

Mürbe Äpfel werden vom Kerngehäuse befreit, geschält und in dünne Streifen oder Scheibchen geschnitten und mit der gleichen Menge Ananaswürfel vermischt. Gut abtropfen lassen und den Salat mit etwas Johannisbeergelee, gestoßenen Nüssen und fest geschlagener Sahne anmachen.

Oxfordsauce

Die Oxfordsauce ist das gleiche wie die Sauce Cumberland, sie wird nur, zum Unterschied zu dieser, nicht mit Orangenjulienne versehen, sondern die Orangenschale wird im geriebenen Zustand zugesetzt.

Kalte Salmschnitte Doria

Die pochierten Salmschnitten werden mit pochierten, frischen Gurkenkugeln angerichtet und mit Tomaten- und Eisechsteln garniert. Die Sauce ravigote wird gesondert dazu gereicht.

Ravigotesauce

Kleine Kapern, feingehackte Petersilie, Kerbel, Estragon, Schnittlauch, feine Zwiebeln, Salz, Pfeffer sowie Essig und Öl werden gut vermischt und pikant abgeschmeckt.

Austern auf Blattspinat

Grobgehackter Blattspinat wird mit Salz, Pfeffer sowie einem Spritzer Pernod in Butter geschwenkt und in kleinen Mengen in die gereinigten Austernschalen gefüllt. In jede gefüllte Schale setzt man eine pochierte Auster, überzieht sie mit wenig Sauce hollandaise und gratiniert sie, mit Käse bestreut, unter dem Salamander.

Venezianische Butter

100 Gramm frischer Spinat, 40 Gramm Kerbel sowie 30 Gramm in Scheiben geschnittene Zwiebel werden kurz blanchiert und in Eiswasser kalt gemacht. Alsdann gibt man das Ganze gut ausgedrückt und unter Beigabe von einigen Sardellenfilets in einen Mixer, streicht die Paste anschließend durch ein feines Sieb und vermischt sie mit 250 Gramm pomadig gerührter Butter.

Hausgemachtes Forellenparfait Zarina

700 Gramm schieres Forellenfleisch wird schwach gesalzen und zur Seite gestellt. Zwischenzeitlich kocht man von Gräten und Köpfen (die Forellenhaut wird in kaltem Wasser aufbewahrt) unter Beigabe von Weißwein und Wasser einen kurzen und kräftigen Fischfond, den man nach dem Passieren noch so lange einkocht, daß ein knapper Viertelliter übrigbleibt. 500 Gramm des vorbereiteten Forellenfleisches dreht man durch die feine Scheibe des Fleischwolfes und streicht diese Masse durch ein feines Sieb. Die weitere Verarbeitung geschieht am vorteilhaftesten in einem schnellaufenden Rührwerk, indem man zu dem passierten Forellenfleisch nach und nach zwei Eiweiße gibt und dann in kleinen Mengen den gekühlten Forellenfond. Zum Schluß fügt man zwei Eigelbe und etwa 140 Gramm pomadige, frische Butter in kleinen Partien bei. Das übrige Forellenfleisch hackt man zu einer groben Masse und mischt diese mit etwas feingehackten Pistazien unter das Mus. Eine entsprechend große Parfaitform wird gut gefettet, korrekt mit der aufbewahrten Forellenhaut ausgelegt und mit dem fertigen Mus gefüllt. Je

nach Größe der Form wird diese bis zu 40 Minuten im Wasserbad pochiert. Das gut gekühlte Parfait wird mit Eisechsteln, Kaviar sowie Spargelspitzen garniert und mit einer Beigabe von Sauce gribiche serviert.

Sauce gribiche

Fertige Mayonnaise wird mit Senf, gekochtem sowie durch ein Sieb gedrücktem Eigelb verrührt und mit Salz und Pfeffer abgeschmeckt. Dann gibt man gehackte Petersilie, Kerbel, Estragon sowie ebensolche Pfeffergurken und Kapern hinzu und vollendet die Sauce mit hartgekochtem, in kleine Würfel geschnittenem Eiweiß.

Kalter Karpfen nach Tessiner Art

Der ausgenommene und geschuppte Karpfen wird längs gespalten, in Portionsstücke geschnitten und mit in Öl gedünsteten Zwiebelscheiben, gehacktem Dill, Perlzwiebeln und ganzen Oliven in ein stark geöltes Geschirr eingesetzt. Der so vorbereitete Fisch wird gesalzen und gepfeffert und bis zur halben Höhe mit Rotwein und hellem Fischfond aufgefüllt. Der Karpfen wird dann unter Verschluß im Ofen gedünstet und im Anschluß daran in ein anderes Geschirr umgeleert. Den Fond kocht man unter Beigabe von zerdrückter Knoblauchzehe und etwas Tomatenketchup noch etwas ein, gibt ihn über die Karpfenstücke, die ganz bedeckt sein sollten, und belegt das Ganze mit einigen dünnen Zitronenscheiben. Beim Anrichten ist darauf zu achten, daß der Fisch gut gekühlt sein muß.

Karpfenschnitte à la royale

Ein geputzter und ausgenommener Karpfen wird enthäutet, in Portionsstücke geschnitten und mit feinen Kräutern, Schalotten, Weißwein und Fischfond pochiert. Die Filets werden dann entsprechend angerichtet und mit einem Ragout von Champignons und Karpfenmilchern belegt. Das Ganze wird mit einer normannischen Sauce, welcher der reduzierte Fischfond sowie etwas Sauce hollandaise beigefügt wurde, überzogen und schnell glaciert.

Normannische Sauce

Eine von Seezungen-, Steinbutt- und Champignonabgängen bereitete Fischvelouté wird nach dem Passieren noch um ein Drittel eingekocht und im Anschluß daran mit einer Liaison von Eigelb und Sahne legiert. Kurz vor dem Service montiert man die Sauce noch mit untergeschlagenen, frischen Butterflocken.

Langustinenschwänze nach Seemannsart

Zwiebeln, Karotten, Sellerie und gekochter Schinken werden in kleine Würfel geschnitten, in wenig Öl angebraten und mit Knoblauch, Gewürzen, Petersilie und Weißwein fertiggedünstet. Die zuvor gekochten und ausgebrochenen Langustinenschwänze läßt man einige Minuten mitdünsten. Der Fond ist dann mit Mehlbutter und frischer Sahne zu binden und wird mit Zitronensaft und einer Prise Cayennepfeffer geschärft.

Dijoner Senfsauce

Unter eine fertig abgeschmeckte und passierte Buttersauce gibt man 1/5 der Menge Sauce hollandaise sowie die entsprechende Menge Dijoner Senf.

Karpfenmilcher nach Pariser Art

Die gesäuberten und gut gewässerten Karpfenmilcher werden in Butter und Noilly Prat pochiert und zum Auskühlen zur Seite gestellt. Bei Bedarf schneidet man sie in schräge Scheiben, zieht sie durch Mehl und gewürztes Ei und brät sie in Butter zur schönen Farbe. Die Karpfenmilcher richtet man mit gebackener Petersilie sowie mit Zitronenspalten an und gibt eine Sauce béarnaise separat dazu.

Steirisches Krenfleisch

Schweinebauch und Schweineschulter, man rechnet je Gast 120 Gramm, beides mit der Schwarte, wird mit Wasser, Salz, grobgestoßenen Pfefferkörnern, Lorbeerblatt, einem Bouquet garni und etwas Essig aufs Feuer gebracht und bei nicht zu starker Flamme kernig weich gekocht. In der Zwischenzeit werden Sellerie, Karotten, Petersilienwurzeln sowie Zwiebeln in Streifen geschnitten, kurz angedünstet, mit dem Schweinefond aufgegossen und schwach gegart. Der Gemüsefond wird je nach Geschmack nachgesalzen sowie nachgesäuert und ganz leicht mit Weizenpuder abgezogen. Zum Service wird das fertig-

gekochte Fleisch in Scheiben geschnitten, mit den Gemüsestreifen samt Fond bedeckt und mit gehackter Petersilie und
einer reichlichen Menge frisch geriebenem Meerrettich
bestreut.

Zimtschweinebraten Vallé d'Auge

Der zur Verwendung kommende ausgelöste Schweinekamm
wird mit in Stifte geschnittenem Knoblauch gespickt und sorgfältig mit Salz, das mit Zimt und frisch gemahlenem Pfeffer vermischt ist, eingerieben. Das Fleisch wird dann in Butter von
allen Seiten bei nicht zu starker Hitze angebraten. Die geschälten Zwiebelchen gibt man nach einiger Zeit zum Fleisch und
läßt sie Farbe nehmen. Im Anschluß daran bestreut man sie mit
Zucker und läßt sie karamelisieren. Der Braten wird dann mit
Fleischbrühe und Weinbrand abgelöscht und zugedeckt rund
eine Stunde gegart. Der Bratensaft wird zum Schluß ganz leicht
mit etwas Weizenpuder gebunden.
Während der Bratzeit befeuchtet man Rosinen mit Rum und
schält pro Gast einen mittelgroßen Apfel, der vom Kerngehäuse
befreit und in Spalten geschnitten wird. Die Apfelspalten werden dann in Butter angebraten, mit den mazerierten Rosinen
unterschwenkt und dienen als Sockel für den aufgeschnittenen
Braten, der mit den Zwiebelchen und der leicht gebundenen Jus
zu nappieren ist.

Hühnerbrüstchen Epikur in Zitronensauce

Die roh ausgelösten Brüstchen werden leicht gewürzt und in
Butter und Weißwein, ohne Farbe nehmen zu lassen, gedünstet. Im letzten Viertel der Garzeit gibt man pro Gast eine
Scheibe pochiertes Kalbsbries sowie zwei rohe Austern dazu
und läßt das Ganze am Herdrand fertig werden. Zwischenzeitlich bereitet man eine Zitronensauce, gibt den ein wenig einge-
kochten Fond der Hühnerbrüstchen dazu und überzieht damit
das angerichtete Gericht.

Zitronensauce

Von einem weißen Roux und heller Kalbs- oder Geflügelbrühe
setzt man wie üblich eine Velouté an, die mit dünn geschälter
Zitronenschale und einem Kräuterbündel langsam auskochen
muß. Nach dem Passieren legiert man die Sauce mit Sahne und
Eigelb und schmeckt sie mit Salz, weißem Pfeffer und reichlich
Zitronensaft ab.

Gedünsteter Fenchel mit Waldpilzen

Die geputzten und gut gereinigten Fenchelknollen werden je nach Größe in sechs oder acht Teile geschnitten und etwa zehn Minuten in kochendem Salzwasser blanchiert. Man leert in ein anderes Geschirr um, gibt zu diesem angegarten Gemüse die gleiche Menge beliebige rohe, geschnittene Pilze, würzt mit Salz sowie Pfeffer und füllt das Ganze mit einer fetten Hühnerbrühe bis zu einem Viertel der Gemüsemenge auf und läßt alles langsam gar ziehen. Zum Schluß wird der Fond mit ein wenig angerührtem Weizenpuder gebunden.

Dänischer Matjestoast

Weiche Tomaten, die zu Salaten keine rechte Verwendung mehr finden können, werden halbiert, gut ausgedrückt und mit feinen Zwiebeln unter Beigabe von etwas Öl zum Schmelzen gebracht. Man kocht sie möglichst weit ein, streicht sie im Anschluß hieran durch ein feines Sieb und stellt sie kalt. Von dem erkalteten Tomatenmark, dickem Sauerrahm, Salz, Pfeffer, Zucker sowie ein wenig Essig stellt man eine Sauce her, mit der man den mit Matjesfilets belegten Toast gut deckend überzieht. Der angerichtete Toast wird mit Eisechsteln sowie einem Petersiliensträußchen garniert und mit kleinen Würfeln von abgezogenen Tomaten bestreut.

Duxelles-Masse für Filet Wellington

500 Gramm frische Champignons, 30 Gramm Butter, 80 Gramm Zwiebeln, 50 Gramm weiße Brotkrume, 15 Gramm Weizenpuder, Salz, Pfeffer, Zitronensaft, Streuwürze, gehackte Petersilie sowie zwei Eigelbe.
Die geputzten und gewaschenen Champignons werden in einem Tuch getrocknet und recht fein gehackt. In einem passenden Geschirr werden die geschnittenen Zwiebeln in Butter hell angeschwitzt, die gehackten Champignons dazugegeben und bei starker Hitze raschestmöglich der sich bildende Saft fast eingekocht. Die weißen Brotkrumen schwenkt man in etwas Butter gut durch, gibt den Weizenpuder dazu und rührt diese Mischung unter das Pilz-Zwiebel-Gehäck. Beides wird gut durchgeröstet und nach wenigen Minuten zum Abkühlen zur Seite gestellt. Nach kurzer Zeit gibt man die Eigelbe unter die Masse und schmeckt sie ab. Wenn man die Masse in Porzellan- oder Steingutschüsseln abräumt und mit einem geölten Papier

bedeckt, so kann sie einige Tage bis zum Gebrauch im Kühlraum aufbewahrt werden.

Zwischenrippenstück Strindberg

Das im entsprechenden Gewicht geschnittene Zwischenrippen-
stück wird gewürzt und mit Senf bestrichen, den man mit einem
Eigelb verrührt hat. Mit der bestrichenen Seite drückt man das
Fleisch in recht fein geschnittene Zwiebelwürfel und brät
zunächst die Zwiebelseite und im Anschluß daran die andere
Seite in steigender Butter.

Gedünsteter Karpfen auf Fenchel

Der geputzte und gewaschene Fenchel wird in nicht zu feine
Streifen geschnitten und in Butter mit einer kleinen Weißwein-
beigabe sowie feinen Zwiebeln nicht ganz weich gedünstet. Der
Boden eines gut gebutterten Plat russe wird je nach Aufnahme
der Fischportionen mit je einem Eßlöffel der Fenchelstreifen
bedeckt, auf die man die entgräteten und abgezogenen Karpfenstücke plaziert. Die restlichen Fenchelstreifen gibt man auf
den Fisch, bedeckt ihn mit einem Butterpapier und pochiert ihn
unter Verschluß im mittelheißen Rohr. Sobald der Fisch gar ist,
wird er auf einem anderen Geschirr angerichtet und warm
gestellt. Der Fond wird fast gänzlich eingekocht, unter eine
Fischvelouté gezogen und mit Sauce hollandaise vollendet. Der
angerichtete Fisch, der gut abgetropft sein muß, wird mit der
Sauce überzogen, mit gehacktem Fenchelgrün bestreut und
noch einen Augenblick im heißen Rohr glaciert.

Vierländer Mastente mit Feigen in Portwein

Die des öfteren mit Portwein deglacierte Ente wird tranchiert
und angerichtet. In der Deglaçage werden die mehrmals ange-
stochenen und in Portwein eingelegten Feigen heiß gemacht,
um die Ente gruppiert und mit der Sauce nappiert.

Hasenlendchen in Haselnußcreme

Die aus dem Rücken geschnittenen Hasenlendchen, man
rechne drei Stück à 40 Gramm pro Gast, werden leicht plattiert,
mit Pfeffer sowie Salz gewürzt und in Butter rasch rosa gebraten. Man überzieht die angerichteten Lendchen mit einer gut
deckenden, hellen Wildrahmsauce, unter die man eine reichli-

che Menge grobgestoßener Haselnüsse gemischt hat, bestreut sie mit gebutterten, feinen Weißbrotwürfeln und gratiniert das Ganze einen Augenblick unter dem Salamander.

Suprême vom Fasan im Schweinsnetz

Der gewürzte Fasan wird mit einer Speckscheibe bardiert und im heißen Rohr halb fertiggebraten. Nach kurzer Ruhezeit löst man ihn aus, stellt die noch stark rosa gebliebenen Brüste zur Seite und bereitet von den ausgebeinten Keulen unter Verwendung von frischen Champignons und einigen Fasanenlebern ein harmonisch gewürztes Würfelragout. Auf handgroß geschnittene Stücke von gut gewässertem Schweinenetz legt man die Brüste mit der Hautseite nach unten und füllt auf die innere Seite je einen Eßlöffel des fertiggestellten Ragouts. So vorbereitet, schlägt man die Brüste vollends in das Netz ein und rangiert sie, mit dem Schluß nach unten, in ein gebuttertes Geschirr. In der Zwischenzeit stößt man die Karkassen und die sonstigen Abgänge recht fein und röstet sie mit einigen Zwiebelscheiben und etwas Wurzelwerk an. Man löscht mit Weißwein ab und läßt das Ganze bis zur Hälfte einkochen. Dann gibt man eine vorrätige Wildsauce dazu und passiert sie nach etwa halbstündiger Kochzeit. Danach montiert man die Sauce mit frischer Butter und Sahne und versieht sie mit frischen Champignons oder Steinpilzstreifen. Die eingesetzten Brüstchen werden mit zerlassener Butter bestrichen und im heißen Rohr unter öfterem Begießen fertiggemacht. Gegen Schluß der Bratzeit nappiert man sie schwach mit der fertiggestellten Sauce und läßt sie im offenen Rohr ein wenig glacieren.

Gefüllte Mastgans nach besonderer Art

Eine besonders delikate Füllung zu nicht alltäglichem Gänsebraten stellt man auf folgende Weise her. Die Gänseleber wird zusammen mit Geflügel- und Kalbsleber auf 500 Gramm gebracht und mit ebensoviel Kalb- und Schweinefleisch zweimal durch die feine Scheibe des Wolfes gegeben. Mit 400 Gramm etwas grob durchgedrehtem, frischem Speck, einigen abgerindeten, eingeweichten und ausgedrückten Semmeln, Salz, Pfeffer, ein wenig Thymian und vier Eigelben verarbeitet man die Masse zu einer gut gebundenen und glatten Farce, mit der man die vorbereitete Gans füllt, die Öffnung vernäht und in der üblichen Weise brät.

Übriggebliebener Gänsebraten

Es läßt sich nie ganz vermeiden, daß des öfteren kleine oder auch größere Mengen Reste bleiben, die natürlich noch möglichst gewinnbringend verkauft werden müssen. Sollen noch ganze Portionen verkauft werden, so macht man sie erst auf Bestellung heiß, indem man sie mit der Hautseite nach unten in die Sauce legt. Das Ganze soll nur gut heiß werden, aber nicht zum Kochen kommen. Bevor man die Portion anrichtet, brät man sie kurz, wieder zunächst mit der Hautseite nach unten, in heißem Gänsefett auf, so daß die Haut schön knusprig wird. Diese durchaus vollwertigen Portionen, zum Beispiel nach Elsässer Art mit Sauerkraut, Speck und kleinen Würstchen, nach Burgunder Art in Rotweinsauce mit glacierten Zwiebelchen und Champignons oder mit Schinken-Makkaroni und einer leichten Tomatensauce, die eine Einlage von frischen Tomatenwürfelchen hat, nach Mailänder Art angeboten, werden auch als Cassoulet, Ragout oder Risotto zufriedene Abnehmer finden.

Mastgansragout Tamara

Von Butter, Zwiebeln und Mehl setzt man eine Sauce an, die leicht Farbe haben soll und mit kräftiger Gänsebrühe aufgefüllt wird. Mit wenig Essig und Zitronensaft, Pfeffer, Thymian, einer Prise Zimt und Knoblauch wird die Sauce pikant abgeschmeckt und mit in etwas Weißwein verrührtem Eigelb legiert. Die nicht zu klein geschnittenen Gänsereste, man nehme 120 Gramm Fleisch pro Gast, einige Pariser Karotten und glacierte Maronen werden untergeschwenkt und recht heiß angerichtet.

Gedünstete Tomaten mit Brokkolimus

Kleine Weißbrotwürfelchen werden in Speckfett hellbraun geröstet und mit einem Mus vermischt, das man von gekochten und feingehackten Brokkoli hergestellt hat. Man würzt mit Salz, Pfeffer sowie mit Muskat und macht eventuell mit einem Eigelb und etwas Sahne geschmeidig, füllt das Mus in abgezogene, ausgehöhlte Tomaten und dünstet sie, mit einem Butterpapier bedeckt, im mittelheißen Rohr.

Truthahnkeule Chipolata

Die ausgelöste und von den Sehnen befreite Truthahnkeule wird gewürzt, zu einer Rolle geformt und gebunden. Von allen Seiten anbraten, unter Beigabe von Madeira sowie gebundener Kalbsjus dünsten und kurz vor Ende der Garzeit eine Garnitur von glacierten Zwiebeln, Maronen, kleinen Bratwürsten, blanchierten und in Butter gebratenen Magerspeckwürfeln sowie kleine glacierte Karotten dazugeben und das Ganze zusammen fertigdünsten.

Junge Ente nach normannischer Art

Die in Butter gebratene Ente wird mit Apfelwein und gebundener Kalbsjus fertiggeschmort und zum Schluß mit Calvados (Apfelschnaps) flambiert. Der Schmorfond wird mit süßer Sahne zu einer bündigen Sauce verkocht und passiert. Die in Portionen geschnittene Ente wird mit der Sauce nappiert und erhält eine Garnitur von in Butter gebratenen Apfelspalten.

Kalbsmedaillons auf Ananas mit Choronsauce und gebackener Auster

Das Kalbsmedaillon, im Gewicht von 100 bis 110 Gramm pro Gast, wird leicht plattiert, gewürzt, durch Mehl und geschlagenes Ei gezogen und in Butter recht saftig gebraten. In der gleichen Pfanne brät man eine Scheibe Ananas, richtet sie auf einem gebutterten Geschirr an, gibt das fertiggebratene Medaillon darauf und überzieht es knapp mit einer Sauce Choron. Zum Service belegt man jedes Medaillon mit einer gebackenen Auster.

Poulardenbrust in Apfelcurry

Die in Butter und Weißwein gedünstete Poulardenbrust richtet man mit Apfelspalten an, die in frischem Orangensaft pochiert wurden. Das Ganze nappiert man dann mit einer Curryrahmsauce, die eher transparent als zu dick sein sollte.

Rebhuhnbrüstchen nach Brabanter Art

Die rosa gebratenen Rebhuhnbrüstchen werden auf oval ausgestochene und in Butter gebratene Weißbrotcroûtons gesetzt und mit einer hellen Wildrahmsauce überzogen. Des weiteren erhalten sie eine Garnitur von in Butter gebratenen kleinen Würstchen, glacierten Maronen, gebratenen Magerspeckscheiben und Rosenkohl.

Französischer Kirschpudding

Kleine Formen oder Porzellankokotten werden zuerst mit einer Lage sturzfähiger Kirsch-Sahnecreme gefüllt und erhalten eine Einlage von geschmorten Sauerkirschen sowie mit Grand Marnier getränkten, gestoßenen Makronen. Die Förmchen werden dann vollgefüllt und zum Erstarren in den Kühlraum gestellt. Die gestürzte Süßspeise wird bei Bestellung mit Kirschsauce nappiert und mit einem Sahnetupfen garniert.

Kirschsauce

Frische, entsteinte Kirschen werden mit Zucker und Wasser gekocht, später durch ein Sieb gestrichen oder im Mixer püriert. Das erhaltene Kirschpüree wird alsdann mit Weißwein aufgefüllt und beim Aufkochen mit etwas angerührtem Weizenpuder gebunden. Wenn die Sauce fast erkaltet ist, aromatisiert man sie mit Kirschwasser.

Pfefferminzparfait

350 Gramm Zucker werden mit 14 Eigelben und zwei Zitronensäften im Wasserbad warm aufgeschlagen und im Anschluß daran wieder kalt geschlagen. Ist dies erreicht, unterzieht man der Masse ein achtel Liter Pfefferminzlikör sowie das steifgeschlagene Eiweiß von acht Eiern und einen Liter fest geschlagene Sahne. Die Parfaitmasse wird entweder in Portionsförmchen oder Ziegelformen gefüllt und gefroren. Angerichtet werden sie mit einem Sahnetupfen und Waffeln. Soll eine Sauce dazu gereicht werden, so wählt man zwischen Himbeermark und einer kalten Schokoladensauce.

Orange Surprise

Große Orangen werden halbiert und von allem Fruchtfleisch befreit. Die halben Schalen füllt man mit Orangen- oder Mandarineneis und garniert sie, mittels Spritzbeutel, mit einer festen Baisermasse. Die so vorbereiteten Orangen können bis zum Gebrauch im Tiefkühlschrank vorrätig gehalten werden. Bei Bestellung besiebt man sie mit Staubzucker und flämmt sie ganz kurz unter dem Salamander.

Champagnersorbet

Das in entsprechenden Gläsern angerichtete Zitroneneis füllt man mit Sekt auf, dem man einige Tropfen Angostura-Bitter beigefügt hat.

Geeister Plumpudding

Dieses Dessert ist kein Plumpudding im eigentlichen Sinne, sondern eine Eisspeise, deren Zusammensetzung dieses Dessert vortäuschen soll. Folgender Werdegang ist hier anzuwenden: Unter eine Vanille-Parfaitmasse, wie auf Seite 162 beschrieben ist, zieht man dicke, kalte Schokolade, mit Weinbrand befeuchtete, gestoßene Makronen sowie in Weinbrand vorgequollene Rosinen und kleinste Würfelchen von Orangeat und Zitronat. Die Masse ist in Portionsförmchen zu frieren und mit einer Weinschaumsauce zu servieren.·

Apfeltimbale Eden

Portions-Timbaleformen werden gut gebuttert und mit Farinzucker ausgestreut. Die so vorgerichteten Formen werden mit dünnem Abfallblätterteig ausgelegt und zunächst zur Seite gestellt. Geschälte und vom Kernhaus befreite Äpfel werden in kleine Würfel geschnitten, mit gehackten Hasel- oder Walnüssen und einigen Rosinen, Vanillezucker sowie abgeriebener Zitronenschale vermengt und in die Förmchen gefüllt. Sie werden mit einem Blätterteigdeckel verschlossen und im heißen Ofen gebacken, damit der Zucker in der ausgestreuten Form genügend karamelisiert. Um ein Festkleben zu vermeiden, stürzt man die Timbalen gleich nach dem Backen aus den Formen und richtet sie noch lauwarm auf Glas- oder Porzellanschälchen an. Separat gibt man eine Vanillesauce, die mit etwas Eierlikör vollendet wird.

Eisschale Imperial

Mittelgroße Ballongläser werden mit einem Löffelchen geschmorte Sauerkirschen sowie einigen dünnen Kiwischeiben präpariert und mit etwas Eierlikör begossen. Nun gibt man drei kleine Kugeln Erdbeer- und Vanilleeis dazu und streicht das Glas mit Krokantsahne eben zu. Eine Schokoladen-Sahnerosette sowie ein Hippenröllchen sind die weitere Garnitur.

Kleiner Pfannkuchen Marquardt

Kleine, gebackene Eierkuchen werden mit einer Kugel Vanilleeis sowie mit Krokantsahne gefüllt und zur Hälfte zusammengeschlagen. Im letzten Augenblick, möglichst am Tisch des Gastes, überzieht man das Ganze mit heißer Schokolade.

Birnensalat auf Krokanteis

Weiche, aber keine überreifen Birnen werden geschält, geviertelt, von den Kernen befreit und in dünne Scheiben geschnitten. Mit etwas Läuterzucker sowie mit Birnengeist zu einem kurzgehaltenen Salat anmachen, in weiten Sektschalen auf Krokanteis anrichten und mit einer separat angerichteten Karamelsauce servieren.

Meeresfrüchtecocktail

Auf mit Zitronensaft und Crème fraîche angemachten Kopfsalatstreifen, mit denen die Böden von Cocktailgläsern ausgestattet sind, werden grobe Würfel von beliebigen Krustentieren gegeben, deren Auswahl sich noch durch je eine pochierte Auster, Mies- oder Jakobsmuschel erweitern läßt. Als weiteres Füllmittel haben wir auf unserem Serviervorschlag Avocadoscheiben vorgesehen. Zum Service wird der Cocktail mit einer Sauce übergossen, die aus zwei Teilen Ketchup sowie einem Teil trockenem Sherry besteht und mit Chicoréespitzen wie auch mit Dillsträußchen garniert wird.

Portweincreme

Zutaten: Ein Eßlöffel feine Schalottenwürfel, ein Eßlöffel Thymian, Saft von zwei Orangen, Saft einer halben Zitrone, zwei Glas Portwein, Mehlbutter, eine Prise Cayennepfeffer.
Thymian, Portwein und Schalotten einkochen, Saft der Orangen und Zitrone zugeben, die Flüssigkeit leicht mit Mehlbutter binden und das Ganze mit Jus lié und Crème fraîche vermischen.

→ Frische
Grapefruitspalten
mit Krebsschwänzen
in Dillrahm

*

Fasanenessenz mit
Wildklößchen

*

→ Steinbutt- und
Lachsmus in Blattsalat
gesotten
→ mit Austern-
Schaumweinsauce

*

→ Rosa gebratenes
Rehmedaillon
mit Pfifferlingen
und Kartoffelküchle

*

Kleine Käseauswahl

*

→ Orangenschaum
mit Erdbeermark
Feingebäck

Frische Grapefruitspalten mit Krebsschwänzen in Dillrahm

Aus den Bindehäuten geschnittene Grapefruitspalten und ausgebrochene und entdarmte Krebsschwänze gibt man zu gleichen Teilen in gut gekühlte Cocktailschalen und übergießt sie
mit einer Cocktailsauce, die man aus einem kleinen Teil Mayonnaise, Crème fraîche, Salz, einigen Tropfen Tabascosauce und
feingeschnittenem Dill bereitet hat.

Steinbutt- und Lachsmus in Blattsalat, gesotten

Die beiden zur Verwendung kommenden Fischmassen beste-
hen aus je 250 Gramm Lachs- und Steinbuttfleisch (entgrätet
und ohne Haut), einem ganzen Ei, 40 Gramm weicher Butter,
40 Gramm in Milch geweichtem Weißbrot, 30 Gramm weißem
Zwiebelmus, 80 ccm Sahne, Salz und Gewürzen.
Das Fischfleisch (jede Sorte gesondert) wird mit dem geweichten Weißbrot, dem Zwiebelmus sowie den Eiern im Küchenmixer fein püriert, mit Salz wie auch den Gewürzen zur glatten Bindung verarbeitet, zum Schluß mit der weichen Butter und Sahne
aufgezogen und jede Sorte in entsprechender Größe in kurz
blanchiertem Blattsalat eingeschlagen.

Diese Päckchen rangiert man in ein gebuttertes, mit feinen Schalottenwürfeln ausgestreutes Geschirr, bedeckt sie mit Butterpapier und gart sie unter Beigabe von wenig Fisch- und Champignonfond. Zum Schluß wird der Fond abgeschüttet, passiert und zur Bereitung der Austernsauce verwendet.

Austern-Schaumweinsauce

Geschnittene Schalotten, das Weiße einer Lauchstange sowie ein Stückchen Sellerie läßt man in Butter angehen, löscht mit Schaumwein und dem Fischfond ab und kocht alles bis auf ein Drittel der ursprünglichen Menge ein. Der erhaltene Fond wird durch ein feines Siebchen passiert, mit frischer Sahne versetzt und zur guten Bindung eingekocht.

Kurz vor dem Ende der Zubereitung werden der Sauce frische Spinatstreifen wie auch je Portion zwei pochierte und vom Bart befreite Austern mit ihrem Fond zugefügt und mit Butterflocken aufgeschwungen.

Rosa gebratenes Rehmedaillon in Tokajerauszug

Von einem ausgelösten und sauber enthäuteten Rehrückenfilet schneidet man je Gast zwei Medaillons, wobei man das Gewicht von je 50 Gramm zugrunde legt.

Die Medaillons werden gewürzt, in steigender Butter rosa gebraten und zunächst mit einem Butterpapier bedeckt warm gehalten.

Den entstandenen Bratsatz kocht man mit trockenem Tokajer los, gibt etwas Wildgrundsauce hinzu und reduziert das Ganze bis zur leicht deckenden Konsistenz. Die mit dieser Sauce nappierten Medaillons erhalten eine Beigabe von in Magerspeck geschwenkten Pfifferlingen und gebratenen Kartoffelküchlein.

Orangenschaum (Mousse à l'orange)

Drei gehäufte Eßlöffel konzentriertes Orangenmark (das tiefgekühlt im Handel ist), der Saft von drei ausgepreßten Orangen, sechs Eigelbe, 100 Gramm Zucker, etwas Zitronensaft sowie ein halbes Südweinglas Grand Marnier werden innig verrührt und im Wasserbad cremig aufgeschlagen.

Ist dies erreicht, gibt man sechs Blatt geweichte und aufgelöste Gelatine dazu, schlägt die Masse mit einer Beigabe von Orangenabgeriebenem kalt, zieht fünf mit etwas Zucker festgeschlagene Eiweiß und 1/4 Liter geschlagene Sahne darunter. Die Masse füllt man in ein Geschirr und gibt sie für mehrere Stunden zum Stocken in den Kühlschrank.

Zum Service wird das Mus mit dem Löffel ausgestochen, auf Erdbeermark angerichtet und mit einem Sahnetupfen garniert.

Perlhuhnessenz
mit Currysahne überbacken
Blätterteig-Käsestangen
*
→ Meeresfrüchte
mit Basilikum und
Gemüsestreifen im Sud
*
→ Kalbsbries
auf Blattspinat
Morchelrahm
*
→ Damhirsch-Medaillon
in Holundersauce
mit gebratenen Apfelspalten
*
→ Frische Beeren
mit Rumcreme
*
Kaffee und Petits fours

Meeresfrüchte mit Basilikum und Gemüsestreifen im Sud

Je Gast sind als Zutat zu veranschlagen: zwei Miesmuscheln, zwei Scampi, eine Jakobsmuschel, eine halbe Riesengarnele, eine kleine Schalotte, ein Eßlöffel Tomatenconcassé, je ein Teelöffel Streifen von Karotten, Lauch und Sellerie, ein Teelöffel Butter, ein Eßlöffel Crème fraîche, etwas Fischsud und einige Spritzer Pernod.

Gesottene Muscheln, die Scampi, die halbe Riesengarnele wie auch die in Scheiben geschnittene Jakobsmuschel läßt man kurz in Butter anziehen, würzt mit Salz, Pfeffermühle und einigen Spritzern Pernod, staubt das Ganze mit wenig Weizenpuder, füllt mit etwas Fischfond auf und läßt alles, unter Beigabe von Crème fraîche, einige Minuten kochen.

Die portionsweise angerichteten Meeresfrüchte garniert man mit den in Butter gedünsteten Gemüsestreifen sowie einem Basilikumsträußchen und beträufelt sie mit Krebs- oder Hummerbutter.

Kalbsbries mit Morchelrahm auf Blattspinat

Das herkömmlich pochierte Kalbsbries wird in Scheiben geschnitten, wobei man 60 Gramm für die Portion zugrunde legt. Die Scheiben werden gewürzt, leicht in Mehl gewendet und in steigender Butter goldbraun gebraten.

Feine Schalottenwürfel und Morcheln läßt man in Butter anziehen, flambiert sie mit etwas Weinbrand und verkocht sie mit frischer Sahne und etwas Zitronensaft zu einer leicht deckenden Konsistenz.

Der mit Schalotten und einer Spur Knoblauch fertiggestellte Blattspinat findet beim Anrichten als Sockel Verwendung. Das Bries wird darauf angerichtet und zum Service mit dem Morchelrahm nappiert.

Damhirsch-Medaillon in Holundersauce

Zu Beginn der Zubereitung stellt man folgenden Grundfond her: Feine Schalottenwürfel, einen guten Rotwein, etwas Johannisbeergelee, grob zerstoßene Pfefferkörner, Salz und einen guten Schuß Sherryessig reduziert man in einem Sautoir zur Hälfte, füllt mit einer Wildgrundsauce auf, verkocht das Ganze bis zur leicht deckenden Konsistenz, schmeckt ab und passiert den dickflüssigen Fond durchs Tuch oder ein feines Siebchen.

Das Medaillon, etwa 70 Gramm schwer, wird in steigender Butter rosa gebraten, angerichtet und mit einem Butterpapier bedeckt warm gehalten.

Der entstandene Bratensatz wird mit etwas Rotwein losgekocht, passiert und zu dem vorstehenden Grundfond gegeben. Je Gast gibt man einen Eßlöffel gedünstete Holunderbeeren dazu und schwingt die Sauce mit einigen Butterflocken auf. Die so fertiggestellte Sauce gibt man über das Medaillon und garniert es noch mit einigen gebratenen Apfelspalten.

Frische Beeren mit Rumcreme

Für die Rumcreme schlägt man $2/5$ Liter Weißwein mit $1/10$ Liter Rum, 150 Gramm Zucker wie auch acht Eigelben und dem Mark einer Vanilleschote im Wasserbad schaumig und versetzt den Schaum mit zwei Blatt in Wasser geweichter und wieder gut ausgedrückter Gelatine. Man rührt das Ganze kalt, unterzieht die Creme zum Schluß mit $1/4$ Liter geschlagener Sahne und gibt sie zu den angerichteten Früchten.

Räucheraalfilets
auf Sauerampfercreme
Melbatoast

*

→ Legierte Suppe
von jungen Erbsen
mit Schinkenstreifen
und pochiertem Wachtelei

*

→ Buchweizenblini
mit Krebsfleisch
und mit Roquefortcreme
überglänzt

*

→ Kalbsleber
in gekräutertem Sherryessig
Glasierte Maronen
Timbale von Apfelreis

*

→ Kleiner Eierkuchen mit
Vanillequark und
→ Weinbrandpflaumen

Legierte Suppe von jungen Erbsen mit Schinkenstreifen und pochiertem Wachtelei

Eine schöne Portion Zuckerschoten und geschnittene Schalotten läßt man in Butter anschwitzen, ohne sie Farbe nehmen zu lassen. Das Ganze staubt man mit wenig Weizenpuder oder Reismehl an, gibt einige geschälte rohe Kartoffelscheiben dazu, füllt mit einer guten Fleischbrühe auf, würzt mit Majoran, Muskatblüte, Salz wie auch Pfeffer und läßt alles weich kochen.
Nach dem Erreichen dieses Punktes püriert man die Suppe im Küchenmixer, streicht sie durch ein feines Sieb, bringt sie nochmals zum Kochen und legiert sie im Anschluß daran mit Sahne und Eigelb.
Angerichtet wird die Suppe in Tassen. Sie erhält eine Einlage von in Butter gerösteten Schinkenstreifen und einem pochierten Wachtelei.

Buchweizenblini, mit Krebsfleisch und mit Roquefortcreme überglänzt

Für die Blini werden 250 Gramm Buchweizenmehl und 200 Gramm Weizenmehl gemischt, mit einer Mulde versehen, in der mit 20 g Hefe, einer Prise Zucker und lauwarmer Milch ein kleiner Ansatz gemacht wird.

Nach dem Aufgehen wird der Ansatz mit zwei Eiern, etwas saurem Rahm und zum Schluß mit geschlagener Sahne zu einem dickflüssigen Teig verrührt, den man in kleinen Blinipfannen oder in entsprechenden Ringen zu zentimeterdicken Blini herausbackt.

Beim Anrichten werden die Blini mit dem ausgebrochenen Krebsfleisch belegt und sparsam mit Pfefferbutter beträufelt. Man überzieht sie schwach mit einer Roquefortcreme, zu der man eine aufgeschlagene Sauce hollandaise mit feinpassiertem Roquefortkäse unterzieht, und überglänzt sie unter dem Salamander.

Kalbsleber in gekräutertem Sherryessig

Aus einer bratfertig gemachten Kalbsleber schneidet man 80 Gramm schwere Tranchen, die man für etwa eine Stunde mit frisch gemahlenem Pfeffer, einem Zweiglein Beifuß und einigen Spritzern Weinbrand mariniert.

Die so vorbereiteten Tranchen werden bei der Fertigstellung des Ganges leicht in papriziertem Mehl gewendet, in Butterschmalz auf beiden Seiten gebraten, wobei die Leber noch rosa bleiben sollte, und warm gestellt.

In 50 Gramm der Bratbutter gibt man 150 Gramm feine Schalottenwürfelchen, 50 ccm Sherryessig, 200 ccm Weißwein, 500 ccm gebundene Kalbsjus sowie feingeschnittenen Schnittlauch, gehackten Kerbel, Petersilie und eine Spur Estragon. Das Ganze verkocht man zu einer leicht deckenden Konsistenz und gibt es über die angerichtete Leber. Man versieht jede Portion mit zwei glasierten Maronen und einer Timbale Apfelreis, die mit Butter, etwas Hühnerbrühe sowie feinen Schalotten- und Apfelwürfelchen gut saftig zu halten ist.

Kleiner Eierkuchen mit Vanillequark

Herkömmlich bereitete kleine Eierkuchen erhalten folgende Füllung:

300 Gramm Quark werden passiert und mit Zitronenabgeriebenem, drei Eigelben, 80 Gramm Zucker, dem Inneren eine Vanilleschote und wunschweise 90 Gramm gequollenen Rosinen verrührt.

Die hiermit gefüllten Eierkuchen werden zur Hälfte zusammengeschlagen, wenig gebuttert und für den Service im Rohr oder im Mikrowellengerät erwärmt. Beim Auftragen werden die Eierkuchen mit heißer Aprikosensauce nappiert und mit je zwei Weinbrandpflaumen angerichtet.

Weinbrandpflaumen

1/8 Liter Weißwein, 50 Gramm brauner Zucker, eine Zimtstange, eine Vanilleschote, abgeriebene Orangenschale, Weinbrand, eine Prise Salz, 400 Gramm vorgequollene Kurpflaumen.

Weißwein, Zucker und die Gewürze sind klar zu kochen. Die vorgequollenen Kurpflaumen werden für etwa acht Minuten in die siedende Flüssigkeit gegeben, zur Seite gestellt und nach kurzem Abkühlen mit 1/8 Liter Weinbrand untergeschwenkt.

So hergerichtet, werden die Pflaumen in verschließbare Gläser umgeleert und mit dem abgekühlten, passierten Fond übergossen.

→ Mandelrahmsuppe
mit Lachsklößchen

*

Rosa gebratene
Entenstopfleber
mit Datteltrauben
→ und gerösteter
Senfsaat

*

→ Gefüllte
Stubenkükenbrust
mit Semmelfüllung
Glasierte Gartenkarotten

*

Pochierte Felsenaustern
mit Spargelspitzen
in Krebssauce

*

→ Frischlingsrücken
in Rot- und Portwein-Sauce
→ Kohlrabiflan

*

Crème Caramel

Mandelrahmsuppe mit Lachsklößchen

Feine Schalottenwürfel läßt man in Butter angehen, ohne daß sie Farbe nehmen, staubt sie mit wenig Mehl, löscht mit Hühnerbrühe ab und kocht das Ganze etwa zwanzig Minuten.

In der Zwischenzeit stellt man durch zehnminütiges Aufkochen von feingeriebenen, abgezogenen Mandeln und Milch die zum Auffüllen der Suppe benötigte Mandelmilch her, die man nach kurzem Abkühlen durch ein Tuch preßt. Den erhaltenen Fond fügt man dem Suppenansatz hinzu.

Nach genügendem Auskochen wird die Suppe passiert, sie erhält ihre Bindung durch eine Liaison von Sahne und Eigelb und ist mit Salz und weißem Pfeffer abzuschmecken.

Zum Service erhält die nicht zu dick gehaltene Suppe eine Einlage von Lachsklößchen, zu deren Herstellung man haut- und grätenfreies Lachsfleisch mit einer Beigabe von Butter, Eiweiß und einem kleinen Teil Brotpanade im Küchenmixer fein püriert, mit etwas Sahne aufzieht und in entsprechender Größe in siedendem Salzwasser gart.

Geröstete Senfsaat

Zur Herstellung der Senftriebe breitet man auf einem nassen
Tuch die entsprechende Menge Senfkörner aus, besprenkelt
sie mit lauwarmem Wasser und bedeckt sie mit einem zweiten
nassen Tuch.
Bei normaler Zimmertemperatur sowie durch öfteres Befeuch-
ten haben sich nach drei Tagen die Triebe entwickelt, die dann
in Butter geröstet und beim Anrichten schwach gesalzen und
gepfeffert werden.

Gefüllte Stubenkükenbrust mit Semmelfüllung

Die Stubenkükenbrüste werden ganz mit der Haut ausgelöst
und erhalten eine Semmelfüllung, unter die man das sautierte
Fleisch der Keulen wie auch die in Würfel geschnittene Leber
der Küken gegeben hat.
Die so vorbereiteten Brüste werden in ein Stück Schweinenetz
eingeschlagen, in ein gebuttertes Geschirr dressiert, mit Pfefferbutter beträufelt und im Rohr zu schöner Farbe gebraten.
Zum Service richtet man je zwei Tranchen der Brust mit der Beigabe von glasierten Gartenkarotten auf einer Geflügelrahmsauce an.

Frischlingsrücken in Portweinsauce

Der ausgelöste, parierte und gewürzte Frischlingsrücken wird
mit geschnittenen Schalotten und einer ungeschälten Knoblauchzehe in Butterschmalz von allen Seiten gebraten und nach
knapp zehn Minuten in Alufolie eingeschlagen und warm
gestellt.
Das Bratfett wird abgeschüttet und der Bratsatz mit einer
Mischung von Rot- und Portwein losgekocht. Dann gibt man
etwas Wildfond, Johannisbeergelee sowie wenig Fleischglace
hinzu, läßt die Sauce sämig kochen, passiert sie durch ein feines Siebchen und nappiert damit das aufgeschnittene Fleisch.

Kohlrabiflan

Zur Herstellung des Flans schneidet man die geschälte Kohlra-
biknolle in feine Scheiben und dünstet sie langsam in Butter
und kräftiger Hühnerbrühe weich.
Die abgekühlten und abgetropften Kohlrabischeiben würzt man
mit Salz, weißem Pfeffer wie auch Muskatblüte, gibt sie in
den Küchenmixer und püriert sie mit der Beigabe von Crème
fraîche, etwas Butter und Eiern zu einer glatten, dickflüssigen
Masse.
Sie wird in gebutterte Förmchen gefüllt und im mittelheißen
Rohr im bedeckten Wasserbad gar gezogen.

→ Cremesuppe
von Edelfischen
gewürzt mit Safran
und Lauchstreifen

*

→ Gefüllte
Artischockenböden
mit Reibkäse
gratiniert
auf hausgemachten
Eiernudeln
mit Morcheln in Sahnesauce

*

Friséesalat mit Tomaten,
Sellerie, Champignons
und glasierten Briesröschen
mit würziger
Vinaigrette vollendet

*

Kalbsniere
auf Rosinen-Lauch
mit Gordon's-Gin-Sauce
und Schinkenflädle

*

→ Warmer Zitronenflan
mit frischen Himbeeren
S. 90→ und Erdbeermark

*

Mokka, Digestif

Cremesuppe von Edelfischen

Die von Abgängen und Gräten der verschiedenen Edelfische hergestellte Suppe wird passiert, mit Eigelb und Sahne legiert und kurz vor dem Service mit etwas Safranbutter aufgeschlagen.
Sie erhält des weiteren eine Einlage von gedünsteten Lauchstreifen sowie kleinen Fisch- und Hummerklößchen.

Gefüllte Artischockenböden, mit Reibkäse gratiniert, auf hausgemachten Eiernudeln mit Morcheln in Sahnesauce

Die herkömmlich vorbereiteten und gekochten Artischockenböden füllt man mit einem gedünsteten Mus von Sellerie, Schalot-

ten und Reis und versieht sie mit einem Überzug von nicht zu
fest gehaltener Geflügel- oder Wildfarce.

Die hergerichteten Böden rangiert man in ein flaches Geschirr,
beträufelt sie mit zerlassener Pfefferbutter, bestreut sie mit
Reibkäse und gratiniert sie unter dem Salamander.

Zum Service werden die Böden auf einer kleinen Menge Band-
nudeln angerichtet, die mit gedünsteten Morcheln und einer
würzigen Sahnesauce unterschwenkt sind.

Warmer Zitronenflan mit frischen Himbeeren und Erdbeermark

Große flache Tarteletteformen legt man dünn mit Mürbteig aus
und füllt sie mit folgender Masse:

500 Gramm Crème fraîche, drei ganze Eier, 80 Gramm Zucker,
das Innere einer halben Vanilleschote, den Saft von zwei Zitronen wie auch das Abgeriebene von drei Zitronen verrührt man
innig und füllt die Masse in die angebackenen Förmchen.

Die Flans werden dann bei flotter Hitze fertiggebacken, im noch
lauwarmen Zustand mit einer guten Menge Himbeeren belegt
und mit Erdbeermark nappiert.

→ Saisonsalate
mit pochiertem Kalbshirn
in Korianderrahm

*

Schneckenrahmsuppe
mit → Klößchen
von Räucherlachs

*

→ Kleine Mousselines
von Krevetten
in lauwarmer
Würz-Vinaigrette

*

→ Tranche
von der Barbarie-Ente
in Schalottenrahm
mit Champignonköpfen
und jungen Gartenzwiebeln

*

Dunstbirne
mit Roquefortcreme
überbacken

*

→ Feigen-Beignets
mit Himbeermark
und Crème Chantilly

Saisonsalate mit pochiertem Kalbshirn in Korianderrahm

Das gut gewässerte und herkömmlich vorbereitete Kalbshirn wird in gewürztem Wurzelsud gegart und in dem Pochierfond ausgekühlt.
Im noch lauwarmen Zustand schneidet man das Hirn in gefällige Scheiben und mariniert es mit einem Rahmdressing, den man aus Sherryessig, Crème fraîche, Salz, Pfeffer, Walnußöl, feinen Schalottenwürfeln, gehacktem Dillgrün und zerdrückten Korianderkörnern bereitet hat.
Das so vorbereitete marinierte Kalbshirn wird zum Service mit kleinen Salatbuketts von Frisée-, Eichblatt-, Tomaten- und Feldsalat angerichtet.

Räucherlachsklößchen zur Schneckensuppe

Zwei abgerindete Semmeln werden kleinwürfelig geschnitten und mit wenig Sahne, zwei Eigelben wie auch einem ganzen Ei gemischt.

Mit Salz, Muskatblüte und gehackter Petersilie abgeschmeckt, gibt man 150 Gramm im Mixer feinpürierten Räucherlachs (hierzu nimmt man die Abschnitte, die keine Portion mehr ergeben) nebst einem Teelöffel in Butter geschwitzter Schalottenwürfel hinzu und verarbeitet das Ganze zu einer geschmeidigen Paste.

Von dieser Masse werden mittels Teelöffel kleine Klößchen abgestochen, die man in Salzwasser gart. Diese Klößchen eignen sich außer für Fischsuppen auch für Ragouts von Fischen und Krustentieren.

Mousselines von Krevetten

An Zutaten für die Herstellung benötigt man 400 Gramm gräten- und hautfreies Hechtfleisch, vier Eiweiß, 100 Gramm Brandteig, 20 Gramm Butter, 40 Gramm Schalotten, 250 Gramm Krevettenschwänze, 150 Gramm Crème fraîche, Salz, Pfeffer, etwas Curry und Basilikum.

Das Hechtfleisch wird im Küchenmixer feingekuttert und im Anschluß daran intensiv mit dem Eiweiß, dem Brandteig, den in Butter gedünsteten Schalotten, der Crème fraîche und den Gewürzen verrührt und zum Schluß mit den Krevetten untergezogen.

Diese Masse füllt man in gebutterte Timbaleförmchen und pochiert diese zugedeckt bei etwa 80 Grad im Wasserbad.

Zum Service werden die Förmchen gestürzt und kurz mit einer lauwarmen Würzvinaigrette nappiert, die man aus mildem Essig, Öl, Curry, Salz, Pfeffer, gemahlenem Koriander, Eiweißwürfeln, feinen Kräutern sowie einigen längs halbierten Krevettenschwänzen gefertigt hat.

Tranche von der Barbarie-Ente in Schalottenrahm

Eine roh ausgelöste Entenbrust wird mit einem scharfen Messer rautenförmig ziseliert und für etwa 12 Stunden in Walnußöl und Rotwein mariniert.

Für die Fertigstellung wird die Brust mit der Hautseite nach unten 10 Minuten und auf der Fleischseite etwa 5 Minuten gebraten. Alsdann wird die Brust aus dem Geschirr genommen und zwischen zwei Tellern im Rechaud warm gehalten. Auf diese Weise wird das Entenfleisch besonders zart.

Das Entenfett wird abgegossen, und der Bratensatz wird mit einem Schuß Weinessig, Schalotten und Crème fraîche zur Sauce eingekocht. Sie wird durch ein feines Siebchen passiert und mit Butterflocken aufgeschwungen.

Zum Service werden zwei dünne Tranchen der Brust auf dieser Sauce angerichtet. Sie erhalten eine Garnitur von Champignonköpfen und jungen Zwiebeln, die in Butter gedünstet und mit einer kleinen Beigabe von Honig glasiert wurden.

Feigen-Beignets mit Himbeermark

Frische, geschälte Feigen werden in dicke Scheiben geschnitten und bis zum Gebrauch mit Puderzucker und Grand Marnier mazeriert.

Zum Service tupft man sie trocken, mehlt sie leicht, zieht sie durch einen nicht zu dickflüssigen Wein- oder Bierteig, backt sie in heißem Butterschmalz und serviert sie mit einem Sahnetupfen auf einem Spiegel von Himbeermark. Zum Weinteig benötigt man 125 Gramm Mehl, 10 Gramm Hefe, 130 ccm Weißwein, einen Eßlöffel Öl, ein Eigelb sowie zwei zu festem Schnee geschlagene Eiweiß.

→ Wildententerrine
mit süß-sauer eingelegten
Zwiebelchen
und Preiselbeeren
*

Kartoffelrahmsuppe
mit Steinpilzen
und → Lebernocken
*

Lachs-Medaillon
mit Kressesauce zwischen
Tausend-Blätter-Kuchen
*

Saltimbocca
vom Lammrückenfilet
mit Schinken und Salbei
→ Senfcreme
mit rosa Pfefferkörnern
*

Französische Käseauswahl
*

S. 110→ Frische
Erdbeeren „Exquisite"

Wildententerrine mit süß-sauer eingelegten Zwiebelchen und Preiselbeeren

Das von Haut und Sehnen befreite Keulenfleisch der roh ausgelösten Wildente, die geputzte Leber, etwas sehnenfreies Geflügelfleisch sowie fetter Speck werden grob geschnitten, mit Salz,
Pfeffer, Rosmarin und Thymian versehen und mit Weinbrand
und Portwein einen Tag mariniert.

Zwischenzeitlich kocht man die zerhackten Karkassenknochen
und die angefallenen Abgänge zur Glace, passiert diese durch
ein Siebchen und stellt sie beiseite. Ebenso brät man die später
benötigten gewürzten Brustfilets rundum blutig an und läßt sie
auskühlen.

Für die Fertigung der Terrine gibt man das marinierte und gut
abgetrocknete Fleischgemisch durch die feine Scheibe des
Wolfs und verarbeitet es im Anschluß daran im Küchenmixer
unter Zugabe von Eiern zu einer feinen Farce.

Nach dem Durchkühlen arbeitet man etwas weiche Butter, die
bereitgehaltene Glace, Pistazien, Sahne und Crème fraîche ein.
Dann prüft man den Geschmack, füllt die Hälfte der Farce in
dünn mit Brustspeck ausgelegte Formen, legt die Brustfilets ein

und ergänzt die Form mit dem Rest der Farce. Die ebenfalls mit Speck abgedeckte Terrine wird im siedenden Wasserbad pochiert.

Als Beigabe dienen Preiselbeeren und süß-saure Zwiebelchen, die man in einem Fond aus Weißwein, Zitronensaft, Honig, Salz sowie Pfeffer dünstet und in diesem Fond auskühlen läßt.

Lebernocken als Suppeneinlage

Sieben abgerindete Semmeln werden in Fleischbrühe eingeweicht und wieder gut ausgedrückt. 100 Gramm Kalbsnierenfett sowie 100 Gramm entsehnte Kalbsleber, beides im Küchenmixer fein püriert, mischt man mit den Semmeln, würzt mit Salz, Pfeffer, wenig Majoran, gehackter Petersilie und 50 Gramm angeschwitzten Schalottenwürfeln.

Wenn alles gut durchgearbeitet ist, gibt man nach und nach vier Eier dazu, fügt noch wenig Mehl bei und stockt die mit dem Teelöffel abgestochenen Klößchen in siedender Fleischbrühe.

In den süddeutschen Regionen unseres Landes bereitet man von dieser Masse auch die Leberreis- oder Leberspätzlesuppe, indem man das rohe Leberfüllsel durch einen mit großen Löchern versehenen Durchschlag in die siedende Flüssigkeit streicht.

Senfcreme mit rosa Pfefferkörnern

Je ein Eßlöffel milder und scharfer Senf, drei Tassen Crème fraîche, ein Eigelb, eine Tasse Schnittlauch, der Saft einer Zitrone, ein doppelter Weinbrand, Salz und Pfeffermühle sind die Zutaten zur Senfcreme.

Das Eigelb wird mit dem Senf vermischt und unter stetem Rühren am Herdrand erwärmt. Nach und nach gibt man den Zitronensaft, Salz, Pfeffer, die Crème fraîche, die rosa Pfefferkörner und den Schnittlauch dazu. Die Creme sollte zwar gut warm sein, sie darf aber auf keinen Fall zum Kochen kommen.

→ Salat
von Riesengarnelen
mit Pfifferlingen
Kaiserschoten
und Blattspinat

*

Kressesuppe mit Spargel
und Kalbsbriesröschen

*

→ Gedünstetes
Seezungenfilet
in Tokajer-Paprikarahm
Hausgemachte Safrannudeln

*

Ausgelöster
rosa gebratener
Lammrücken
gewürzt mit
Provencekräutern
und Knoblauch
Junges Lauchgemüse
und geröstete Pinienkerne
→ Karottenflan

*

→ Himbeeren
im Cremetöpfchen

*

Mokka und Petits fours

Salat von Riesengarnelen mit Pfifferlingen, Kaiserschoten und Blattspinat

Die zur Verwendung kommenden Riesengarnelen werden je
nach ihrer Größe in etwa fünf bis acht Minuten in einem mit
Salz, Kümmel sowie Petersilienstengeln gewürzten Sud aus
Wasser und Weißwein gar gezogen und zum Abkühlen beiseite
gestellt.
Gleichzeitig gart man die Zuckerschoten in wenig Fleischbrühe
recht knackig, schreckt sie in Eiswasser ab und mariniert sie
zusammen mit den in Öl gedünsteten Pfifferlingen und den
rohen, in Streifen geschnittenen Spinatblättern in einer würzigen Marinade aus Estragon- und etwas Balsamessig, Trauben-
kernöl, Salz, Pfeffer sowie einer Prise Zucker.

Diese drei Salatkomponenten richtet man in kleinen Buketts an, gibt die ausgebrochenen und vom Darm befreiten Riesengarnelen dazu und reicht zum Service eine gesondert angerichtete Sauce aus Crème fraîche und Chilisauce, gewürzt mit einem Spritzer Tabasco.

Gedünstetes Seezungenfilet in Tokajer-Paprikarahm

Feinwürfelig geschnittene Schalotten werden in Butter glasig geschwitzt und mit je zur Hälfte Fischfond und trockenem Weißwein aufgefüllt. In diesem Sud wird das leicht plattierte Seezungenfilet auf den Punkt pochiert, angerichtet und mit der nachstehenden Sauce vollendet:

Für den Tokajer-Paprikarahm schlägt man mit dem Schneebesen ein ganzes Ei, ein Eigelb, 1/8 Liter Sahne und einen guten Schuß trockenen Tokajer im heißen Wasserbad schaumig und montiert das Ganze, je nach Geschmack, mit mehr oder weniger Paprikamark und frischen Butterflocken.

Karottenflan

In Scheiben geschnittene Karotten werden mit geschnittenen Schalotten in Butter gedünstet, mit wenig Fleischbrühe aufgegossen, mit einer Prise Zucker, Salz sowie Pfeffer gewürzt und recht weich gekocht.

Die Karotten streicht man dann durch ein feines Sieb, versetzt das erhaltene Mus mit Crème fraîche, Ei und einer Prise Muskatblüte. Die erhaltene Masse füllt man dann in gut gebutterte Förmchen und pochiert sie in einem 80 Grad heißen Wasserbad. Beim Anrichten werden die gestürzten Flans mit zerlassener Butter beträufelt.

Himbeeren im Cremetöpfchen

Feuerfeste Kokotten in Portionsgröße werden bis knapp zur Hälfte mit schwach gesüßter, vanillierter Eiermilch gefüllt, in ein Wasserbad gesetzt und diese zugedeckt im mäßig heißen Rohr zum Stocken gebracht. Um ein gutes Ergebnis zu erreichen, sollte man folgende Zusammensetzung wählen: 1/2 Liter Milch, 1/4 l Sahne, das Innere einer Vanilleschote, eine Prise Salz, 120 Gramm Zucker, 5 ganze Eier und 2 Eigelb.

Nach dem völligen Auskühlen der Eiermilch gibt man auf die Cremeschicht etwas Himbeermark, bedeckt erhaben mit Himbeeren und überglänzt das Dessert mit Himbeermark, das mit etwas Himbeergeist aromatisiert wurde.

→ Frische Austern
und gebeizter St.-Peter-Fisch
mit marinierten Meeresalgen
und Morcheln
*
Rosenkohlrahmsuppe
mit Basilikum
und Paprikasahne
*
→ Schinken-Mousseline
mit Lauchstreifen
in getrüffelter Rieslingsauce
*
Zitronensorbet
mit Champagner
*
→ Blanquette
von der Poularde
in Gemüsecreme
→ Maisfritters
*
→ Roquefort-Apfel
*
→ Schokoladengelee
mit Eierweinbrand
und Mango-Konfit
*
Mokka
mit Florentiner Gebäck
Digestif

Frische Austern und gebeizter St.-Peter-Fisch
mit marinierten Meeresalgen und Morcheln

Die ausgelösten Filets vom St.-Peter-Fisch, die von Haut und
Gräten befreit sind, beizt man 12 Stunden in der gleichen Weise
mit Salz, Pökelsalz, weißen Pfefferkörnern und grobgeschnittenem Dill, wie dies beim Gravlaks der Fall ist.
Die Meeresalgen werden kurz in kochendem Salzwasser
gebrüht und unverzüglich mit einem Dressing aus geriebenen
Schalotten, Sherry- und Balsamessig, Würzöl wie auch einer
Prise Zucker und frisch gemahlenem Pfeffer angemacht.
Mit den gedünsteten Morcheln verfährt man ebenso, nur würzt
man sie zusätzlich noch mit einigen Spritzern Zitronensaft und
auch ein wenig Senf. Die marinierte Komponente richtet man

bukettmäßig an, vollendet sie mit zwei dünngeschnittenen Fischtranchen und der frisch geöffneten, mit etwas Zitronensaft und Pfeffermühle versehenen Auster.

Schinken-Mousseline mit Lauchstreifen in getrüffelter Rieslingsauce

Je Gast werden 20 Gramm Schalotten mit $1/10$ Liter weißem Portwein fast eingekocht. Die erhaltene Reduktion wird mit 40 Gramm gekochtem Schinken im Mixer püriert und mit Salz, Pfeffer sowie Muskatblüte abgeschmeckt.
Danach werden Eigelb und Crème fraîche dazugegeben und das Ganze, wenn erwünscht, durch ein Sieb gestrichen. Im Anschluß daran rührt man etwas sehr fein gehackte Zitronenmelisse an die Farce, füllt sie in entsprechende gefettete Förmchen und pochiert sie bei 80 Grad im siedenden Wasserbad.
Die gestürzten Mousselines werden auf einer mit feinen Trüffelfäden versehenen Rieslingsauce angerichtet und erhalten eine kleine Garnitur von in Butter knackig gedünsteten Lauchstreifen.

Blanquette von der Poularde in Gemüsecreme

Eine fleischige Poularde wird mit den nötigen Aromaten in einer gut abgeschmeckten Hühnerbrühe saftig gesotten, nach dem Auskühlen von Haut und Knochen befreit und für den Service in einem Teil der Brühe bereitgehalten.
Des weiteren stellt man die folgende Gemüsecreme her, mit der die angerichtete Fleischportion, je eine Tranche Brust sowie ein Scheibchen von der Keule, beim Service nappiert werden.
Eine Brunoise von Lauch, Karotten, Sellerie und Petersilienwurzeln läßt man kurz in Butter angehen, löscht sie mit Hühnerbrühe ab und kocht das Ganze krokant. Ebenfalls in Hühnerbrühe kocht man einige recht mehlige Kartoffeln recht weich, passiert sie und verrührt sie mit einer Beigabe von Sahne mit der Gemüsebrunoise und ihrem Fond zur leicht deckenden Konsistenz.

Maisfritters

Von 100 Gramm Mehl, 2 Eiern, wenig Milch, einem gestrichenen Teelöffel Backpulver, Salz, einer Prise Cayennepfeffer wie auch feingehackter Petersilie bereitet man einen Teig, unter den man 250 Gramm gut abgetropften Konservenmais gibt.
Aus der Masse backt man in heißem Butterschmalz eßlöffelgroße Fritters heraus, die zu vielfältigen Gerichten als Sättigungsbeigabe gereicht werden können.

Roquefort-Apfel

Halbierte, geschälte und ein wenig ausgehöhlte Äpfel pochiert
man nicht allzu weich in Orangensaft, läßt sie gut abtropfen und
füllt sie mit einer Mischung von Preiselbeeren und frisch geriebenem Meerrettich etwa zur Hälfte.

Man bedeckt sie mit einer Creme, die man aus Gervais, passiertem Roquefort, Eigelb sowie einer Prise Cayennepfeffer bereitet
hat, buttert sie leicht und überbackt die Äpfel unter dem Salamander.

Schokoladengelee mit Eierweinbrand und Mango-Konfit

1/2 Liter Milch, 125 Gramm zartbittere Schokolade, 30 Gramm
Zucker und eine kleine Prise Salz werden ausgekocht und
abseits des Feuers mit sieben Blatt geweichter und ausgedrückter Gelatine versehen.

Diese gut verrührte und abgekühlte Masse füllt man in mit Wasser ausgespülte Förmchen und gibt sie zum Stocken in den
Kühlraum.

Zum Service wird das Dessert auf einen Spiegel von Eierweinbrand oder kaltem Weinschaum gestürzt und mit einem Tupfer
geschlagener Sahne wie auch einem Löffelchen Mango-Konfit
vollendet.

→ Lauwarme
Kalbsbriesröschen
mit einem Salat
von Eichblatt, Tomaten
und Steinpilzen
in Balsamico-Dressing, Toast
und gesalzene Landbutter

*

Rahmsuppe
von frischem Fenchel
mit Markklößchen

*

→ Festival
von Meeresfrüchten
in Paprikasahne
Wilder Reis

*

Kalbsmedaillon
mit grünem Spargel
in Roquefortrahmsauce
Rosinenreis

*

→ Pistazien-
und Vanilleeis
mit Hagebuttenmark

Lauwarme Kalbsbriesröschen mit einem Salat von Eichblatt, Tomaten und Steinpilzen

Das gut gewässerte Kalbsbries wird in der herkömmlichen Art pochiert, nach kurzem Abkühlen von Haut, Knorpel und Sehnen befreit, in Röschen geteilt, mit Salz und Pfeffer gewürzt und mit etwas Walnußöl beträufelt. Anschließend wird es zugedeckt warm gehalten.

Zwischenzeitlich bereitet man eine Salatmischung von abgezogenen und entkernten Tomatenecken, gegarten Steinpilzköpfen und Eichblattstauden, beträufelt das Ganze mit einem würzigen Dressing von etwas Senf, Sherry- und Balsamessig, Walnußöl sowie geriebener Schalotte, Salz und Pfeffer. Zum Service richtet man den Salat mit den bereitgehaltenen Briesröschen an.

Festival von Meeresfrüchten in leichter Paprikasahne

Zu diesem Zwischengericht, das, wie es schon die Bezeichnung verrät, nur aus edlen Zutaten besteht, ist ein kräftiger und schmackhafter Fond unerläßlich. Man stellt ihn aus Fleischbrühe, trockenem Weißwein, den sauber hergerichteten und gewaschenen Fischabgängen wie Kopf, Bauchlappen und Flossen her, würzt ihn mit zerdrückten Pfefferkörnern, Salz und Kräuteraromaten, kocht ihn genügend ein und passiert ihn nach einer Kochzeit von zirka 30 Minuten.

Inzwischen richtet man die Meeresfrüchte wie Riesengarnelen, Shrimps, Miesmuscheln, Jakobsmuscheln und Gemüsestreifen von Lauch und Karotten, einige Keniabohnen und Streifen von festen Tomaten her, würzt sie mit Salz und edelsüßem Paprika und läßt das Ganze bis zur Zubereitung stehen.

Zur Fertigstellung schwitzt man in Krebsbutter die Gemüse an, gibt von der passierten Brühe hinzu, bis die Menge bedeckt ist. Nach etwa zehn Minuten gibt man die vorbereiteten Meeresfrüchte sowie die Tomatenstreifen dazu und läßt das Gericht bis zum gewünschten Biß fertig werden. Zur Vollendung legiert man den kurzzuhaltenden Fond mit Sahne und Eigelb, richtet es an und beträufelt die Meeresfrüchte mit zerlassener Krebsbutter.

Pistazien- und Vanilleeis mit Hagebuttenmark

Um ein Hagebuttenmark von guter Konsistenz und schöner Farbe zu erhalten, bedient man sich der im Handel erhältlichen Konserve.

Man verrührt das Mark mit Apfelfriate (einem feinen Sirup aus eingedicktem Apfelsaft) sowie mit Orangen- und Zitronensaft zur deckenden Konsistenz und aromatisiert das Ganze zum Schluß mit Cointreau oder Cordial-Médoc. Das Mark kann sowohl warm als auch kalt zu der angerichteten Eisportion gereicht werden.

→ Carpaccio
von Ochsenlende
mit Ratatouille
und Pfefferschmant

*

Klare
Kalbsschwanzsuppe
mit Tapioka
und → Kalbfleischklößchen

*

→ Wolfsbarschschnitte
mit grünem Spargel
in Whiskyrahm

*

→ Hähnchenbrust
mit Calvillespalten
und Mandelsplittern
in Schaumweinsauce
Paprikareis

*

Französischer Tortenbrie
mit Walnußbrot

*

Kleine Eierkuchen
mit in Grand Marnier
gebeizten Erdbeeren
gefüllt und mit
einer Creme aus Eigelb,
Honig, Crème fraîche
sowie Kirschwasser
übergossen und gratiniert

Carpaccio von Ochsenlende mit Ratatouille und Pfefferschmant

Für den Service wird die bereitgehaltene, gefrostete Ochsenlende, die selbstverständlich ohne Haut und Flachsen sein muß, hauchdünn mit der Maschine geschnitten, mit der nachstehenden Ratatouille sowie Pfefferschmant versehen und zart mit einer Marinade aus Sherryessig, Salz, weißem Pfeffer, wenig Zitronensaft und Öl bepinselt.

Zur Bereitung der Ratatouille schwitzt man kleine ganze Schalotten, Würfel von gelben und roten Pfefferschoten wie auch kleinste ganze Karotten in Öl an, gibt Tomatenconcassé, etwas Ketchup und zurechtgeschnittene Zucchini, eine Aubergine und wenig Weißwein dazu, würzt mit Thymian, Majoran, Lorbeerblatt, Knoblauchsalz sowie einer Prise Cayennepfeffer, läßt

alles zusammen 30 Minuten garen und anschließend gut auskühlen.

Für den Pfefferschmant verrührt man Crème fraîche mit wenig
scharfem Senf und grünen Pfefferkörnern zu einer würzigen
Creme, die dem Vorgericht einen pikanten Pfiff verleiht.

Kalbfleischklößchen als Suppeneinlage

125 Gramm Kalbfleisch und 125 Gramm mageres Schweinefleisch treibt man durch die feine Scheibe des Wolfes und verarbeitet das Ganze mit etwas Eiweiß und Sahne im Küchenmixer
zu einer feinen Farce, die man, wenn nötig, noch durch ein Sieb
streichen kann.

Zu 60 Gramm pomadig gerührter Butter gibt man nach und
nach ein Eigelb, ein ganzes Ei und eine abgeriebene Semmel,
die zuvor eingeweicht und wieder gut ausgedrückt wird. Diese
Mischung arbeitet man unter die Fleischmasse, die man zur
Vollendung mit Salz, Pfeffer und Muskatblüte abschmeckt. Die
mit einem Teelöffel oval abgestochenen Klößchen bringt man in
siedender Fleischbrühe zum Stocken.

Wolfsbarschschnitte mit grünem Spargel in Whiskyrahm

Tranchen vom ausfilierten Wolfsbarsch im Gewicht von
75 Gramm werden in ein gebuttertes Geschirr dressiert, mit
Salz und Pfeffermühle gewürzt, mit etwas kräftiger Fleischbrühe und Whisky angegossen.

Nach kurzem Dünsten wird der Fisch ausgehoben, angerichtet,
mit krokant gekochten grünen Spargelspitzen belegt und mit
einem Butterpapier bedeckt warm gehalten.

Der passierte Pochierfond wird so weit eingekocht, daß nur ein
Drittel seiner Menge übrigbleibt. Diese Reduktion wird mit frischer Sahne verkocht und zur Vollendung mit etwas Sauce hollandaise legiert. Der angerichtete Fisch wird mit der Sauce nappiert und unter dem Salamander leicht glasiert.

Hähnchenbrust mit Calvillespalten und Mandelsplittern
in Schaumweinsauce

Die roh ausgelöste und von der Haut befreite Hähnchenbrust
wird mit Salz und Kurkuma gewürzt, mit wenig Mehl bestäubt
und beiderseitig rasch in steigender Butter angebraten.

Die Bratbutter wird weitgehend abgegossen, durch etwas frische Butter ersetzt und der Bratsatz mit der Beigabe von Crème
fraîche zu einer sirupartigen Konsistenz ausgekocht. Man gibt
einen guten Schuß trockenen Schaumwein dazu und schlägt
die Sauce mit frischen Butterflocken auf.

Die angerichtete Hähnchenbrust wird mit den gebratenen Apfelspalten garniert, mit der Sauce nappiert und mit gerösteten
Mandelsplittern oder gerösteten Pinienkernen bestreut.

Jeden Tag ein anderes Suppen- oder Eintopfgericht

Viele unserer Gäste, vor allem aber diejenigen, die täglich eine Mahlzeit im Restaurant einnehmen, werden es sicher dankbar begrüßen, wenn sie nicht nur zwischen Gebratenem und Gesottenem wählen müssen. Ja, es gibt sogar eine erstaunlich große Zahl von Gästen, die einfache Gerichte wie Suppen oder Eintöpfe jedem anderen Gericht vorziehen.

Diesem Trend sollte man Rechnung tragen und von den vielen Möglichkeiten, die sich dazu bieten, Gebrauch machen. Nur findet man solche Gerichte leider viel zu selten auf unseren Speisekarten. Warum eigentlich?

Es gibt doch eine Menge guter und nahrhafter Suppen- oder Eintopfgerichte, deren Zubereitung hinlänglich bekannt sein dürfte. Ich will sie daher nur namentlich in Erinnerung bringen. Da wäre die kräftige Erbsensuppe mit Rauchfleisch, Würstchen, Mettenden oder Schweinefleisch oder die vielen möglichen Variationen von „Huhn im Topf" mit Nudeln oder Reis, mit Kartoffeln und Gemüsen, mit Speck und Zwiebeln. Dann die sehr beliebten Lammfleisch-Eintöpfe mit grünen, weißen oder roten Bohnen, mit Reis, Tomaten, Karotten, Zwiebeln wie auch einem leichten Duft von Knoblauch, oder aber die vielen Arten von Gemüseeintöpfen aus Weißkohl, Grünkohl oder Kohlrabi mit unterschiedlichen Wurstsorten und Magerspeck. Es lohnt sich sicher, einmal darüber nachzudenken.

Wenn man sich täglich auf ein solches Gericht beschränkt und es auf der Speisekarte in einer besonderen Rubrik, vielleicht unter dem Hinweis: „Der täglich wechselnde Suppentopf, heute nur in wenigen Portionen für Sie gekocht", anbietet, wird man bald feststellen, daß sich die Mühe lohnt.

Linsentopf mit einem Paar Frankfurter Würstchen

Magerspeck und feingeschnittene Zwiebeln läßt man hellgelb angehen, gibt etwas Tomatenmark und die vorgeweichten Linsen dazu und füllt das Ganze mit brauner oder auch weißer Brühe auf.

Lorbeerblatt, etwas Majoran, zerdrückter Knoblauch sowie Salz und Pfeffer sind die zur Verwendung kommenden Gewürze. Die in kleine Würfel geschnittenen Kartoffeln als Einlage gibt man 30 Minuten vor Beendigung des Kochprozesses dazu und läßt fertigkochen.

Französische Garbure mit Schweinekamm, Geflügelfleisch und gerösteten Weißbrotwürfeln

Die Garbure ist eine südfranzösische Spezialität. Sie enthält frischen Kohl, der nicht verkocht sein sollte, Karotten, Kartoffeln, feine Erbsen und grüne Bohnen, die mit einer Spur Knoblauch, Muskatblüte, Thymian, Petersilie und Majoran abgeschmeckt werden.

In kochendes Salzwasser gibt man den Schweinekamm und zu einem späteren Zeitpunkt die Geflügelteile, wobei man sich am vorteilhaftesten der Keulen bedient. Nach dem Erreichen des Garpunkts nimmt man das Fleisch aus dem Fond, schneidet es in grobe Streifen und hält es in wenig Brühe und zerlassenem Gänsefett warm.

In die passierte, kochende Brühe gibt man in Würfel geschnittene Kartoffeln, Karotten, grüne Bohnen, Erbsen, Petersilienwurzeln, und kurz vor dem Garwerden der Gemüse ergänzt man die Suppe mit feinstreifig geschnittenem Weißkohl, von dem man die dicken Strünke entfernt hat, und Tomatenconcassé. Man würzt den Suppentopf mit den angegebenen Gewürzen und gibt der Suppe eine leichte Bindung von etwas Mehlbutter oder auch ein wenig angerührtem Weizenpuder. Zum Service gibt man ins Serviergeschirr das für die Portion vorgesehene Fleisch und serviert das Ganze mit in Butterschmalz hellgelb gerösteten Weißbrotwürfeln.

Irischer Suppentopf mit Perlgräupchen, Hühnerfleisch, Sellerie, Karotten, Zwiebeln und Lauch

Nicht zu feine Julienne von Sellerie, Karotten, Zwiebeln, ferner reichlich Lauch in etwas größeren Stücken werden kurz angeschwitzt, mit Salz, Pfeffer, wenig Nelke sowie Thymian versehen, mit Hühnerbrühe aufgefüllt und zum Kochen gebracht. Zwischenzeitlich kocht man in einem zweiten Geschirr die als Einlage benötigten Perlgräupchen gut weich und spült sie nach Beendigung des Kochprozesses mit heißem Wasser klar.

Je Portion rechnet man eine halbe bis ganze Hühnerkeule, die man in Streifen geschnitten mit den gekochten Gräupchen als Einlage gibt. Des weiteren wird der Suppentopf mit kleinen, in Butter gerösteten Weißbrotcroûtons garniert.

Gaisburger Marsch (eine schwäbische Spezialität)

Für diesen etwas eigenwilligen Suppentopf benötigt man nachstehende Zutaten:
2000 Gramm Rinderbrust, 500 Gramm Karotten, 500 Gramm Zwiebeln, drei große Stangen Lauch, 400 Gramm einer geputzten Sellerieknolle, 1500 Gramm Kartoffeln, Salz, Pfeffer, Muskatblüte, Glutamat und 900 Gramm gekochte Spätzle.
Die grobgeschnittenen Zwiebeln werden in Fett angeschwitzt und mit Knochenbrühe aufgefüllt. Das geputzte Gemüse und das Rindfleisch wird dazugegeben und etwa zwei bis drei Stunden gekocht. Sobald das Fleisch seinen Garpunkt erreicht hat, nimmt man es aus der Brühe, fügt der passierten Brühe die in Scheiben geschnittenen Kartoffeln wie auch das passierte Gemüse bei und läßt die Kartoffeln gar kochen.
Zum Schluß gibt man die gekochten Spätzle und das in Würfel geschnittene Fleisch dazu und schmeckt das Gericht mit Salz, Pfeffer, Glutamat wie auch etwas Muskatblüte ab.

Holländische Kalbfleischsuppe
mit feinen Klößchen und Gemüsen

Ein Stück Kalbsbrust wird zusammen mit einer größeren Menge zerkleinerter Kalbsknochen, Salz, zerdrückten Pfefferkörnern und heller Brühe zum Kochen gebracht.
Nach etwa 90 Minuten passiert man die Suppe, kocht in der Brühe feine Karotten-, Sellerie- und Kohlrabistäbchen, feine Erbsen, kleine Blumenkohl- sowie Brokkoliröschen und gibt zum Schluß etwas gekochten Reis und eine Liaison von Sahne und Eigelb dazu und vollendet die Suppe mit abgezogenen und entkernten Tomatenecken und den portionierten Fleischklößchen.

Niederrheinischer Gemüsetopf
mit Rind-, Lamm- und Schweinefleisch

Je 1000 Gramm Rind-, Lamm- und Schweinefleisch bringt man mit heller Knochenbrühe zum Kochen und gibt nach gut einer Stunde in Stäbchen geschnittene Karotten, in Streifen geschnittenen Lauch, in Scheiben geschnittene Zwiebeln und Kartoffeln dazu und läßt das Ganze noch etwa eine weitere Stunde langsam kochen. Man würzt mit Salz, Pfeffer, Thymian, Lorbeerblatt und gehacktem Knoblauch.

In der Zwischenzeit schneidet man einen Wirsingkopf in drei Zentimeter große Viereckstückchen, kocht sie in Salzwasser und schreckt sie in Eiswasser ab, damit sie schön grün bleiben. Erst beim Anrichten wird von diesem Wirsing dem Suppentopf zugegeben, der dem Eintopf durch das frische Grün unter Beifügung von reichlich grobgehackter Petersilie und Kerbel das charakteristische Aussehen gibt.

Genfer Kartoffelsuppe mit Mettenden

Eine würzig gekochte Kartoffelsuppe wird mit Eigelb und Sahne legiert und erhält eine Einlage von feinen Erbschen, Rosenkohl, Blumenkohlröschen, Brechspargel, geschnittenen grünen Bohnen wie auch in feine Streifen geschnittenem Kopfsalat.

Mit der heißen Mettwurst anrichten und noch geröstete Weißbrotwürfel und grobgeraffelten Käse gesondert dazu reichen.

Pariser Krautsuppe
mit Lammfleisch, magerem Schweinebauch und Mettwurst

Eine ausgelöste Lammschulter und der zur Verwendung kommende Schweinebauch werden mit Knochenbrühe, Salz sowie zerdrückten Pfefferkörnern zum Kochen gebracht und gelegentlich abgeschäumt.

Nach kurzer Zeit gibt man blätterig geschnittenes Kohlgemüse wie auch Streifen von Karotten, Lauch, Petersilienwurzeln, weißen Rüben, Sellerie sowie einige Kartoffelwürfel und die Mettwurst dazu.

Das Ganze wird beim Garpunkt mit wenig angerührtem Weizenpuder gebunden, mit Salz und Pfeffer nachgeschmeckt und mit gehackter Petersilie, Schnittlauch und Thymian vollendet.

Die Fleischbeilage setzt sich aus 40 Gramm Bauchfleisch, 40 Gramm Lammfleisch und der Mettwurst zusammen.

Muschelsuppe mit Reis, Fleischklößchen und reicher Muschelfleischeinlage

Zwei bis drei Kilogramm Miesmuscheln werden gereinigt und gewaschen und in einem entsprechenden Geschirr mit Wasser, Weißwein, feingeschnittener Zwiebel und Lorbeerblatt so lange gedämpft, bis sie sich öffnen. Die Brühe wird dann durch ein Tuch gegossen, die Muscheln aus ihren Schalen gelöst, vom Bart befreit und warm gehalten.

Danach läßt man das in feine Würfelchen geschnittene Weiße einer großen Lauchstange in Öl anziehen, gibt ein wenig Mehl dazu und füllt mit der Muschelbrühe, Weißwein und Sahne auf, gibt eine Spur Knoblauch, einige Safranfäden und je Liter Flüssigkeit etwa 40 Gramm Reis dazu.

Das Ganze wird mit Salz und Pfeffer sparsam gewürzt und portionsweise mit den ausgebrochenen Muscheln und den Fischklößchen versehen. Dünne Scheiben Melba-Toast reicht man gesondert.

Irish-Stew

Nachfolgend wird eine Zubereitungsart ohne die Verwendung von Kohl, die in Deutschland eigentlich obligatorisch ist, beschrieben. Die Herstellung mit Kohl entfernt sich weit vom Originalgericht, das lediglich eine Verwendung von Zwiebeln, Kartoffeln, Karotten, Staudensellerie, Gewürzen und Lamm- oder Hammelfleisch vorschreibt. Wie immer auch die Ansicht sein mag, so wird das Nachstehende zumindest ein interessanter Hinweis sein.

Man benötigt für die Herstellung einen ausgelösten durchwachsenen Lamm- oder Hammelrücken, die gleiche Menge Zwiebeln, weißen Staudensellerie, Karotten, Kartoffeln, Salz, Pfeffer, Lamm- oder Fleischbrühe, Gewürzsträußchen von Fenchel, Petersilie, Selleriegrün, Majoran und Liebstöckel, kleine ganze Zwiebelchen, kleine Kartoffeln, gehackte Petersilie und Butter.

Der ausgelöste Lamm- oder Hammelrücken wird kurz blanchiert und anschließend mit den in Scheiben geschnittenen Zwiebeln sowie einigen Kartoffeln in ein entsprechendes Geschirr dressiert, mit der Brühe aufgegossen und unter Beigabe des Staudenselleries, der Gewürze und des Gewürzsträußchens langsam unter Verschluß gegart.

Während diese Zusammenstellung kocht, bereitet man mit Butter und etwas fetter Lammbrühe die Garnitur von kleinen Zwiebeln, Kartoffeln und Karotten in zwei separaten Geschirren zu und vermischt alles mit dem Zwiebelfond. Zum Service versieht man das Stew mit gehackter Petersilie, richtet die vorgesehene Fleischportion darauf an und nappiert das Ganze mit wenig abgezogener Lamm- oder Hammelbrühe.

Mexikanischer Bohnentopf (Chili con carne)

Als Zutaten sind bereitzuhalten: rote Feuerbohnen aus der Konserve, Zwiebeln, Rindfleisch von der Schulter, Knoblauch, Chilischoten oder Cayennepfeffer, Öl, Tomatenmark, Fleischbrühe, Oregano, Salz und Pfeffer.

Das Rindfleisch sowie die Zwiebeln werden in kleine Würfel geschnitten, und das Fleisch wird mit dem zerriebenen Knoblauch in Öl zu brauner Farbe angebraten und in ein anderes Geschirr umgeleert.

Im gleichen Bratfett schwitzt man dann die Zwiebelwürfel hellbraun an, gibt wenig Mehl, etwas Tomatenmark, die zerkleinerten Chilischoten wie auch das Oregano daran, füllt mit der
Fleischbrühe auf und kocht dies alles mit den angebratenen
Fleischwürfeln etwa 30 Minuten lang bei gelinder Hitze. Danach
gibt man die abgespülten und gut abgetropften roten Bohnen
dazu und kocht so lange, bis das Fleisch kernig weich und die
Suppe leicht gebunden ist. Sie wird recht heiß und mit Weißbrot
oder frischen Kümmelstangen serviert.

Neptuns Suppenterrine

Die Bereitstellung für diesen pikanten Fischeintopf setzt sich
zusammen aus gemischten Fischsorten wie Kabeljau, Schellfisch, Seehecht, Knurrhahn, Heilbutt, Seeaal, Makrele,
Muscheln und Zwiebeln, Öl, Knoblauch, Weißwein, Paprikaschoten, Karotten, Sellerie, Lauch, Basilikum, Tomaten, Oliven,
Salz, Pfeffer, Curry und einigen Safranfäden.
Eine nicht zu knappe Menge feingeschnittener Zwiebeln und
zwei zerdrückte Knoblauchzehen werden in Öl langsam angeschwitzt, ohne sie jedoch Farbe nehmen zu lassen. Nach kurzer
Zeit werden die Zwiebeln mit trockenem Weißwein sowie dem
aus den Gräten und Abgängen gezogenen Fischfond aufgefüllt,
in dem dann die geschnittenen Gemüse unter Beigabe von
Basilikum und zerdrückten Pfefferkörnern knackig weich
gekocht werden.
Während der gleichen Zeit werden die geputzten Fischsorten
(es sollten pro Portion mindestens 250 Gramm Fisch gerechnet
werden) in nicht allzu große Stücke geschnitten, mit Salz und
Curry gewürzt und mit Muscheln in dem Gemüsefond, der
zusätzlich noch mit einigen Safranfäden und einer Spur Tomatenmark vervollständigt wird, gar gezogen. Wenn gewünscht,
erhält der Suppenfond eine leichte Bindung von wenig Mehlbutter.

Ungarisches Hálászlé

Zander, Waller, Flußhecht und Karpfen werden kochfertig hergerichtet, in nicht zu kleine Stücke geschnitten und die vorhandenen Milcher sowie der Rogen mit Salz und Pfeffermühle
gewürzt.
Von den Köpfen, Gräten und Abgängen wird mit Wasser und
Aromaten eine Brühe angesetzt, die man etwa eine halbe
Stunde kochen läßt und im Anschluß daran durch ein Tuch passiert.
In dieser Brühe werden reichlich in Scheiben geschnittene
Zwiebeln weich gekocht und durch ein feines Sieb passiert. Der
vorbereitete Fisch ist in diesem nun schon etwas sämigen Fond

gar zu ziehen. Vor dem Fertigwerden sind zur Farbgebung edel-
süßer Paprika, in grobe Stücke geschnittene grüne Pfefferschoten sowie einige abgezogene und entkernte Tomatensechstel
mitzukochen.
Sobald der Fisch gar gezogen ist, ist das Gericht servierfertig
und wird in der suppenartigen Brühe mit Stangenweißbrot zu
Tisch gegeben.

Pichelsteiner Fleisch- und Gemüsetopf

500 Gramm Schweinekamm, 500 Gramm ausgelöste Lammschulter, 400 Gramm Rind- wie auch Kalbfleisch, alles in kleine
Würfel geschnitten, werden mit 900 Gramm blätterig geschnittenem Weißkraut, 250 Gramm Magerspeckwürfeln, 600 Gramm
Karotten, 600 Gramm Selleriewürfeln und 300 Gramm Zwiebelringen in einen entsprechenden Topf gegeben, mit Knochenbrühe aufgefüllt, mit Salz und Pfeffer gewürzt und eine gute
Stunde unter Verschluß gegart.
Nach dieser Zeit gibt man 500 Gramm rohe Kartoffelscheiben
sowie ein bis zwei Lorbeerblätter dazu und läßt das Ganze
nochmals 30 Minuten unter Verschluß fertig werden. Das
Gericht wird zum Service mit grobgehackter Petersilie versehen.

Südländisches Nudelgericht von Schweine-
und Kalbfleischstreifen, Pilzen, Gemüsen, Krevetten
und geröstete Butterkrüstchen

Je 500 Gramm geschnetzeltes Schweine- und Kalbfleisch läßt
man mit 200 Gramm Zwiebelscheiben sowie zwei zerdrückten
Knoblauchzehen in heißem Butterschmalz anziehen und fügt
dann 150 Gramm feine Schinkenstreifen, 150 Gramm Champignonscheiben, 150 Gramm Krevetten, 100 Gramm Gurken- und
Selleriestreifen, 100 Gramm kleine Pfifferlinge bei, läßt das
Ganze etwa sechs Minuten dünsten, würzt mit Salz und Currypulver, staubt etwa 70 Gramm Mehl daran, um dann dieses
Gemisch mit der nötigen Menge Fleischbrühe und einem guten
Schuß Weißwein aufzufüllen und 10 Minuten kochen zu lassen.
Dann wird dieser Fond mit 400 Gramm separat gekochten
schmalen Eiernudeln vermischt, mit Salz und Pfeffer abgeschmeckt, mit einer Prise Cayennepfeffer geschärft und nach
nochmaligem Aufkochen mit 250 ccm frischem Rahm unterzogen.
Zum Service reicht man ein Schälchen gesondert angerichteter,
in Butter gerösteter Weißbrotwürfelchen.

REZEPT-REGISTER

Steinbutt mit Muscheln 177
Steinbutt mit venezianischer
Sauce 17
Steinbuttfilet nach
Grenobler Art 161
Steinbuttmedaillon Romain 16
Steinbutt- und Lachsmus in
Blattsalat, gesotten 225
Stör vom Rost 48
Ungarisches Hálàszlé 255
Wolfsbarschschnitte
mit grünem Spargel
in Whiskyrahm 249
Zanderfilet mit Melone 89

FLEISCHSPEISEN

Bauernroulade nach
ungarischer Art 70
Entrecôte mit Schalotten
in Sherryessig 76
Feuersteak,
mexikanisches 158
Filet Mignon
nach Tiroler Art 178
Fleischpastete, warme 146
Gedämpftes Schweine-
lendchen in Sahne 194
Gedünstete Hammelkeule 53
Gedünstete Lammkeule
mit Walnüssen 105
Gedünsteter Rostbraten 198
Gefüllte Hammelschulter
nach Hausfrauenart 88
Gefüllte Kalbsschnitzel 89
Geschabtes Kalbsteak 87
Geschnetzeltes Kalbfleisch
nach Zürcher Art 35
Geschnetzelte Kalbsleber 137
Gesottene Hammelkeule 141
Glaciertes Kalbsfrikandeau
Alt-Frankfurt 161
Grillspießchen Potpourri 103
Hammelkeule, gedünstet 53
Hammelkeule, gesotten 141
Hammelkoteletts Nelson 52
Hammelnüßchen Robert 194
Hammelrippchen nach
Neapolitaner Art 175
Hammelschulter, gefüllte,
nach Hausfrauenart 88
Jungschweinsbrust
nach dänischer Art 175
Jungschweinesattel
nach Schweizer Art 51

Jungschweinskotelett
Robert 71
Kalbfleisch, geschnetzeltes,
nach Zürcher Art 35
Kalbfleischragout
mit Morcheln und
Spargelspitzen 104
Kalbfleischschnitten
in Curryrahm 32
Kalbsbries mit Morchelrahm
auf Blattspinat 227
Kalbsbries nach
Greyerzer Art 107
Kalbsbries vom Rost 21, 159
Kalbsbrust, gefüllte, nach
Wiener Art 20
Kalbsbrustschnitten
nach englischer Art 87
Kalbsfilet Carlton 179
Kalbsfrikandeau, glaciertes,
Alt-Frankfurt 161
Kalbsfrikassee mit Krebsen
und Spargel 142
Kalbshaxenfleisch,
auf bürgerliche Art 141
Kalbskopf mit
verlorenem Ei 160
Kalbskopf nach
Schildkrötenart 84
Kalbskotelett 67
Kalbsleberfilet
in Kräutersahne 179
Kalbsleber, geschnetzelte 137
Kalbsleber
Lord Beaconsfield 22
Kalbsleber in gekräutertem
Sherryessig 230
Kalbsleber
mit Zwiebelmus 174
Kalbsleberschnitte,
gefüllte 140
Kalbsleberschnitten
mit Zwiebelmus 200
Kalbslendchen 88
Kalbsmedaillons auf Ananas
mit gebackener Auster 221
Kalbsmedaillons
in Schaumwein 104
Kalbsmedaillons
Metternich 32
Kalbsnieren nach
Feinschmeckerart 21
Kalbsnieren nach
Großmutterart 22
Kalbsnuß, gedünstete,
mit Estragon 32
Kalbsnüßchen nach
andalusischer Art 196